Recodierungen des Wissens

TECHNISCHE UNIVERSITÄT BERLIN
- Institut für Erziehungswissenschaft -
Arbeitsstelle Sozial-, kultur- und
erziehungswissenschaftliche
Frauen- und Geschlechterforschung
Franklinstr. 28/29 · 10587 Berlin
Sekr.: FR 4-3

Reihe »Politik der Geschlechterverhältnisse«
Band 38

Herausgegeben von Cornelia Klinger, Eva Kreisky, Andrea Maihofer
und Birgit Sauer

Petra Lucht ist wissenschaftliche Assistentin am Zentrum für Interdisziplinäre Frauen- und Geschlechterforschung der TU Berlin. *Tanja Paulitz* ist wissenschaftliche Assistentin im Fachgebiet Geschlechtersoziologie an der Universität Graz.

Petra Lucht, Tanja Paulitz (Hg.)

Recodierungen des Wissens

Stand und Perspektiven der Geschlechterforschung
in Naturwissenschaften und Technik

Campus Verlag
Frankfurt/New York

Bibliografische Information der Deutschen Nationalbibliothek
Die Deutsche Nationalbibliothek verzeichnet diese Publikation in der Deutschen Nationalbibliografie;
detaillierte bibliografische Daten sind im Internet über http://dnb.d-nb.de abrufbar.
ISBN 978-3-593-38601-0

Das Werk einschließlich aller seiner Teile ist urheberrechtlich geschützt. Jede Verwertung ist ohne
Zustimmung des Verlags unzulässig. Das gilt insbesondere für Vervielfältigungen, Übersetzungen,
Mikroverfilmungen und die Einspeicherung und Verarbeitung in elektronischen Systemen.
Copyright © 2008 Campus Verlag GmbH, Frankfurt/Main
Umschlaggestaltung: Guido Klütsch, Köln
Lektorat und Satz: Petra Schäfter, Berlin
Druck und Bindung: KM-Druck, Groß-Umstadt
Gedruckt auf säurefreiem und chlorfrei gebleichtem Papier.
Printed in Germany

Besuchen Sie uns im Internet: www.campus.de

Inhalt

Geleitwort
Karin Hausen 7

Recodierungen des Wissens. Zu Flexibilität und Stabilität von natur- und technikwissenschaftlichem Wissen – Eine Einleitung
Petra Lucht, Tanja Paulitz 11

Transdisziplinäre Forschungsansätze und -perspektiven 29

Bühne Natur- und Technikwissenschaften:
Neuere Ansätze aus dem Gender-Diskurs
Heike Wiesner 31

Zwischen Dekonstruktion und Partizipation: Transdisziplinaritäten in und außerhalb der Geschlechterforschung
Sabine Maasen 51

Technik, Konsum und Geschlecht – Nutzer/innen als Akteur/innen in Technisierungsprozessen
Karin Zachmann 69

Technology as a Site of Feminist Politics
Judy Wajcman 87

Populäre Medien als »Technologien des Geschlechts«
Karin Esders 103

Konstruktionen von Männlichkeit in der Ingenieurkultur 121

Disparate Konstruktionen von Männlichkeit und Technik –
Formen der Vergeschlechtlichung ingenieurwissenschaftlichen
Wissens um 1900
Tanja Paulitz 123

The Gender(s) of »Real« Engineers:
Journeys around the Technical/Social Dualism
Wendy Faulkner 141

Koloniale und globalisierte Verhältnisse von Wissen und Geschlecht 157

Gender Analysis in Colonial Science
Londa Schiebinger 159

Internationalisierung der IT-Branche und Gender-Segregation
Esther Ruiz Ben 177

Verschiebungen in der Konstruktion des »natürlichen« Geschlechts 195

Das Geschäft der Pflanze ist dem *Weib* übertragen ... die Pflanze
selbst hat aber kein Leben – Zur vergeschlechtlichten Stufenordnung
des Lebens im ausgehenden 18. Jahrhundert
Kerstin Palm 197

Ursprung und Geschlecht: Paradoxien in der Konzeption
von Geschlecht in Erzählungen der Molekularbiologie
Bärbel Mauss 213

Autorinnen 231

Geleitwort

Auch heute noch zeichnet sich Deutschland vor anderen Ländern dadurch aus, dass die Natur- und Ingenieurwissenschaften besonders erfolgreich als angestammte Männerdomäne weitergeführt werden. Zwar schürt der drohende Mangel an hochqualifizierten Fachkräften inzwischen das Unbehagen an der Unterrepräsentanz von Frauen in diesen Fächern. Doch allen seit nunmehr fast zwanzig Jahren in großer Vielfalt in Gang gesetzten Programmen zur Frauenförderung beziehungsweise Frauengleichstellung zum Trotz wird auch in naher Zukunft innerhalb und außerhalb der Hochschulen eine ausgeglichenere Frauen-Männer-Parität – hinsichtlich zahlenmäßiger Präsenz, Erwerbseinkommen sowie Möglichkeiten der Gestaltung und Einflussnahme für die Gesamtheit aller Natur- und Ingenieurwissenschaften – wohl kaum zu erreichen sein. Dazu ist die Platzierung von Frauen jahrzehntelang allzu weit hinter der von Männern zurückgeblieben.

Es war eine wohlüberlegte Antwort auf dieses Dilemma, dass nach 1995 gegen erhebliche Widerstände an der Technischen Universität Berlin das *Zentrum für Interdisziplinäre Frauen- und Geschlechterforschung (ZIFG)* gegründet und damit für Technische Hochschulen in Deutschland eine Novität geschaffen wurde, die nicht zu unterschätzende Chancen barg und birgt. Denn auch noch in den 1990er Jahren hatte die – seit über zwanzig Jahren in intensiven internationalen und interdisziplinären Prozessen der Kommunikation und Kooperation entwickelte – Frauen- und Geschlechterforschung in den Ingenieur- und Naturwissenschaften kaum eine nennenswerte institutionelle Verankerung gefunden. Gleichwohl gab es auch für diese Fächer bereits aussichtsreiche einschlägige Forschungen, die es wert waren, breiter rezipiert und systematisch weiterentwickelt zu werden. Das ZIFG widmete sich von Anfang an in Lehre und Forschung programmatisch der schwierigen Aufgabe, an der TU Berlin anregende Ansätze der feministischen Wissenschaftskritik sowie relevante Fragestellungen, methodische Analyseverfahren und erarbeitete Wissensbestände, wie sie von der Geschlechterforschung in den Sozial- und Geisteswissenschaften entwickelt wurden, bekannt zu machen und interdisziplinär zu diskutieren. Das Ziel war, auf diesem Weg den schwierigen Brückenschlag zu den Fachkulturen der Planungs-, Natur- und Ingenieurwissenschaften in Gang zu setzen. Damit verband sich die Hoffnung, an der TU Berlin längerfristig einen bundesweit einmaligen, höchst attraktiven Forschungsschwerpunkt zu etablieren.

Als wirksamer Dreh- und Angelpunkt für den intendierten Brückenschlag zwischen einander fremden Fachdisziplinen sowie zwischen Theorie und Praxis bewährte sich weit über die TU Berlin hinaus das am ZIFG jeweils im Winter unter dem Titel »Wissenschaftsforschung als Geschlechterforschung« angebotene Forschungscolloquium. Wöchentlich berichteten eingeladene Wissenschaftlerinnen und Wissenschaftler unterschiedlicher Provenienz über ihre aktuellen Forschungen und lieferten mit ihren Vorträgen jeweils die Grundlage für anschließende, lebhafte wissenschaftliche Diskussionen. Das Forschungscolloquium bot allen Beteiligten ein Forum, wie es für einen nachhaltigen Prozess der stets schwierigen interdisziplinären Kommunikation unerlässlich ist. Genügend Zeit und ein geschützter Raum sind notwendig, um disziplinär sehr unterschiedlich geschärfte Denk- und Forschungsansätze zu erläutern, diese in wechselseitigen Verständigungen abzuklären und diskutierend zumindest tentativ Gemeinsamkeiten und nützliche Anregungen auszuarbeiten.

Für das ZIFG begann im Frühjahr 2003 mit meiner Pensionierung eine bis heute anhaltende schwierige Zeit, da die zugesagte Wiederbesetzung der vakanten Professur und Leitung des ZIFG bislang nicht erfolgt ist. Während dieser besonders turbulenten Zeiten mit extremen Stellenstreichungen und gleichzeitig durchgesetzten tief greifenden Umstrukturierungen der universitären Lehre und Forschung hatte diese politisch kalkulierte Unterlassung durchaus Methode. Das ZIFG musste als ohnehin minimal ausgestattete Einrichtung unter diesen Bedingungen bei weit reichenden universitätspolitischen Zukunftsentscheidungen zwangsläufig ins Hintertreffen geraten.

In dieser schwierigen Situation haben sich Tanja Paulitz und Petra Lucht, die im Sommer beziehungsweise Winter 2004 als Wissenschaftliche Assistentinnen an das ZIFG kamen, mit viel Mut, Kreativität und großem Engagement erfolgreich daran gemacht, das zwischenzeitlich stillgelegte Forschungscolloquium im Sommer 2005 wieder aufleben zu lassen. Der von ihnen jetzt vorgelegte eindrucksvolle Sammelband ist ein Dokument ihrer wissenschaftlichen Aktivitäten am ZIFG, aber zugleich eine Art

Gedenkstein zu Ehren der ambitionierten Forschungscolloquien und Workshops früherer Zeiten. Der *Förderkreis des Zentrums für Interdisziplinäre Frauen- und Geschlechterforschung* hat über Jahre die Aktivitäten des ZIFG tatkräftig unterstützt und im Zuge seiner Selbstauflösung nicht von ungefähr Petra Lucht und Tanja Paulitz zur Realisierung ihres Sammelbandes einen finanziellen Zuschuss gewährt.

Ich wünsche sehr, dass ihr Buch eine breite kritische Rezeption erfährt. Es möge dazu beitragen, mit wachsendem Nachdruck und neuen Impulsen das in der historischen und sozialwissenschaftlichen Geschlechterforschung erarbeitete Wissen und methodische Können umsichtig mit Analysen von natur- und ingenieurwissenschaftlich geprägten Wissenschafts- und Praxisfeldern zusammenzuführen, damit die Geschlechterforschung insgesamt voranzubringen und für aktuelle Herausforderungen besser auszustatten.

Berlin im Januar 2008 *Karin Hausen*

Recodierungen des Wissens
Zu Flexibilität und Stabilität von natur- und technikwissenschaftlichem Wissen – Eine Einleitung

Petra Lucht, Tanja Paulitz

Die Formulierung *Recodierungen des Wissens* im Titel dieses Buches arbeitet mit einer theoretisch folgenreichen These, die in der Geschlechterforschung in Naturwissenschaften und Technik einige Bedeutung gewonnen hat, und führt diese weiter: Wissen ist nicht als sozial und kulturell neutral zu betrachten, sondern konstituiert sich in sozialen Deutungssystemen und historisch spezifischen gesellschaftlichen Formationen. Insbesondere angelehnt an die neuere Wissenschafts- und Technikforschung lässt sich konstatieren, dass im sozialen Feld der Wissenschaft auch das Wissen sozial konstruiert ist. Folgt man diesem Diskussionsstand, so bildet auch natur- und technikwissenschaftliches Wissen in dieser Hinsicht – entgegen der feldeigenen Objektivitätsansprüche – keine Ausnahme.[1] Natur- und technikwissenschaftliches Wissen mitsamt den dazugehörigen Praxen und Kulturen der Erzeugung dieses Wissens (re-)produziert, transportiert und legitimiert auf diese Weise auch gesellschaftliche Geschlechterverhältnisse sowie Deutungen und Problematisierungen von Geschlecht, wie sie sich ihrerseits in Diskursen und ihren Materialisierungen in sozialer Praxis und in Artefakten formieren. Der Titel des Buches bündelt somit die Kernauffassung, dass Technologien und Wissen einer Gesellschaft auf komplexe Weise von der Geschlechterdimension durchzogen sind.

Vor mehr als zwanzig Jahren stellte das Buch *Wie männlich ist die Wissenschaft?*, herausgegeben von Karin Hausen und Helga Nowotny (1986), bereits die Frage nach den sozialen Ungleichheiten von Frauen und Männern im wissenschaftlichen Feld. Aus heutiger Sicht ist diese Veröffentlichung nach wie vor als Pionierarbeit zu betrachten, in der früh die zahlenmäßige

---

1 Vgl. Hacking 1999; MacKenzie/Wajcman 1985; zur Historisierung wissenschaftlicher Objektivität vgl. Daston 1992; für einen Überblick über die Historische Epistemologie vgl. Rheinberger 2007. Gerade die Auseinandersetzung mit den Kontingenzen des sozial konstruierten Wissens, das in diesen Disziplinen hergestellt wird, unterscheidet diese Perspektive in der neueren Wissenschafts- und Technikforschung von der klassischen Wissenssoziologie Mannheims, der der Mathematik und den Naturwissenschaften einen epistemischen Sonderstatus einräumte (vgl. Heintz 1993).

Unterrepräsentanz von Frauen als Effekt der spezifischen Organisationsformen der Wissenschaft und der Schwerpunktsetzungen innerhalb der wissenschaftlichen Wissensproduktion thematisiert wurde. Knapp fünfzehn Jahre später zeigte Londa Schiebinger (1999) in ihrer Bestandsaufnahme der Frauen- und Geschlechterforschung zu den Naturwissenschaften am Beispiel mehrerer Disziplinen, dass Geschlecht als relevante Kategorie für die Produktion naturwissenschaftlicher Erkenntnisse zu verstehen ist. Blickt man zurück auf die Anfänge der feministischen Analyse, so hat sich der Horizont der Geschlechterforschung zu diesem Gegenstandsbereich seither stark erweitert:[2] Längst geht es um mehr als um die Marginalisierung von Frauen im wissenschaftlichen Feld und um erste Befunde geschlechtscodierten Wissens, das das binäre Schema der »Polarisierung der Geschlechtscharaktere« (Hausen 1976) in der bürgerlichen Moderne widerspiegelt. Das Erscheinen von Überblickswerken und Einführungen in jüngster Zeit auch im deutschsprachigen Raum (vgl. Mauss/Petersen 2006; Ebeling/Schmitz 2006; Baur/Götschel 2006; Leicht-Scholten 2007) dokumentiert, dass sich mit der Geschlechterforschung in Naturwissenschaften und Technik ein vitales Forschungsfeld entwickelt hat, in dem mittlerweile vielfältige theoretische, interdisziplinäre und transdisziplinäre Perspektiven ausdifferenziert worden sind. Der Stellenwert dieses Forschungsfeldes als Teil der *gender studies* ist in den letzten Jahren gestiegen. Dabei bietet sowohl die Frage, wie diese Forschung mit frauenpolitischen Zielen wie etwa der Chancengleichheit zwischen den Geschlechtern zu verbinden ist, als auch die Frage nach dem institutionellen Ort einer solchen stark interdisziplinär ausgerichteten Forschung Anlass zu teilweise kontroversen Diskussionen.

Das vorliegende Buch trägt dieser Entwicklung Rechnung und zielt darauf ab, aktuelle Zusammenführungen und Weiterentwicklungen von Theorien und Analysen zur Kategorie ›Geschlecht‹ in den Natur- und Ingenieurwissenschaften vorzustellen. Wichtige theoretische und gegenstandsbezogene Orientierungen gewinnen die hier versammelten Beiträge daher vorrangig aus diesen zwei genannten interdisziplinär wie international orientierten Forschungsfeldern, den *gender studies* einerseits und der Wissenschafts- und Technikforschung andererseits, und insbesondere aus denjenigen Bereichen, wo sich beide überschneiden. Den zentralen, die verschiedenen Beiträge

---

[2] Vgl. auch die von Evelyn Fox Keller (1995) vorgelegte Systematisierung des Forschungsfeldes »Gender and Science«, in der sie zwischen den drei verschiedenen Forschungsperspektiven »Women in Science«, »Science of Gender« und »Gender in Science« unterscheidet.

bündelnden Fokus bildet dabei die Frage der geschlechtlichen Codierung von Wissen als komplexes analytisches Problem, bei dem historisch und abhängig vom sozialen Kontext vielschichtige Prozesse der Recodierung, verstanden als Verschiebung und erneute Stabilisierung vergeschlechtlichter Codes, einzubeziehen sind. Das Buch bietet auf diese Weise aktuelle Forschungsperspektiven, die die Flexibilität der Geschlechtscodierungen in Naturwissenschaft und Technik historisch wie aktuell aufzeigen. Damit spiegelt diese inhaltliche Zuspitzung des Buches die Auffassung wider, dass sich in der Frage der Recodierungen von Wissen wesentliche Aspekte des aktuellen Standes und der zukünftigen Perspektiven dieses spezifischen Bereiches der Geschlechterforschung kristallisieren.

Im ersten Abschnitt soll der gewählte Fokus daher einleitend in seinen theoretischen Bezügen sowie in Hinblick auf den Forschungsgegenstand näher erläutert werden. Damit beansprucht diese Einführung ausdrücklich nicht, den Stand der Forschung selbst genauer darzulegen.[3] Vielmehr ist es unsere Absicht, den genannten Kristallisationspunkt in die Theorieentwicklung der Geschlechterforschung einzuordnen, die Bedeutung der Natur- und Technikwissenschaften für diese Theorieentwicklung zu charakterisieren und so die Anschlussfähigkeit dieses Forschungsfeldes an gegenwärtige Diskussionen aufzuzeigen. Die einzelnen Beiträge des Buches werden im anschließenden zweiten Abschnitt dieser Einführung kurz vorgestellt.

1. Flexible oder stabile Geschlechtercodes? – Theoretische Ausgangspunkte

Die Erkenntnis, dass geschlechtliche Codierungen von sozialen Wissensformationen, sozialen Praxisformen und Artefakten nicht nur kontingent, sondern auch flexibel sind und – historisch betrachtet – auch widersprüchliche inhaltliche Ausprägungen erfahren können, ist nicht neu. So wies Cynthia Cockburn (1986) für den Bereich der Implementierung neuer Produktionstechnologien eindrucksvoll darauf hin, dass unterschiedliche und sogar konträre Bilder von technischer Kompetenz je nach wechselnden historischen oder situativen Erfordernissen als Domäne der Männer re-

---

[3] Einen Überblick über Stand und Perspektiven dieses Feldes bieten die Beiträge in der ersten Abteilung des Buches, vgl. Abschnitt (2.).

klamiert werden können. Die konkreten inhaltlichen Merkmale, die beim technologischen Wandel von der mechanischen zur computergestützten Produktionstechnik hervorgehoben und als männlich–technisch versiert versus weiblich-technikfern codiert werden, erscheinen überraschend austauschbar. Stabil bleibe jedoch, dass Frauen, auf Basis welcher Eigenschaft auch immer, ein technisches ›Arbeitsvermögen‹ abgesprochen werde (vgl. auch Knapp 1993).

Mit Blick auf die Professionsforschung haben Regine Gildemeister und Angelika Wetterer in ihrem theoretisch folgenreichen Aufsatz »Wie Geschlechter gemacht werden« (1992) die binäre Konstruktionsweise von Zweigeschlechtlichkeit als einen Herstellungsmodus analysiert, der zwar flexibel, in seiner Positionszuweisung aber stets hierarchisch funktioniert. Wenn es um die Vergeschlechtlichung von Berufen und den historischen Geschlechtswechsel von Berufen geht, korreliere im Denkmuster binärer Gegensatzpaare männlich–weiblich höchst kontingent mit anderen Gegensatzpaaren. Durchgängig und damit stabil bleibe jedoch, dass der weiblich codierte Aspekt respektive die weiblich codierte Fähigkeit eine Abwertung erfahre.

»Das hohe Maß an Flexibilität, das die Prozesse der Vergeschlechtlichung auszeichnet, weist darauf hin, daß die Inhalte, die die Geschlechterdifferenz doch ›eigentlich‹ ausmachen sollen, in gewissem Sinne beliebig sind. [...] Die differenzierte Analyse des Geschlechtswechsels von Berufen zeigt in der Tat, daß sich auf den ersten Blick nur die hierarchische Strukturierung im Verhältnis zwischen Frauenarbeit und Männerarbeit historisch durchhält und das Geschlecht durchgängig als Platzanweiser oder Allokationsmechanismus fungiert.« (ebd.: 227).

Aus historischer Perspektive argumentiert auch Joan Scott (1988) dafür, Geschlecht als Indikator für die Analyse von Machtverhältnissen zu betrachten, da moderne Gesellschaften Geschlechterbeziehungen zwar nicht stabil, aber immer hierarchisch anordneten. Im Anschluss daran analysiert etwa die Technikhistorikern Karin Zachman in ihren Untersuchungen zum Ingenieurberuf in der DDR »Feminisierungsprozesse und Verschiebungen in der geschlechtlichen Codierung des Ingenieurberufs als Indikatoren für den staatssozialistischen Berufsumbau« und für die partielle gesellschaftliche Abwertung einzelner ›feminisierter‹ Bereiche des Ingenieurberufs (2004: 16).

Die US-amerikanische Biologin und Wissenschaftsforscherin Donna Haraway (1985) konstatiert Anfang der 1980er Jahre in ihrem Cyborg-Manifest, dass etablierte vergeschlechtlichte Codes wie Natur-Kultur oder

Subjekt-Objekt im informationstheoretischen und gentechnischen Zeitalter nicht mehr griffen, da diese Codes in den neueren Artefakten nicht mehr eindeutig voneinander unterschieden werden könnten. Mit der ironisierenden, grenzüberschreitenden Erzählfigur des Cyborg, einem ›Mischwesen‹ aus kybernetischem System und Organismus, verbindet sie zumindest zweierlei: erstens die Einsicht, dass das abendländisch geprägte Kategoriensystem zweigeschlechtlicher Codierungen im ausgehenden 20. Jahrhundert überholt ist, und zweitens die Aufforderung, Selbstbeschreibungen von Seiten der feministischen Theoriebildung, die einen marginalisierten Standpunkt von Frauen in Bezug auf Technik- und Technologieproduktion im engeren Sinne oder auch einen Antagonismus von Weiblichkeit und Technik zum Ausgangspunkt nehmen, ad acta zu legen. Haraways Argumentation zufolge sind wir alle längst – ob aktiv an der Technikproduktion beteiligt oder nicht – zu Cyborgs geworden und sollten Verantwortung für neue Grenzziehungen in den Prozessen der Herstellung von Kulturtechniken und neuen Codes übernehmen, anstatt vermeintlich außerhalb dieser Technikproduktion und -gestaltung existierende Standpunkte einzunehmen.

Diese unterschiedlichen theoretischen und für zahlreiche Untersuchungen der *gender studies* leitenden Einsichten in die Flexibilität der dichotom organisierten Inhalte bei stabiler Hierarchisierung der Geschlechter sind, so unsere These, nicht nur in Hinblick auf den Gegenstandsbereich Naturwissenschaften und Technik inzwischen weiterentwickelt worden. Die *gender studies* – zumindest im deutschsprachigen Raum – werden zunehmend selbst als Teil des wissenschaftliches Feldes betrachtet, einer historisch-genealogisch reflexiven Betrachtung unterzogen und auf die ihnen inhärenten Auslassungen und die von ihnen vorgenommenen Grenzziehungen hin analysiert (vgl. etwa Hark 2005). Damit einher gehen methodologische Überlegungen und Neupositionierungen, die verstärkt auch diskurstheoretische, epistemologische und ethnographische Analyseperspektiven integrieren und so theoretisch-methodisch sozial- und kulturwissenschaftliche Fächergrenzen überschreiten. Diese Theoriedebatten haben mittlerweile zweifellos auch Eingang in die Forschungspraxis der Geschlechterforschung zu Naturwissenschaften und Technik gefunden bzw. sich mit dieser Forschungspraxis verschränkt und dabei den analytischen Rahmen an entscheidenden Stellen erweitert. Drei Erweiterungslinien möchten wir im Folgenden thesenartig herausstreichen. Sie spiegeln aktuelle Entwicklungen in diesem Forschungsfeld wider und haben sich im thematischen Zuschnitt dieses Buches niedergeschlagen. Dabei lassen sie sich in jeweils unterschiedlicher Weise als Kritik an bzw. als Reformulierung der bisherigen Einsichten in die Flexibilität geschlechtlicher Codierungen lesen:

1. Die Codierung und flexible Recodierung natur- und technikwissenschaftlichen Wissens wird nicht allein und nicht vorrangig als Mechanismus verstanden, der ausschließlich einer zweigeschlechtlichen binären Systematik folgt. Vielmehr werden für die Analyse zunehmend auch Differenzen zwischen verschiedenen Konzeptionen *eines* Geschlechts einkalkuliert und so vor allem auch Perspektiven einer Männlichkeitenforschung aufgegriffen, die unterschiedliche Konstruktionen von Männlichkeit in den Blick nimmt.
2. Damit ist zugleich auch verbunden, geschlechtliche Codierungen stärker in ihrer Verwobenheit mit anderen gesellschaftlichen Differenzlinien zu betrachten. Die Konstituierung von Geschlecht als Kategorie im Wissen der Naturwissenschaften und Technik bezieht daher zumindest auch Ethnisierungen sowie koloniale bzw. globalisierte Verhältnisse der Produktion und Distribution von Wissen und Macht ein und analysiert die Verhältnisse zwischen Sexismus und Rassismus.
3. Die Kritik an den flexiblen Formen der Naturalisierung der Zweigeschlechtlichkeit wird erweitert zur Untersuchung der (historisch und gegenwärtig) flexiblen Formen der Konstruktion einer vergeschlechtlichten *Natur*. Durch die Analyse der Konstruiertheit der Natur und ihrer Wechselfälle im Verlauf von historischen und disziplinären Verschiebungen erhält schließlich die Kritik an der Konstruktion *des* biologischen bzw. des ›natürlichen‹ Geschlechts, die einen zentralen Fokus einer konstruktivistisch orientierten bzw. einer dekonstruktiven Geschlechterforschung bildet, eine komplexere Argumentationsbasis. Dabei sind sowohl bedeutsame Verschiebungen wie auch historisch spezifische zeitweise Stabilisierungen genauer zu analysieren. Dies folgt der Annahme, dass die rekonstruierbaren Codierungen des Wissens zwar kontingent im Sinne der sozialwissenschaftlichen Konstruktionsthese sind, nicht jedoch beliebig.

Wissenschafts- und Technikforschung aus Geschlechterperspektive nimmt durch eine solche Erweiterung des Forschungsparadigmas zusammenfassend betrachtet einerseits neuere Theorielinien in der Geschlechterforschung und in der sozial- und kulturwissenschaftlichen Diskussion auf. Andererseits bietet sie die Möglichkeit, in der Analyse natur- und technikwissenschaftlichen Wissens gängige kritische Positionen der Geschlechterforschung wie etwa die Kritik an Naturalisierungen, Biologismen und Technologien des Geschlechts selbst sozialwissenschaftlich mit Tiefenschärfe zu versehen. In diesem radikalen Sinne lässt sich das Forschungsfeld auch als interdisziplinäres Projekt verstehen, in dem der Gegenstand multiperspektivisch gewendet wird, komplexe Konstellationen gesellschaftlicher Differenzierung in Rechnung gestellt und verschiedene (disziplinäre) Wissensformationen reflexiv gegeneinander gelesen werden.

Dabei geht der thematische Zuschnitt des Buches explizit über den Gegenstandsbereich ›Naturwissenschaften‹ hinaus und nimmt das Feld der *Technologien,* der *Ingenieurwissenschaften,* in dem Geschlecht als Wissenskategorie bisher noch viel stärker ausgeblendet geblieben ist, und schließlich die Frage nach den Technologien der *Medien* und des Geschlechts mit in den Blick. Das Buch intendiert dabei, historische und gegenwartsbezogene Forschungsperspektiven miteinander zu verschränken, um die Analyse der flexiblen Formationen von Wissen und Geschlecht und ihre zeitweisen Stabilisierungen weiterzuentwickeln.

2. Zu den Beiträgen dieses Buches

Die im ersten Teil des Buches versammelten Beiträge beschäftigen sich mit verschiedenen Facetten dieses Forschungsfeldes. Sie bündeln Diskussionslinien in Form von Überblickstexten. Sie entwickeln außerdem Perspektiven für die weitere Forschung, bieten kritische Lesarten und skizzieren aktuelle Herausforderungen und neue Fragen. Die Zusammenstellung der Beiträge legt daher notwendigerweise nicht einen einzigen theoretischen Bezugspunkt fest. Vielmehr ist das Ziel, nicht nur die tatsächlich im Forschungsfeld vorfindbare Theorie- und Methodenpluralität und den *state of the art* auf möglichst komplexe Weise systematisch einzufangen (vgl. die Beiträge von *Wiesner, Wajcman* und *Zachmann*), sondern auch Perspektivwechsel und -verschiebungen bezogen auf die Inter- und Transdisziplinarität von Forschen und Denken zu integrieren (vgl. die Beiträge von *Maasen* und *Esders*).

Die darauf folgenden drei Abschnitte des Buches präsentieren Beiträge zu den drei oben theoretisch entwickelten Erweiterungslinien der Analyse von Recodierungen des Wissens. Mit diesen Beiträgen werden anhand von konkreten exemplarischen Studien aus der Geschlechterforschung zu

Naturwissenschaften und Technik jeweils historische (vgl. die Beiträge von *Paulitz, Schiebinger* und *Palm*) und gegenwärtige (vgl. die Beiträge von *Faulkner, Ruiz Ben* und *Mauss*) Gegenstände analysiert.

Eröffnet wird der erste Abschnitt *Transdisziplinäre Forschungsansätze und -perspektiven* mit einer kritischen Lektüre von neueren Ansätzen der Wissenschafts- und Technikforschung, die *Heike Wiesner* systematisch mit Perspektiven der Geschlechterforschung zusammenführt. Sie fragt zunächst danach, wie sich Sozialisationsprozesse in Schule und Hochschule vollziehen und verschränkt die Resultate dieser Analysen mit Thesen zu geschlechtscodierten Schließungsprozessen für die Produktion wissenschaftlicher ›Fakten‹ auf den unterschiedlichen Bühnen der Natur- und Technikwissenschaften. Weiterhin arbeitet sie anhand ausgewählter Biographien von Naturwissenschaftlerinnen sowie auf Basis sozialwissenschaftlicher Untersuchungen zu wissenschaftlichen Begutachtungsverfahren heraus, dass und wie es in den informellen Netzwerken der natur- und technikwissenschaftlichen Forschung zu ungleichen, in der Konsequenz geschlechtersegregierenden Zugangsmöglichkeiten und Anerkennungskriterien für wissenschaftliches Wissen kommt. Abschließend legt sie dar, welche Forschungsstrategien die neuere Wissenschafts- und Technikforschung einerseits und die *gender studies* andererseits anbieten, um diese Schließungsprozesse für die Herstellung kanonisierten Wissens in Naturwissenschaften und Technik produktiv in den Blick zu nehmen.

Während Wiesner vor allem die Desiderate der Wissenschafts- und Technikforschung hinsichtlich geschlechtertheoretischer Analysen benennt und Vorschläge für eine Zusammenführung beider Gebiete unterbreitet, fragt *Sabine Maasen* fast spiegelbildlich hierzu, inwieweit der vielerorts formulierte Anspruch der *gender studies*, durch inter- bzw. transdisziplinäre Forschungsperspektiven ›kritisches‹ Veränderungswissen herzustellen, nicht auch selbst kritisch befragt werden muss. Diesen Gedanken entwickelt sie insbesondere angesichts sich aktuell vollziehender Veränderungen der Produktionsbedingungen wissenschaftlichen Wissens. Hierfür diskutiert sie vergleichend unterschiedliche Konzeptionen und Umsetzungen von Transdisziplinarität in den *gender studies* einerseits und der Nachhaltigkeitsforschung andererseits. Am Beispiel eigener empirischer Untersuchungen analysiert Maasen zugleich die Formen der Vermarktlichung transdisziplinärer Forschung und interpretiert diese unter einer Geschlechterperspektive als »Feminisierung der Wissensproduktion«.

Dass die Integration der ›Praxis‹ in die Entwicklung von Technik – in Form von Partizipation potenzieller Nutzer/innen – historisch mindestens bis in die Anfänge des 20. Jahrhunderts zurückverfolgt werden kann, zeigt *Karin Zachmann* in ihrem Beitrag zur sozial- und geschichtswissenschaftlichen Technikforschung. Theoretisch fasst sie dies mit dem Aufkommen des »Konsumptionsparadigmas« der »zweiten Moderne« – im Gegensatz zum »Produktionsparadigma« der »ersten Moderne« – und gibt einen geschlechtertheoretisch geleiteten Überblick über die neueren Forschungsansätze, die die Techniknutzung in ihren aktiven, gestaltenden Aspekten betrachtet. Im zweiten Teil ihres Textes stellt Zachmann in Fallbeispielen konkrete Repräsentationen von Nutzer/innen als Akteur/innen in Technisierungsprozessen vor und zeigt, wie insbesondere Frauen Einfluss auf Technikentwicklung genommen haben und wie technisches Wissen geschlechtliche Codierungen erfuhr. Dabei wird auch deutlich, dass einmal erreichte Einfluss- und Handlungspotenziale von Nutzer/innen insbesondere im Zuge der Einführung neuer Techniken mit deren zunehmender Etablierung und Normierung jedoch zumeist wieder verloren gehen.

Auch *Judy Wajcman* knüpft an veränderte Perspektiven auf Nutzer/innen im Bereich der Technikentwicklung und der sozialwissenschaftlichen Technikforschung an. In ihrer Übersicht über maßgebliche Ansätze in der Geschlechterforschung zu Technik von liberal- über radikal-feministische und sozialistische Perspektiven bis hin zur neueren Diskussion über feministische »Technoscience« trägt Wajcman zunächst den historisch jüngeren Veränderungsprozessen Rechnung und konstatiert, dass die enge Verknüpfung von Technologie mit Männlichkeit der Vergangenheit angehört. Die Figur des Cyborg hat die feministischen Visionen inspiriert. Was aber, so fragt Wajcman, bedeutet die neue globale, digital gestaltete Informations- und Kommunikationsgesellschaft für die *sozialen* Geschlechterbeziehungen? Im Begriff »technofeminism« verdichtet Wajcman ihren Ansatz, die visionären Einsichten des Cyberfeminismus mit einer Analyse der materiellen Grundlagen von Geschlechterpolitik im Feld von Technologien zusammenzuführen. Davon ausgehend, dass nicht *Technologien per se*, sondern eher feministische *Politiken* Veränderungen herbeiführen können, fragt sie danach, wie geschlechtertheoretische Analysen über die Zielsetzung eines geschlechtergerechten Zugangs zu Technik hinausgehen und zudem auch Politiken der Innovation und Gestaltung einbeziehen könnten.

Um eine verschobene Bedeutung von Technologien geht es im Beitrag von *Karin Esders*. In ihrer Übersicht zur medienwissenschaftlichen Geschlechterforschung fokussiert sie auf die Analyse der Wirkmächtigkeit populärer Medien hinsichtlich der Unterwerfung und Ermächtigung des Selbst, indem sie theoretisch an die Begriffsfassung von Medien als ›Technologien des Geschlechts‹ (de Lauretis) anschließt und diese systematisch erweitert. Esders geht davon aus, dass populäre Medien das Denken und Handeln von Menschen nicht nahtlos bestimmen. Sie verschiebt daher die medienwissenschaftliche Frage nach der Wirkung beispielsweise von Kino und Fernsehen zur Frage nach den Wirklichkeitsvorstellungen, die Medien *erzeugen* und in denen sich RezipientInnen zurechtfinden und platzieren müssen. An historischen und aktuellen Fallbeispielen zeigt sie, wie Weiblichkeit als Angebot für spezifische Subjektpositionen erscheint, die von Medien als ›Technologien des Subjekts‹ hervorgebracht werden. Sie wirken nicht nur repressiv, sondern können auch mit produktiven Formen des Erfolgs-, Macht- und Lustversprechens verbunden sein. Deutlich ist jedenfalls ihre Verwobenheit mit den aktuellen Normen der ökonomischen Rationalität neoliberaler Selbstvermarktung.

Nach den überblicksartig angelegten Beiträgen des ersten Teils präsentieren die folgenden drei thematischen Abschnitte des Buches wie bereits angekündigt Ergebnisse aus aktuellen und teilweise noch laufenden Forschungsarbeiten. Für jeden Themenstrang wurden zwei Beiträge ausgewählt; der jeweils erste wirft einen Blick auf historisch weiter zurückliegende Verhältnisse, während der jeweils zweite aktuelle Entwicklungen behandelt.

In beiden Beiträgen zum Abschnitt *Konstruktionen von Männlichkeit in der Ingenieurkultur* wird aufgezeigt, dass Männlichkeit im Ingenieurwesen nicht monolithisch, sondern heterogen konzipiert wird.

Tanja Paulitz' Analyse wendet sich zunächst den fachimmanenten Auseinandersetzungen und Legitimationsdiskursen über Charakter und Stellenwert des Ingenieurwesens bzw. der Ingenieurtätigkeit Mitte bis Ende des 19. Jahrhunderts zu – einer Zeit also, in der der Ingenieurberuf professionalisiert und verwissenschaftlicht wurde. Im Anschluss an theoretische Perspektiven der sozialkonstruktivistisch orientierten feministischen Technikforschung und der kritischen Männlichkeitenforschung untersucht sie historische Dokumente des ingenieurwissenschaftlichen Fachdiskurses. Ihre Ergebnisse zeigen, dass die frühen Charakterisierungen der Ingenieurtätigkeit, die die Ingenieurtradition teilweise bis heute prägen, mit heterogenen, disparaten und auch widerstreitenden Konzeptionen hegemonialer Männlichkeiten verschränkt wurden, die sich außerdem gerade nicht bevorzugt in Abgrenzung zu bzw. in Verwerfung von ›Weiblichkeit‹ konstituieren.

Paulitz arbeitet vielmehr heraus, dass hier Kategorien wie ›Volk‹, Ethnizität bzw. ›Nation‹ und soziale ›Klasse‹ ins Spiel kommen, die gesellschaftliche Hierarchisierungen unter anderem auch der kolonialen Welt widerspiegeln. Zugleich werden Konzeptionen der Ingenieurtätigkeit, die sich gegen die herrschende Idee wissenschaftlich-technischer Rationalität wenden, mit explizit männlich codierten Bildern des Schöpfers und des künstlerischen Genies aufgeladen.

In welcher Weise die Praktiken, Kulturen und Identitäten des Ingenieurbereichs heute geschlechtlich codiert sind oder vergeschlechtlichend wirken, ist auch der Fokus des Beitrags von *Wendy Faulkner* in diesem Themenstrang. Auf der Grundlage ihrer aktuellen ethnographischen Studie zum Bauingenieurwesen in Großbritannien diskutiert sie, wie Ingenieure und Ingenieurinnen ihre berufliche Identität definieren. Faulkner setzt mit ihrer Untersuchung dem gängigen Stereotyp, dass Männlichkeit stets mit dem ›Technischen‹ und Weiblichkeit mit dem ›Sozialen‹ assoziiert wird, eine detailgenaue Analyse heterogener institutioneller Praxen und individueller Identitätskonstruktionen entgegen. Zugleich aber fragt sie umgekehrt auch danach, wie die dualistische Geschlechtscodierung des Ingenieurbereichs normativ auf dessen vielfältige Praxen und auf die Selbstkonstruktionen von Ingenieuren und Ingenieurinnen zurückwirkt. In idealtypischer Weise werden solche Prozesse der Codierung und Recodierung von beruflichen Tätigkeiten als ›technisch‹ oder ›nicht-technisch‹ am Fallbeispiel des Aufstiegs einer Ingenieurin und eines Ingenieurs aus technikgestaltenden Tätigkeitsfeldern in Managementpositionen genauer beleuchtet und kritisch verglichen. Faulkner plädiert dafür, die Wissensordnungen des Ingenieurwesens jenseits der Zweigeschlechtlichkeit zu denken, um den technischen Bereich adäquater zu beschreiben und integrativer zu gestalten. Es gilt, das Vorhandensein vielfältiger Geschlechtsidentitäten und auch heterogener Bilder der Ingenieurpraxis sichtbar zu machen und zu fördern.

Auf Desiderate der historischen Forschung zu (post-)kolonialer Wissenschaft hinsichtlich geschlechtertheoretischer Analysen weist *Londa Schiebinger* in ihrem Beitrag im Abschnitt *Koloniale und globalisierte Verhältnisse von Wissen und Geschlecht* hin. Bereits in ihren früheren Studien zeigte sie die unauflösliche Verquickung von zeitgenössischen Geschlechtervorstellungen der europäischen Gesellschaften einerseits und wissenschaftlichen Ordnungssystemen andererseits. In ihren neueren Untersuchungen stellt Schiebinger nun die Frage nach der Rolle von Pflanzen in den Kontexten kolonialer Macht- und Herrschaftsbeziehungen im 18. Jahrhundert, insbesondere nach Transfer, Verbreitung und Auslöschung von auf Pflanzen bezogenem Wissen im Zuge der Kolonialisierung der Karibik. In ihrer Fallstudie zu *Flos pavonis* (Schmetterlingsblume) rekonstruiert sie anhand historischer Quellen, dass diese Pflanze von indigenen Frauen in der Karibik unter den Bedingungen der Sklaverei als Abtreibungsmittel verwendet wurde. Allerdings fand das existierende Wissen über diese spezifische Wirkung von *Flos pavonis*, wie Schiebinger detailliert darlegt, keinen Eingang in den Wissenskanon der Medizin in Europa, obwohl *Flos pavonis* – ähnlich wie auch Tabak, Tomaten oder Schokolade – über den Atlantik nach Europa eingeführt wurde. Die Durchleuchtung von Ergebnissen der historischen Forschung hinsichtlich ihrer Ausblendungen von geschlechtscodiertem Wissen führt somit zu einer postkolonialen Kritik von Wissenschaft.

Ein aktuelles Fallbeispiel für aktuell sich vollziehende Recodierungen des Wissens stellen die Veränderungen der IT-Branche im Zuge einer zunehmend globalisierten Ökonomie dar. *Esther Ruiz Ben* zeichnet für die deutsche IT-Branche nach, wie sich die Allokationen und Verfasstheiten von Wissens- und Tätigkeitsfeldern sowie deren vergeschlechtlichte Codierungen hierbei verschieben. Sie fokussiert insbesondere auf die Umstrukturierungen von Organisationen und stellt fest, dass ›technisch‹ codierte Tätigkeitsfelder in der IT-Branche momentan tendenziell ins inner- oder außereuropäische Ausland ausgelagert werden. Mit dieser Auslagerung ist ein Prestigeverlust der ›technischen‹ Tätigkeiten verbunden. Tätigkeitsfelder wie Projekt- oder Qualitätsmanagement, die bislang ›sozial‹ codiert waren, gewinnen hingegen an Relevanz und werden strategisch und symbolisch innerhalb der in Deutschland verbliebenen Unternehmen(-steile) neu besetzt. Aus der Perspektive der Geschlechterforschung wirft Ruiz Ben die Frage auf, ob mit diesem sich aktuell vollziehenden organisationalen Wandel unter den Bedingungen der Globalisierung eine Recodierung von vergeschlechtlichten, symbolischen Wissensordnungen und den mit diesen Ordnungen assoziierten Tätigkeitsfeldern hinsichtlich des *social/technical devide* einhergeht. Ziel ihrer Analyse ist es, den möglicherweise mit diesen Recodierungen verbundenen Veränderungen von Segregationsmustern in der IT-Branche auf die Spur zu kommen.

Im Zentrum des abschließenden Abschnitts *Verschiebungen in der Konstruktion des ›natürlichen‹ Geschlechts* stehen aktuelle Ergebnisse aus Forschungsarbeiten zur Vergeschlechtlichung der Biologie als *der* Wissenschaft schlechthin, die seit ihrer historischen Etablierung die Definitionsmacht über die kategorialen Bestimmungen von ›Geschlecht‹ innehat. Am Beispiel unterschiedlicher historischer Zeiträume und an unterschiedlichen Gegenstandsbereichen der Biologie zeigt sich, dass biologisches Wissen über Geschlecht nicht nur historisch kontingent, sondern zugleich von gesellschaftlichen und geopolitischen Ordnungen der Zeit mitbestimmt und damit hervorgebracht wird. Es ist also nicht die Biologie per se, sondern es sind eben die jeweils vorherrschenden gesellschaftlichen Formationen, die die Existenz und die Charakteristika des biologischen ›Geschlechts‹ erklären.

Kerstin Palm befasst sich in ihrem Beitrag mit der vergeschlechtlichten Stufenordung des Lebens im ausgehenden 18. Jahrhundert. In kritischer Auseinandersetzung mit Claudia Honeggers Thesen zur Etablierung der Geschlechterdifferenz in diesem Zeitraum analysiert Palm zeitgenössische naturphilosophische Schriften, die einen maßgeblichen Stellenwert für die sich zur modernen Naturwissenschaft formierende Biologie besitzen. Anhand der Autoren C.F. Kielmeyer und F.W.J. Schelling rekonstruiert sie die Grundlagen zur Formung des Lebensbegriffs. Sie kann auf diese Weise den Einschreibungsprozess von Geschlechterdifferenz in diesen historisch neu entstehenden Lebensbegriff nachzeichnen. Im Unterschied zu Honeggers Auffassung von der weiblichen Codierung des ›Sensibilitäts‹konzepts arbeitet Palm heraus, dass ›Sensibiliät‹ in einen weiblich und einen männlich codierten Begriff aufgespalten wird. Auf Basis dieses Befunds vertritt sie die These, dass diese Aufspaltung letztlich zu einer geschlechterbezogenen Opposition von Individuation und Fortpflanzung geführt hat, die bis heute nachwirkt.

Bärbel Mauss macht mit ihren Forschungsarbeiten auf die Einführung der Kategorie Geschlecht im molekularbiologischen Ansatz *Genomic Imprinting* aufmerksam. Dieser Ansatz ist erst in jüngster Zeit in den Wissenskanon der Biologie aufgenommen und zur Erklärung von Vererbungsvorgängen herangezogen worden. Die Autorin analysiert – methodologisch an Haraway anschließend – einschlägige Veröffentlichungen zu diesem Ansatz aus dem molekulargenetischen Fachdiskurs. Sie kann zeigen, dass es in den 1990er Jahren zu einer Vergeschlechtlichung von Phänomenen auf der Ebene der Gene kommt, die vormals im Zusammenhang mit Vererbungsvorgängen als geschlechtsneutral angesehen wurden. Das zentrale Ergebnis liegt jedoch im Nachweis, dass es nicht die Gene *selbst* sind, die geschlechtsspezifisch unterschiedliche Codierungen erfahren. Vielmehr wird im fachimmanenten Diskurs die Genealogie der Gene, also deren Herkunft von der Mutter respektive dem Vater, als ursächlich für unterschiedliche genetische Prägungen angesehen. Geschlecht werde damit, so die von

Mauss entwickelte These, zu einem abstrakten Prinzip, das innerhalb der Biologie inzwischen auf einer Ebene »unterhalb der DNA« eingeführt worden sei. Sie fragt abschließend danach, inwiefern diese neuen Erklärungsmuster für Vererbungsvorgänge mit gängigen sozioökonomischen Theorien und aktuellen Vorstellungen von Geschlecht verschränkt sind.

3. Zum Entstehungskontext des Buches

Die Frage, in welcher Weise Geschlecht in der naturwissenschaftlichen Wissensproduktion und in der Technologieentwicklung im Ingenieurbereich eine Rolle spielt und mit gesellschaftlichen Geschlechterverhältnissen verwoben ist, bildete auch das Kerninteresse von öffentlichen, interdisziplinären Forschungscolloquien im Sommersemester 2005 und im Wintersemester 2005/06 zum Themenschwerpunkt »Wissenschaftsforschung als Geschlechterforschung« am *Zentrum für Interdisziplinäre Frauen- und Geschlechterforschung* (ZIFG) der Technischen Universität Berlin, die wir gemeinsam veranstaltet haben. In diesem Rahmen wurden aktuelle Forschungsbeiträge der *gender studies* zu diesem Themenfeld präsentiert und diskutiert. Bei der Auswahl der Beiträge zur Reihe standen Interdisziplinarität und Internationalität im Zentrum; zudem deckte diese Vortragsreihe ein breites Spektrum an Fragen zur Situation von Frauen und zu Genderaspekten in verschiedenen planungs-, ingenieur- und naturwissenschaftlichen Fächern ab. Einschlägige theoretische und methodische Ansätze der Frauen- und Geschlechterforschung konnten vor dem Hintergrund dieses Brückenschlags weiterführend diskutiert werden. Die Veranstaltungen richteten sich sowohl an Studierende als auch an Wissenschaftlerinnen und Wissenschaftler aller Fächer und wurden über die Tages- und Wochenpresse sowie über das Radio auch über die Hochschule hinaus öffentlich wahrgenommen. Die ausgesprochen positive Resonanz veranlasste uns, ausgewählte Vorträge zu einem Sammelband zusammenzuführen, der aktuelle Perspektivenerweiterungen in diesem Feld thematisch fokussiert. Weitere Beiträge konnten zusätzlich eingeworben werden. So gehen etwa zwei Aufsätze auf Vorträge im Rahmen der ebenfalls vom ZIFG veranstalteten öffentlichen Ringvorlesung zum Thema »Technologien des Geschlechts« im Wintersemester 2006/07 zurück.

An dieser Stelle geht noch einmal unser ausdrücklicher Dank an alle Referentinnen unserer Forschungscolloquien, die dazu beigetragen haben, dass die Vortragsreihen zu einem anregenden und konstruktiven Forum für interdisziplinäre Diskussion innerhalb der *gender studies* an der TU Berlin werden konnten. Der *Förderverein des Zentrums für Interdisziplinäre Frauen- und Geschlechterforschung e. V.* hat dieses Projekt maßgeblich finanziell unterstützt und den Großteil der Publikationskosten für den vorliegenden Sammelband übernommen. Daher möchten wir dem Förderverein für den großzügigen Zuschuss und insbesondere Helga Satzinger, Christiane Eifert sowie ganz besonders Karin Hausen für die Befürwortung des Vorhabens herzlich danken. Zusätzliche finanzielle Mittel für die Realisierung der Publikation sowie weit reichende finanzielle, organisatorische und administrative Unterstützung bei den Forschungscolloquien erhielten wir vom *Zentrum für Interdisziplinäre Frauen- und Geschlechterforschung* der TU Berlin. Dank geht hier an das gesamte Team, das sind und waren: Alex Beigelbeck, Karin Dörr, Sophia Ermert, Lisa Eßwein, Verena Klein, Marie-Jolin Köster, Felicitas Schwäbe, Hildegard Stephen, Gabriele Willeke, und vor allem auch an Sabine Hark, die seit Herbst 2005 als stellvertretende Leiterin am ZIFG den institutionellen und kreativen Raum für die Arbeit am Buchprojekt geboten hat.

Petra Schäfter gilt unser großer Dank für ihr außerordentlich umfassendes und professionelles Lektorat des Buchmanuskripts sowie für die Erstellung der Druckvorlage. Ebenso danken wir den Herausgeberinnen der Reihe »Politik der Geschlechterverhältnisse«, Eva Kreisky, Birgit Sauer, Andrea Maihofer und insbesondere Cornelia Klinger, die unser Vorhaben in der Startphase begeistert aufnahmen und seinem guten Gelingen das nötige Vertrauen entgegenbrachten. Judith Wilke-Primavesi vom Campus Verlag hat die Entstehung des Buches exzellent betreut.

Literatur

Baur, Robin/Götschel, Helene (Hg.) (2006), *Gender in Naturwissenschaften. Ein Curriculum an der Schnittstelle der Wissenschaftskulturen*, Talheim.

Cockburn, Cynthia (1986), *Machinery of Dominance. Women, Men and Technical Know-How*, London [dt. Ausgabe: *Die Herrschaftsmaschine. Geschlechterverhältnisse und technisches Know-how*, Berlin/Hamburg 1988).

Daston, Lorraine (1992), »Objectivity and the Escape from Perspective«, *Social Studies of Science. An International Review of Research in the Social Dimensions of Science and Technology*, Jg. 22, Heft 4, S. 597–618.
Ebeling, Smilla/Schmitz, Sigrid (Hg.) (2006), *Geschlechterforschung und Naturwissenschaften. Einführung in ein komplexes Wechselspiel*, Wiesbaden.
Gildemeister, Regine/Wetterer, Angelika (1992), »Wie Geschlechter gemacht werden. Die soziale Konstruktion der Zweigeschlechtlichkeit und ihre Reifizierung in der Frauenforschung«, in: Gudrun-Axeli Knapp/Angelika Wetterer (Hg.), *TraditionenBrüche*, Freiburg, S. 201–254.
Hacking, Ian (1999), *Was heißt »soziale Konstruktion«? Zur Konjunktur einer Kampfvokabel in den Wissenschaften*, Frankfurt a. M.
Haraway, Donna (1985), »A Manifesto for Cyborgs: Science, Technology, and Socialist Feminism in the 1980's«, *Socialist Review*, 80. Jg., S. 65–108 [dt. Ausgabe: »Ein Manifest für Cyborgs. Feminismus im Streit mit den Technowissenschaften«, in: dies., *Die Neuerfindung der Natur. Primaten, Cyborgs und Frauen*, Frankfurt a. M./New York 1995, S. 33–72].
Hark, Sabine (2005), *Dissidente Partizipation. Eine Diskursgeschichte des Feminismus*, Frankfurt a. M.
Hausen, Karin (1976), »Polarisierung der Geschlechtscharaktere«, in: Werner Conze (Hg.), *Sozialgeschichte der Familie in der Neuzeit Europas. Neuere Forschungen*, Stuttgart, S. 363–393.
— /Nowotny, Helga (Hg.) (1986), *Wie männlich ist die Wissenschaft?* Frankfurt a. M.
Heintz, Bettina (1993), »Wissenschaft im Kontext – Neuere Entwicklungstendenzen der Wissenschaftssoziologie«, *Kölner Zeitschrift für Soziologie und Sozialpsychologie*, Jg. 15, Heft 3, S. 528–552.
Keller, Evelyn Fox (1995), »The Origin, History, and Politics of the Subject Called ›Gender and Science‹. A First Person Account«, in: Sheila Jasanoff/Gerald E. Markle/James C. Peterson/Trevor J. Pinch (Hg.), *Handbook of Science and Technology Studies*, London, S. 80–94.
Knapp, Gudrun-Axeli (1993), »Segregation in Bewegung: Einige Überlegungen zum ›Gendering‹ von Arbeit und Arbeitsvermögen«, in: Karin Hausen/Gertraude Krell (Hg.), *Frauenerwerbsarbeit. Forschungen zu Geschichte und Gegenwart*, München, S. 25–46.
Leicht-Scholten, Carmen (Hg.) (2007), *»Gender and Science«. Perspektiven in den Natur- und Ingenieurwissenschaften*, Bielefeld.
MacKenzie, Donald/Wajcman, Judy (1985), The Social Shaping of Technology. How the Refrigerator Got Its Hum, Buckingham/Philadelphia.
Mauss, Bärbel/Petersen, Barbara (Hg.) (2006), *Das Geschlecht in der Biologie*. Schriftenreihe von NUT – Frauen in Naturwissenschaft und Technik e. V., Talheim.
Rheinberger, Hans-Jörg (2007), *Historische Epistemologie zur Einführung*, Hamburg.
Schiebinger, Londa (1999), Has Feminism Changed Science? Cambridge, MA. [dt. Ausgabe: *Frauen forschen anders. Wie weiblich ist die Wissenschaft?* München 2000].

Scott, Joan (1988), »Gender: A Useful Category of Historical Analysis«, in: dies., *Gender and the Politics of History*, New York, S. 28–50.

Zachmann, Karin (2004), *Mobilisierung der Frauen. Technik, Geschlecht und Kalter Krieg in der DDR*, Frankfurt a. M./New York.

Transdisziplinäre Forschungsansätze und -perspektiven

Bühne Natur- und Technikwissenschaften: Neuere Ansätze aus dem Gender-Diskurs

Heike Wiesner

> »*Subjekte und Objekte sind das Ergebnis diskursiver Konstitutionen.*«
> Haraway 1995a: 109

Welche Rolle spielt die Kategorie Geschlecht in der Naturwissenschafts- und Technikforschung? Welche Erkenntnisse lassen sich aus einer Schnittstellenanalyse zwischen den *gender studies* und den *science and technology studies* (STS) herstellen?

Mit dem einleitenden Zitat von Donna Haraway wird im Kern das Konzept dieses theoretisch geleiteten Beitrags beschrieben: Fokussiert auf die Natur- und Technikwissenschaften sollen zum einen Ansätze der *gender studies* mit denen der *science and technology studies* zusammengeführt werden, um den analytischen Ertrag der Kategorie Geschlecht[1] in verschiedene Wissenschafts- und Technikforschungsansätze systematisch einzuarbeiten.[2] Zum zweiten zeichnet sich im Feld der *gender studies* zu Naturwissenschaften und Technik ein neuer Ansatz ab, in dessen Rahmen die (Schließungs-) Prozesse auf der immer unüberschaubarer werdenden Bühne der Natur- und Technikwissenschaft untersucht werden. Diesen Ansatz, den ich als *de/construction of science, gender and technology* bezeichnen möchte, werde ich im letzten Abschnitt dieses Beitrags theoretisch einführen und anhand von aktuellen Forschungsarbeiten erläutern.

Der Aufbau des Beitrags orientiert sich theoretisch an der Latour'schen Idee wissenschaftlicher Netzwerke. Bruno Latour geht in seinem Buch *Science in Action* (1987) davon aus, dass wissenschaftliche Aussagen oder gar

---

1 Das ›natürliche‹ (biologische) Geschlecht ist nicht dasselbe wie das soziale Geschlecht. Anders als im Englischen fällt im deutschen Wort Geschlecht beides zusammen bzw. wird durch den Zusatz biologisches versus soziales Geschlecht unterschieden. An dieser Unterscheidung wird jedoch in den aktuellen feministischen Ansätzen nicht mehr festgehalten, da eine definierbare Grenze zwischen einem außergesellschaftlichen biologischen Geschlecht und einem sozial hergestellten Geschlecht zunehmend angezweifelt wird (vgl. dazu u.a. Butler 1995; Heintz 1993; Heinsohn 2005; Mauss 2000).

2 Grundlage des vorliegenden Beitrags bildet meine Doktorarbeit »Die Inszenierung der Geschlechter in den Naturwissenschaften« (Wiesner 2002).

(natur-)wissenschaftliche Fakten ihre wissenschaftliche Relevanz immer nur in einer Kette von Übersetzungen innerhalb eines Netzwerkes gewinnen. Er untersucht wissenschaftliche AkteurInnen und die von ihnen erzeugten und konstruierten Fakten deshalb anhand ihrer Labor- und Netzwerkpraxis. Der Forschungsprogrammatik von Latour werde ich in meinem Artikel die Forschungsfrage nach der *Rolle der Kategorie Gender in der Wissenschafts- und Technikforschung* als ständigen Begleiter mit auf den Weg geben. Im Zuge dieser Auseinandersetzung mit Latour entwickle ich vier aufeinander aufbauende Thesen, die in den folgenden Abschnitten dargelegt werden:

1. Die Sozialisation von Natur- und Technikwissenschaftler/innen (*scientists in the making*);
2. die Organisation von Naturwissenschaft und Technik (*science as a gendered system*);
3. Naturwissenschaft und Technik in Aktion (*science and gender in the making*);
4. die De/Konstruktion von Naturwissenschaft, Geschlecht und Technik (*de/construction of science, gender and technology*).

Die Entwicklung der Hauptthesen wird zudem auch grafisch begleitet. Die den Abschnitten jeweils zugeordneten Abbildungen 1–4 bauen aufeinander auf; Bild für Bild ist eine zunehmende Komplexität zu beobachten. Im ersten Bild ist ein vereinzelter Naturwissenschaftler dargestellt (*scientists in the making*), im zweiten ist er integriert in einem Arbeitszusammenhang sichtbar (*science as a gendered system*). Im dritten Bild können wir ihn in komplexen Netzwerkzusammenhängen beobachten (*science and gender in the making*) und im vierten Bild verschwindet er zunehmend im Technoscience-Gewirr (*de/construction of science, gender and technology*). Die Abbildungen verdeutlichen, dass die nachfolgenden Darlegungen lebendige Momentaufnahmen von Szenerien bilden, die nur in dem Zusammenspiel von Naturwissenschafts- und Technikforschung einerseits und Geschlechterforschung andererseits erzeugt werden können.

Die Sozialisation von Natur- und Technikwissenschaftler/innen

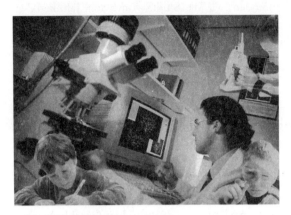

Abb. 1: Scientists in the making

Der Entstehungszusammenhang von naturwissenschaftlichen Fakten ist nur im Sozialisationskontext von NaturwissenschaftlerInnen zu verstehen. Indem die Befunde der Schul- und Hochschulforschung zum Themenbereich Naturwissenschaft und Technik mit den Ergebnissen der Geschlechterforschung direkt verknüpft werden, kann den geschlechtlichen Codierungsprozessen im (Aus-)Bildungsalltag nachgespürt werden. Dazu zählen beispielsweise Analysen über das Interaktionsverhalten im Klassenraum, Studien zum Erfolgserleben in naturwissenschaftlichen und technischen Unterrichtskontexten, Schulbuchanalysen oder Studien über das Benotungssystem. All diese Untersuchungen belegen eindrucksvoll, dass in der Bildungslandschaft die Kategorie Geschlecht sehr wirksam ist (vgl. u.a. Frank 1995; Jahnke-Klein 1997; Middendorff 2002).

So lässt sich beispielsweie zeigen, dass sowohl Lernende als auch Lehrende die naturwissenschaftlichen und technischen Fähigkeiten von Jungen und Mädchen trotz quantitativ gleicher durchschnittlicher Leistung subjektiv sehr unterschiedlich bewerteten (vgl. u.a. Häussler/Hoffmann 2002; Frank 1995; Wiesner 2004). Häussler und Hoffmann (ebd.) fanden zudem heraus, dass Jungen gute Leistungen in der Regel in eine Stärkung ihres Selbstvertrauens umsetzten und bei Misserfolg geneigt waren, widrige Umstände dafür verantwortlich zu machen. Mädchen verfügten in geringerem Maße über solche Mechanismen. Häufiger als Jungen führten sie Misserfolge auf mangelnde Fähigkeiten und gute Leistungen auf das Wohlwollen der Beurteilenden und eigene Anstrengungen zurück. Von Bedeutung für die Selbsteinschätzung der Jungen und Mädchen ist auch die Qualität des Feedbacks durch die Lehrenden, wie die Studie von Sylvia Jahnke-Klein für das Fach Mathematik nachwies. Bei Jungen richtet sich das Lob des Lehrpersonals vor allem auf die Leistung, Tadel dagegen auf Störungen der Disziplin; bei Mädchen bezieht sich der Tadel eher auf Leistung, Lob dagegen auf Wohlverhalten und Ordnung (Jahnke-Klein 1997). Der Selbstvertrauenszuwachs bei den Jungen erfolgt somit über die Wertschätzung von Leistung und damit auf gesellschaftlich »höherem Niveau« (vgl. dazu u. a. auch Buschmann 1994). Die Unterstellung, dass Jungen in Physik besser sind, hat sogar Einfluss auf die Benotung von Klassenarbeiten. So ergab die Untersuchung von Frank (1995), dass die Arbeiten von Mädchen besser benotet wurden, wenn das Geschlecht *nicht* bekannt war. Münst (2002) wies nach, dass die Lehrprozesse an Hochschulen eng mit der inhaltlichen und interaktiven Herstellung von dualistischen Geschlechterhierarchien verknüpft sind. Da es nahezu ausschließlich männliche Personen sind, die als Lehrende in Lehrsituationen handeln, wird in dem jeweiligen Studienfach Fachkompetenz auf vielfältige Weise mit dem männlichen Geschlecht assoziiert.

Was lässt sich aus diesen Forschungsergebnissen schlussfolgern? Einige der oben aufgeführten Studien legen eine generelle Bevorzugung von Jungen durch die Lehrenden nahe. Diese Sichtweise greift jedoch zu kurz. Da in vielen Untersuchungen, insbesondere in der Frauenforschung, der Schwerpunkt fast ausschließlich auf Mädchen und Frauen liegt, gerät das Geschlechter*verhältnis* dabei häufig aus dem Blick (vgl. dazu auch Buschmann 1994). Erste vergleichende Untersuchungen über Notengebung, Anerkennung und Selbstbewusstsein im Deutsch- und Fremdsprachenunterricht zeigen, dass Jungen tendenziell (fremd)sprachliche Kompetenzen und den Mädchen technische und mathematische Fähigkeiten abgesprochen werden.[3] Die Zuschreibung von Technikkompetenz an Jungen und Sprachkompetenz an Mädchen stellt demnach ein *gegengeschlechtliches Codierungsverfahren* dar, das erst in jüngster Zeit unter dem Gesichtspunkt des Geschlechterverhältnisses einer näheren Untersuchung unterzogen wird. Die geschlechtskonnotierten Interaktionen im Klassenraum zwischen Lehrenden und Lernenden, aber auch zwischen den Schülerinnen und Schü-

---

3 Vgl. dazu auch die so genannte IGLU-Studie (Bos u.a. 2005). Die Untersuchung von Hertel bestätigt diese Ergebnisse zudem aus der Perspektive der SchülerInnen: An koedukativen Schulen (!) schätzten Jungen Englisch als schwierigstes Fach ein, während Mädchen Physik den Status »schwer« einräumten (1995: 182).

lern untereinander deuten darauf hin, dass es sich nicht um ein einfaches Ursache-Wirkungs-Schema, sondern im Kern um eine Inszenierung der Geschlechter im Lernkontext handelt: Das Geschlechterverhältnis wird gemeinsam hergestellt und perpetuiert (vgl. dazu auch Wiesner 2002).

Angesichts dieser Untersuchungsergebnisse wird deutlich, dass der heute immer wieder aktualisierte Differenzansatz, der von unhintergehbaren Geschlechterunterschieden ausgeht und diese Differenz zum Ausgangspunkt von Forschung macht, nicht in der Lage ist, die Perspektive auf solche *gesellschaftlich* geschlechtlich konnotierten Schließungsprozesse zu erweitern. Die Selbstverständlichkeit, mit der eine zweigeschlechtliche heterosexuelle Realität angenommen wird, ist vielmehr selbst das Resultat einer erfolgreichen Inszenierung. Kurzum: Die Polarisierung der Geschlechter in Erziehung und in schulischen Bildungseinrichtungen wirkt sich sowohl für Mädchen als auch für Jungen negativ aus. Denn es sind nicht nur die Mädchen, die unter den Zuschreibungen leiden, auch die Jungen sind kaum in der Lage, sich aus dem engen dualistischen Zuschreibungssystem hinauszubewegen.

Die Organisation von Naturwissenschaft und Technik

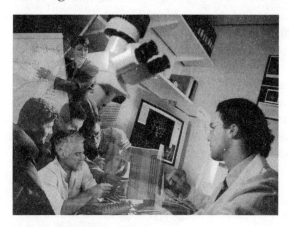

Abb. 2: Science as a gendered system

Abbildung 2 zeigt den Naturwissenschaftler in einem stärker ausdifferenzierten Laborkontext. Diese Darstellung illustriert meine zweite These zu *science as a gendered system*.

Einige Ansätze aus den *science and technology studies* beschäftigen sich mit dem Ineinandergreifen von Struktur und Akteur und bieten so gute Anknüpfungspunkte, um die Relevanz von Genderaspekten zu beleuchten. Im Folgenden betrachte ich exemplarisch den von Thomas Merton so benannten Matthäus-Effekt. Merton beschreibt damit das Phänomen, dass wissenschaftliche Beiträge von angesehenen (Natur-)WissenschaftlerInnen von der *scientific community* eher wahrgenommen werden als solche von unbekannten ForscherInnen und

»dass hoch angesehenen Wissenschaftlern für bestimmte wissenschaftliche Beiträge unverhältnismäßig große Anerkennungsbeträge zufallen, während solche Anerkennung Wissenschaftlern, die sich noch keinen Namen gemacht haben, vorenthalten wird.« (1985: 155; vgl. auch Merton 1968).

Dieses Prinzip des »Wer hat – bekommt noch mehr« erzeugt im Verteilungswettkampf um wissenschaftliche Belohnungen Ungleichheiten und schafft eine hierarchische Klassenstruktur unter den (Natur-)WissenschaftlerInnen.

Auch auf wissenschaftliche Institutionen bezogen hinterlässt der Matthäus-Effekt seine Spuren. So erhalten angesehene wissenschaftliche Zentren weitaus höhere Forschungsmittel als weniger renommierte Forschungsstätten. Zudem werden erfolgversprechende Graduierte von anerkannten und ausgezeichneten Forschungszentren eher angezogen als von solchen ohne Prestige.

Von großer Bedeutung für den Verlauf einer wissenschaftlichen Karriere sind die zur Verfügung stehenden Publikationsmöglichkeiten. Das Forscherteam Merton und Zuckermann[4] konnte feststellen, dass im wissenschaftlichen Hierarchiesystem höher platzierte NaturwissenschaftlerInnen auch hier vom Matthäus-Effekt profitieren.[5] Ihnen wurden tendenziell

---

4 Obwohl Robert Merton und Harriet Zuckermann ihre Studien gemeinsam betrieben, taucht Zuckermanns Name in der späteren Rezeption der Ergebnisse kaum mehr auf.
5 Für ihre empirische Untersuchung hatten Merton und Zuckermann die Archive der Physik-Fachzeitschrift *Physical Review* aus den Jahren 1948 bis 1956 ausgewertet, die unter anderem die Korrespondenz zwischen AutorInnen, RedakteurInnen und GutachterInnen enthielten. Auch wenn sich ihre Erkenntnisse somit in erster Linie auf diesen speziellen Ausschnitt des Wissenschaftsbetriebs beziehen, sind sie meines Erachtens in gewissen Grenzen doch verallgemeinerbar.

GutachterInnen höheren Ranges zugewiesen und die Dauer des gutachterlichen Prozesses für ihre Veröffentlichungen war deutlich kürzer als bei NaturwissenschaftlerInnen niedrigerer Ränge (Merton 1985: 200). Außerdem wurden die Beiträge mit zunehmend höherem Status der AutorInnen innerhalb der Prestige-Hierarchie eher von RedakteurInnen selbst, *ohne* außenstehende GutachterInnen, geprüft (ebd.: 199). Merton und Zuckermann erbrachten somit den Nachweis, dass das Gutachtersystem ranghöheren NaturwissenschaftlerInnen mehr und einfachere Publikationsmöglichkeiten bietet als rangniedrigeren und auf diese Wiese die Rangordnung stabilisiert.

Der Matthäus-Effekt zeigt sowohl auf der mikro- als auch auf der makrosozialen Ebene Wirkung. Da sich die Präsenz von Frauen in den Wissenschaften insgesamt betrachtet auf die kurze Formel »je höher die Position, umso geringer der Anteil« bringen lässt, wirkt sich das Gutachtersystem strukturverwerfend für Frauen und strukturverstärkend für Männer aus: Der durchschnittlich höhere Veröffentlichungsaufwand für Frauen hat über die Jahre Konsequenzen für die Publikationsrate und beeinflusst so auch die daran gekoppelten Aufstiegschancen. Gerade die als ›objektiv‹ deklarierten Einstellungskriterien für wissenschaftliche Positionen wie Publikationsrate und Stellung im Anerkennungssystem führen durch diesen ›Punktabzug für Frauen‹ zu einer systematischen und kontinuierlichen Benachteiligung.

Bei erfolgreichen Frauen stellt sich zudem die Frage, ob ihnen der Matthäus-Effekt im selben Ausmaß wie Männern zugutekommt. Beiträge von geehrten Naturwissenschaftlerinnen müssten die größten Chancen haben, gehört und gelesen zu werden. In ihrem Aufsatz *The ~~Matthew~~ Matilda Effect in Science*[6] (1993) beleuchtet Margret W. Rossiter den Matthäus-Effekt anhand der Biographien ausgewählter berühmter Frauen. Rossiter kann zeigen, dass sich der Matthäus-Effekt selbst bei so bekannten Naturwissenschaftlerinnen wie Lise Meitner, Frieda Robscheit-Robbins, Gerty Cori, Isabella Karle oder Babara McClintock wesentlich schwächer auswirkte als bei ihren männlichen Kollegen. So wurde der Nobelpreis nur an Otto Hahn und nicht auch an Lise Meitner vergeben. Dasselbe gilt auch für Frieda Robscheit-Robbins und Isabella Karle: Beide Frauen sind bei der Preisvergabe

---

6 Mit dem ironischen Titel ihrer Arbeit *The ~~Matthew~~ Matilda Effect in Science* weist Rossiter zudem deutlich darauf hin, dass auch Robert Merton selbst vom Matthäus-Effekt profitierte, denn der Name seiner Kollegin Harriet Zuckermann wird mittlerweile kaum noch mit den gemeinsamen Untersuchungen zum Matthäus-Effekt in Verbindung gebracht (vgl. bereits Fn. 4).

leer ausgegangen. Carl Cori wurde beständig mehr Anerkennung als Gerty Cori zuteil, obwohl sie nachweislich die bessere Biochemikerin war, und Barbara McClintock hat erst Jahrzehnte nach ihrer Entdeckung der ›springenden Gene‹[7] den Nobelpreis erhalten (ebd.). In fast allen Fällen konnte Rossiter nachweisen, dass der Matthäus-Effekt ein Geschlecht hat.

Es besteht somit eine Wechselwirkung zwischen dem Belohnungssystem und dem auf ungleichen Chancen beruhenden ›vergeschlechtlichten Klassensystem‹, durch welches insbesondere Wissenschaftlerinnen unterschiedliche Positionen innerhalb der Chancenstruktur des Wissenschaftssystems zugewiesen werden.

Naturwissenschaft und Technik in Aktion

Abb. 3: Science and gender in the making

Im Folgenden lege ich meine dritte These dar, die die gleichzeitigen und miteinander verschränkten Konstruktionen von Wissenschaft und Geschlecht unter der Überschrift *science and gender in the making* zusammenfasst. Hierfür rekurriere ich auf die so genannten Labor- und Netzwerkstudien[8] der *science and technology studies* sowie auf Ansätze der *gender studies*, die ich

---

7 Unter ›springenden Genen‹ werden kurze DNA-Sequenzen verstanden, die aus einem Chromosom heraustreten und sich entweder in das gleiche oder in ein anderes Chromosom wieder hineinfügen (vgl. Keller 1995: 129–145).

8 Für einen dezidierten Überblick über Labor- und Netzwerkstudien sowie über die verschiedenen Spielarten des STS-Diskurses siehe auch Felt u.a. 1995 sowie Wiesner 2002.

aufeinander beziehe, um systematisch die Frage nach dem Geschlecht in den Natur- und Technikwissenschaften zu stellen.

In Laborstudien wird die Forschungspraxis systematisch unter die Lupe genommen. Zur Rekonstruktion der ›Laborkultur‹ werden nicht nur Laborberichte, sondern auch die Konversationen und Alltagshandlungen der beteiligten wissenschaftlichen AkteurInnen analysiert. Studien, die über den Laborkontext hinaus auch die Kooperations- und Konkurrenzbeziehungen dieser AkteurInnen untersuchen, werden als Netzwerkstudien bezeichnet. Beide Forschungsrichtungen beschreiben naturwissenschaftliche Forschungen als einen konstruierenden Vorgang, der durch heterogene Labor- und Netzwerkbedingungen gekennzeichnet ist. Das Erkenntnispotenzial, das durch die Einbeziehung der Kategorie Geschlecht gewonnen werden könnte, bleibt in den meisten Studien aus diesem Spektrum jedoch vollkommen ungenutzt. Dies ist in dreifacher Weise problematisch:

Zum *einen* vernachlässigen STS-Studien meist den metaphorischen Gehalt der Kommunikation. Zahlreiche Untersuchungen aus den *gender studies* wiesen durch systematische Metaphernanalysen eine starke Wechselwirkung zwischen wissenschaftlichem Wissen und gesellschaftlicher Entwicklung nach. Ein plakatives Beispiel hierfür ist die Formulierung Francis Bacons, der den Beginn der modernen Wissenschaft als »die männliche Geburt der Zeit« bezeichnete, um die experimentelle Wissenschaft von der »weiblichen Wissenschaft« griechischer Gelehrter markant abzuheben (vgl. dazu auch Keller 1985). Hervorzuheben ist auch die Arbeit von Dorit Heinsohn (2005), in der ein Zusammenhang zwischen physikalischem Wissen und dem Geschlechterdiskurs um 1900 ausgemacht wird.[9]

Zum *zweiten* besteht bei einem rein netzwerkartigen Analysezugriff, der Genderaspekte unberücksichtigt lässt, die Gefahr, die Rolle von Wissenschaftlerinnen im Forschungsprozess sowie die Forschungskontexte von Frauen zu vernachlässigen, denn Männer sind in wesentlich höherem Maß in Netzwerke integriert als ihre Kolleginnen. Dieser zweite Kritikpunkt lässt sich sehr anschaulich an dem Wirken der Biologin Barbara McClintock demonstrieren. Ihre Forschungsergebnisse, die zum Sturz des Dogmas vom starren Erbgut führten, waren nicht das ursprüngliche Ziel, sondern eher ein Nebenprodukt einer ungemein scharfsinnig und sorgfältig vorgenommenen Versuchsreihe mit Maispflanzen. Lange Zeit wurde ange-

---

9 Die Metapher des Körpers als thermodynamische Maschine spielte in der Diskussion der energetischen Ökonomie der Geschlechterdifferenz eine wichtige Rolle (vgl. Heinsohn 2005: 238).

nommen, dass die lineare Anordnung der Gene stabil und, von Mutationen abgesehen, unveränderlich ist. McClintocks Arbeiten zeigten, dass es hiervon Ausnahmen gibt, nämlich die ›springenden Gene‹ (Transposons).[10] McClintock verbrachte ihre Zeit mit Beobachtungen von so genanntem Indianermais und eben nicht mit ›translating interests‹[11] oder Prestige-Akquise. Der Latour'sche Satz, »[t]he fate of what we say and make is in later users' hands« (1987: 29), scheint auf den Fall McClintock in besonderer Weise zuzutreffen. In ihrer Biographie über Barbara McClintock schreibt Evelyn Fox Keller:

»In diesem Sommer [1951] begegnete man ihrem Vortrag in Cold Spring Harbor mit eisigem Schweigen. Mit ein oder zwei Ausnahmen gab es niemanden, der sie verstanden hatte. Im Anschluss an ihr Referat vernahm man Gemurmel, sogar Gekicher, doch dann hagelte es offene Beschwerden. Das Ganze sei unmöglich zu verstehen. Was wollte diese Frau eigentlich? [...] Ihr Versuch, die Logik ihres Systems zu erklären, war völlig fehlgeschlagen. [...] Sie hatte ihr Werk enthüllt, ein herrliches Erklärungsmodell mit ausreichendem Datenmaterial, dieses zu stützen, in das sie sechs lange Jahre hingebungsvolle Aufmerksamkeit und aufreibende Knochenarbeit investiert hatte – und ihre Kollegen hatten dem Ganzen die kalte Schulter gezeigt.« (1995: 147).

Ihre Forschungsresultate hatte McClintock demnach schon im Jahr 1951 vorgestellt, doch niemand griff ihre Studien auf. Erst als eine Gruppe um Peter Starlinger in Köln und James Shapiro in den USA Ende der 1960er Jahre mit molekularbiologischen Methoden ebenfalls wandernde Gene bei Bakterien ausmachten, wurde an die Arbeiten McClintocks erinnert.

Latour hätte für eine Analyse des Entdeckungsprozesses der ›springenden Gene‹ sicherlich das Wettrennen zwischen Shapiro und Starlinger als Ausgangspunkt gewählt. In der konkreten Forschung McClintocks lassen sich jedoch nur wenige bis gar keine Anteile aufspüren, die für einen Konstruktivismus à la Latour – *Science in Action* – sprechen. McClintock arbeitete schließlich konkurrenzlos, tauschte sich kaum mit Kollegen aus und führte ein isoliertes Leben, das völlig auf ihre Maispflanzenforschung ausgerichtet war (vgl. Keller 1995). Zudem arbeitete sie zur damaligen Zeit an einem Thema, das weder aktuell war, noch als angesehen galt. Nachdem sich ein Forschungsprogramm auf diesem Feld etabliert hatte, wurden ihre Leistungen endlich erkannt. Erst 1983, als über 80-Jährige, wurde sie mit

---

10 Zum Begriff der ›springenden Gene‹ vgl. Fn. 7.
11 Dieser Begriff bezeichnet die Strategie, die eigenen Forschungsinteressen zu denen der anderen zu machen (vgl. dazu Latour 1987: 108).

dem Nobelpreis belohnt. Den Entdeckungsprozess der ›springenden Gene‹ mit Latour als »30 Jahre Science in the Making« zu beschreiben, klingt jedoch wenig plausibel. Nein, der Verlauf der Arbeiten McClintocks wäre für Latour als Forschungsgegenstand nicht in Frage gekommen, da er wenig *science in action* beinhaltete. Er dokumentiert lediglich das Leben einer Naturwissenschaftlerin, die jahrzehntelang ihre Erkenntnisse über eine biologische Revolution mit sich herumtrug, für die sich die *scientific community* jedoch nicht interessierte. Latours Netzwerk-Ansatz zur Erklärung des Entstehungsprozesses wissenschaftlicher Fakten vernachlässigt tendenziell den Anteil von Forscherinnen.[12]

Der *dritte* Kritikpunkt an der geschlechtsneutralen Betrachtungsweise der STS-Studien bezieht sich auf den von ihnen erweckten Eindruck, im Forschungskontext herrsche Geschlechtersymmetrie. Zahlreiche Studien aus der Frauen- und Geschlechterforschung belegen jedoch eindrucksvoll das Gegenteil (vgl. dazu auch Haraway 1995b; Heinsohn 2005). Selbst wenn innerhalb einer auf Netzwerke gerichteten Betrachtung eine Naturwissenschaftlerin einmal nicht ›durchs Netz fällt‹ und im Beschreibungssystem der Studien vorkommt, ist dies keinesfalls eine Garantie dafür, dass ihr Beitrag – bzw. ihr Anteil an der Konstruktion des dargestellten naturwissenschaftlichen Faktes – adäquat wiedergegeben wird.

Latour hat beispielsweise in seinem Werk *Science in Action* (1987) das geschmeidige *networking* der Nobelpreisträger Francis Crick und James Watson nachgezeichnet. Die Entdeckung der DNA-Doppelhelix wird von ihm in erster Linie Crick und Watson zugeschrieben. Die Arbeit von Rosalind Franklin, die nachweislich zu deren Erfolg beigetragen hat, wird nur randständig beleuchtet. Meine Durchsicht des Quellenmaterials, das auch Latour für seine Darstellung herangezogen hat, ergab demgegenüber ein deutlich anderes Bild:

Insbesondere der informelle Austausch zwischen Watson und Franklins Kollege Maurice Wilkins – auf den Latour selbst immer wieder abhebt – ist dabei bemerkenswert (vgl. dazu u.a. Watson 1997). Schließlich arbeiteten sie in unterschiedlichen – konkurrierenden – Forschungszusammen-

---

12 Latour geht per se davon aus, dass naturwissenschaftliche Faktizität durch Wissenschaft, Natur und Gesellschaft ko-produziert wird. Naturwissenschaftliche Forschungen sind meines Erachtens keineswegs *nur* über Netzwerke beschreibbar. Viele Arbeiten auf diesem Gebiet belegen beispielsweise die Bedeutung der unterschiedlichen Ausgangsstellungen und Voraussetzungen naturwissenschaftlicher Forschungen und Forschungsprogramme (Traweek 1992; Merton 1985; Haraway 1991; 1997).

hängen: Franklin und Wilkins waren am King's College in London tätig, Watson und Crick forschten in Cambridge. Wenn es bei der Entdeckung der Doppelhelix tatsächlich einen Wettlauf mit der Zeit gegeben hat, wie Latour (1987: 6) meint, sollte eigentlich davon ausgegangen werden, dass Crick und Watson in der einen, Wilkins und Franklin hingegen in der anderen Staffel liefen. Crick und Watson standen mit Wilkins, nicht aber mit Franklin in regelmäßigem Kontakt. Die tagebuchähnlichen Aufzeichnungen Watsons lassen durchblicken, dass Wilkins sein schwieriges Verhältnis zu Rosalind Franklin stets ausführlich beschrieb.[13] Bei einem der Besuche erfuhr Watson zu seiner Überraschung von Wilkins,

»dass er mit Hilfe seines Assistenten Wilson in aller Ruhe einen Teil von Rosys [Rosalind Franklin] und Goslings röntgenographischen Arbeiten kopiert hatte. [...] Schon Mitte des letzten Sommers hatte Rosy eine neue dreidimensionale Form der DNS nachgewiesen. [...] Und als ich fragte, wie dieses Schema aussehe, ging Maurice in den Nebenraum und holte eine Aufnahme der neuen Form, der sie den Namen ›B‹-Struktur gegeben hatten [...]« (Watson 1997: 154).

Auf dem Rückweg skizzierte Watson aus dem Kopf, was ihm von dem B-Schema im Gedächtnis geblieben war (ebd.: 156, 164). Diesen Bildern entnahmen Crick und Watson die entscheidenden Hinweise, um endlich die richtige chemische Struktur der Eiweiß-Molekülketten der DNS im Modellbau erstellen zu können. Die Vergabe des Nobelpreises an die ›drei Entdecker der DNA-Doppelspirale‹ (Crick, Watson und Wilkins) beruhte somit im Kern auf Franklins langjährigen detaillierten Forschungen (vgl. Schmerl 1997; Wiesner 2002).

Franklin starb 1958, ohne erfahren zu haben, dass ihre Bilder und ihre exakten Messungen Grundlage für Cricks und Watsons wissenschaftlichen Erfolg waren (vgl. Schmerl 1997: 48). Ihre Erfahrungen ›als Frau‹ innerhalb der (variablen) institutionellen Rahmenbedingungen der Naturwissenschaften sind meines Erachtens durchaus als symptomatisch zu werten.

Science in the making bedeutet für Frauen und Männer zugleich auch immer *gender in the making*. Die Sorgfalt, die die AutorInnen der neueren Wissenschaftsforschung darauf verwendet haben, den Konstitutionscharakter wissenschaftlicher Forschungen nachzuzeichnen, steht in krassem Widerspruch zu der mangelnden Aufmerksamkeit, die diese Studien bezogen auf das in diese Wissensproduktionen eingelagerte Geschlechterverhältnis aufweisen.

---

13 Er wollte sie »auf ihren Platz verweisen« und betrachtete sie weniger als Kollegin denn als Assistentin (vgl. Watson 1997: 154).

Die De/Konstruktion von Naturwissenschaft, Technik und Geschlecht

Abb. 4: De/construction of science, gender and technology

In diesem letzten Abschnitt werden Latours Entwurf einer ›symmetrischen Anthropologie‹ (u.a. 1987; 1991) und der Ansatz von Haraway (u.a. 1997; 1995a) kritisch verglichen und in Hinblick auf die Kategorie Geschlecht in einem neuen gemeinsamen Ansatz als *de/construction of science, gender and technology* reformuliert.

Latours Annahme zufolge, dass Gesellschaft und Natur in der technowissenschaftlichen und gesellschaftlichen Praxis eng miteinander verwoben sind, ist es diese Praxis selbst – und nicht eine außerhalb verortete Gesellschaft oder Natur –, in der beide kontinuierlich erschaffen, zerstört oder verändert werden. Sowohl bei Haraway als auch bei Latour geht es im Kern um »hybride Netze«, die durch Interaktionen zwischen technischen Apparaten, (wissenschaftlichen) AkteurInnen, Institutionen, Texten, Zeichen, (an-)organischem Material, *scientific communities* und anderen Interessengruppen gebildet werden. In solchen hybriden Netzen sind menschliche und nichtmenschliche Phänomene einander prinzipiell gleichgestellt und bisher gängige Dichotomien, etwa zwischen Natur und Kultur, sind aufgelöst.

Cyborgs[14] oder Hybride fand man bislang nur in Literatur und Kino, wo sie oft mit Gleichschaltung, Terror und Unterdrückung assoziiert wer-

---

14 Die Politik der Cyborgs »besteht auf dem Rauschen und auf der Verschmutzung und bejubelt die illegitime Verschmelzung von Tier und Maschine. Solche Verbindungen machen den Mann und die Frau problematisch, sie untergraben die Struktur des Begehrens, die imaginierte Macht, die Sprache und Gender hervorgebracht hat und unterlau-

den. So dienen beispielsweise sowohl das von Aldous Huxley in seinem Roman *Brave New World* (1949) beschriebene Klonierungsverfahren als auch die von George Orwell in seinem Buch *1984* (1984) geschilderte allgegenwärtige Abhörtechnik (›Big Brother is watching you‹) repressiven Zwecken. Mit dieser negativen Charakterisierung betonen die AutorInnen aber auch gleichzeitig die Bedeutung von Reinheit und Differenzen: zwischen Mensch, Tier, Technik und ›Natur‹, nicht selten auch zwischen Mann und Frau. Grenzziehung und -einhaltung statt Grenzüberschreitung wird in diesen Texten propagiert.

Es ist deshalb kein Zufall, dass die neueren Forschungen der *gender studies* gerade diesen Punkt kritisieren. Ihr Programm besteht schließlich darin, traditionelle Konzepte zu hinterfragen, wie etwa das Differenzmodell Mann/Frau. Die Angst vor ›dem Fremden‹, ›dem Anderen‹ unterliegt laut Haraway einer jahrhundertelangen Tradition, einem (natur-)wissenschaftlichen Definitionsmonopol über Reinheit, Ordnung und Differenz (vgl. 1995b: 150).

Sowohl Latour als auch Haraway beschäftigen sich mit Überschreitungen dieser klassischen Dichotomien. Allerdings bewegen sie sich mit ihren Beispielen aus der Welt der hybriden Netze auf unterschiedlich definiertem Terrain:

Latour haucht – anschaulich formuliert – der ›unbelebten‹ Technik Leben ein, ohne dass es als ethische Grenzüberschreitung empfunden wird. Ob der ›Berliner Schlüssel‹, der zum Abschließen ›zwingt‹, Bodenwellen, die Autos und Akteure zum Abbremsen ›veranlassen‹, automatisierte Sicherheitsgurte, eine Vakuumpumpe als Anschauungsmodell dafür, dass ›wir […] nie modern gewesen‹ sind (1998), oder sein Postulat »[e]iner neuen Politik der Dinge […]«, die bei näherem Hinschauen einer vollautomatischen U-Bahn ›den Rücken stärkt‹ – hinter all diesen Beschreibungen verbirgt sich wenig anderes als der Versuch, Menschen an ein jeweils neues menschliches und/oder nicht-menschliches ›hybrides Artefakt‹ zu gewöhnen und gleichzeitig in formvollendeter akribischer Detailanalyse einen soziotechnischen Analysezugriff zu etablieren: die ›symmetrische Anthropolgie‹ (1998).

Die Beispiele Haraways, etwa aus der Gentechnolgie, resultieren demgegenüber vorwiegend aus aktuellen biowissenschaftlichen Diskursen, die im herkömmlichen Sprachgebrauch immer noch als ›Lebenswissenschaften‹

---

fen damit die Strukturen und die Reproduktionsweisen westlicher Identität, Natur und Kultur, Spiegel und Auge, Knecht und Herr, Körper und Geist.« (Haraway 1995a: 65).

bezeichnet werden. Ihr spezifisch sozio-technischer Zugriff bewegt sich damit immer im Spannungsfeld von Tod und Leben und lässt sich leicht als Angriff auf das Leben (miss-)verstehen. Ihre Thesen verstoßen deshalb nach Ansicht vieler ›gegen jeden guten Geschmack‹, da die Lebenswissenschaften und eben nicht die Ingenieurwissenschaften als Ort gewählt wurden, den Ansatz zu entfalten. Latour geht dieser Brisanz geschickt aus dem Weg, indem er seine wissenschaftshistorischen Beispiele insbesondere aus demjenigen Spektrum auswählt, das als ›toter‹ Bereich (Heinsohn 2005) der Natur definiert wird.

Sowohl Haraways als auch Latours Ansatz gemeinsam ist ein konstruktivistisches bzw. dekonstruktivistisches Moment. Die Arbeiten der neueren Wissenschafts- und Technikforschung lassen sich generell unter dem Sammelbegriff *the construction of science* subsumieren. Das Leitmotiv diverser Ansätze der (postmodern orientierten) *gender studies* kann demgegenüber treffend mit dem Begriff *the deconstruction of gender* charakterisiert werden (vgl. u.a. Butler 1995; Haraway 1995a; 1997). Erweitert um den Begriff der Technologie ließe sich ein gemeinsamer Ansatz beider Forschungsausrichtungen als *de/construction of science, gender and technology* bezeichnen. Damit soll nicht nur auf Ähnlichkeiten im konstruktivistischen Zugang aufmerksam gemacht, sondern auch eine gemeinsame Programmatik angeregt werden.

Beispielhaft lässt sich dieser neue Ansatz an dem Forschungsvorhaben der Biologin und Wissenschaftsforscherin Bärbel Mauss (2000) veranschaulichen. Sie stellt einen direkten Zusammenhang zwischen dem humangenetischen Diskurs und vergeschlechtlichter Körperlichkeit her, indem sie die humangenetische Forschung auf der Grundlage der Überlegungen Judith Butlers zur Materialisierung von Körpern untersucht. Das biologische Geschlecht ist laut Butler weder eine einfache Tatsache noch ein statischer Zustand eines Körpers, sondern ein *Prozess*, bei dem regulierende Normen das biologische Geschlecht materialisieren. Mauss greift den von Butler geprägten Begriff der Performativität[15] auf und überträgt ihn auf den humangenetischen Diskurs. Die Genetik (allgemein) stelle die wichtigste wissenschaftliche Grundlage der (post-)modernen Biologie und Medizin dar. Das Humangenomprojekt verhelfe der humangenetischen Grundlagenforschung zu zunehmender gesellschaftlicher Bedeutung, indem ›die Gene‹ zum alles erklärenden Ansatz für sämtliche den Menschen betreffende Fragen stilisiert

---

15 Mit Performativität bezeichnet Butler (1995) nicht einen einzelnen vorführenden Akt, sondern eine ständig wiederholende Zitierpraxis, durch die der Diskurs die Wirkungen erzeugt, die er benennt.

würden. Angelehnt an postmoderne Repräsentationsmodelle geht Mauss davon aus, dass der Begriff der Repräsentation nicht nur die Konstruktion von Bedeutung durch Sprache bezeichnet, sondern vielmehr die Konstruktion von Bedeutung als Wissen im Diskurs umfasst. Das Zitieren der Norm Heterosexualität/Zweigeschlechtlichkeit stellt so den eigentlichen Mechanismus zur Herstellung ebendieser Norm dar, die eine Materialität von Körpern hervorbringt. In der Konzeption von Mauss sind es im Besonderen Biologie und Medizin, die den Geschlechterdiskurs mit konstituieren und zur normgerechten Materialisierung von Körpern beitragen.[16] Stärker noch als Butlers Ansatz stimmt Mauss' Konzept mit Haraways Verständnis einer materiell-semiotischen Praxis überein, die sich in dem intra- bzw. interaktiven *Zusammenspiel* von Wissenschaft, Technik und Gesellschaft manifestiert (vgl. auch Mauss' Beitrag in diesem Band). Anders als bei Butler wird die semiotische Bedeutung der Sprache nicht vor dem ›materiellem Diskurs‹ privilegiert.[17] Durch die Festlegung der Normen des Menschseins in diesem Diskurs werden gleichzeitig die Körper ›verworfen‹ und ausgeschlossen, die dem genormten Standard nicht entsprechen. ›Natur‹ ist damit nichts Prädiskursives, sondern – wie auch naturwissenschaftliche Fakten – das Ergebnis einer kulturellen Praxis, die Bedeutungen hervorbringt, die als Fakten gehandelt werden.

Die spezifische Herangehensweise von Mauss entspricht meines Erachtens weitgehend dem Ansatz einer *de/construction of science, gender and technology,* dessen Fundament die materiell-semiotische Praxis Haraways (1997: 12) und die (modifizierte) Latour'sche ›symmetrische Anthropologie‹ bilden. Im Kern geht es um die konsequenzenreiche Ko-Produktion von Naturwissenschaft, Technik und Geschlecht.

---

16 Die Gynäkologie und die Kinderheilkunde beispielsweise haben ihr Programm u.a. auf die zweigeschlechtliche Normierung aus- und eingerichtet, indem sie intersexuelle Menschen – immerhin 2 Prozent der Gesamtbevölkerung – jeweils einem der zwei gesellschaftlich festgeschriebenen Geschlechter chirurgisch und hormonell zuweisen (vgl. dazu Mauss 2000; Reiter 1997: 48).

17 Vgl. dazu auch die Kritik von Haraway an Butler (1995a: 107ff.). Ähnlich wie Mauss fühlt sich auch Haraway der Sprache wesentlich weniger verpflichtet als Butler.

Fazit

Auffällig häufig werden in der neueren Wissenschaftsforschung zumeist akteurszentriert die naturwissenschaftlichen Produkte in ihren Entstehungszusammenhängen analysiert. Zu einem Erkenntnisverlust im STS-Diskurs trägt jedoch bei, dass mit einem im Latour'schen Sinne ›erkalteten‹ Akteursbegriff operiert wird. Wie x-beliebige Platzhalter werden die beteiligten (menschlichen) AkteurInnen in die beobachteten Geschehnisse ›verwickelt‹, ohne jedoch wirklich als Person eine Rolle zu spielen. Eine systematische Verbindung von STS- und Geschlechterdiskurs im Rahmen des von mir neu formulierte Ansatzes einer *de/construction of science, gender and technology* kann diesem Defizit konstruktiv begegnen und das (genderspezifische) Vakuum ausfüllen, das in vielen STS-Studien zu beobachten ist: die erfolgreiche und kontinuierliche Verknüpfung von Naturwissenschaft, Technik und Geschlecht.

Literatur

Bos, Wilfried/Lankes, Eva-Maria/Prenzel, Manfred/Schwippert, Knut/Valtin, Renate/Walther, Gerd (Hg.) (2005), *IGLU: vertiefende Analysen zu Leseverständnis, Rahmenbedingungen und Zusatzstudien*, Münster.

Buschmann, Matthias (1994), »Jungen und Koedukation. Zur Polarisierung der Geschlechterrollen«, *Die deutsche Schule*, Jg. 86, H. 11.2, S. 192–213.

Butler, Judith (1995), *Das Unbehagen der Geschlechter*, Frankfurt a.M.

Felt, Ulrike/Nowotny, Helga/Taschwer, Klaus (1995), *Wissenschaftsforschung. Eine Einführung*, Frankfurt a.M.

Frank, Elisabeth (1995). »Anregungen für den Physikunterricht: Physik – ein Fach für Mädchen und für Jungen«, in: Ministerium für Familie, Frauen, Weiterbildung und Kunst und Ministerium für Kultus und Sport Baden Württemberg (Hg.), *Schule der Gleichberechtigung*, Stuttgart, S. 111–127.

Haraway, Donna (1995a), *Die Neuerfindung der Natur. Primaten, Cyborgs und Frauen*, Frankfurt a.M./New York [engl. Originalausgabe: *Simians, Cyborgs, and Women. The Reinvention of Nature*, New York 1991].

— (1995b), »Primatologie ist Politik mit anderen Mitteln«, in: Barbara Orland/Elvira Scheich (Hg.), *Das Geschlecht der Natur*, Frankfurt a.M., S. 136–198.

— (1997), *Modest_Witness@Second_Millennium. FemaleMan©_Meets_OncoMouse™. Feminism and Technoscience*, New York.

Häussler, Peter/Hoffmann, Lore (2002), »An Intervention Study to Enhance Girls' Interest, Self-Concept, and Achievement in Physics Classes«, *Journal of Research in Science Teaching*, Jg. 39, H. 9, S. 870–888.

Heinsohn, Dorit (2005), *Physikalisches Wissen im Geschlechterdiskurs. Thermodynamik und Frauenstudium um 1900*, Frankfurt a.M./New York.

Heintz, Bettina (1993), »Die Auflösung der Geschlechterdifferenz. Entwicklungstendenzen in der Theorie der Geschlechter«, in: Elisabeth Bühler/Heidi Meyer/Dagmar Reichert/Andrea Scheller (Hg.), *Ortssuche. Zur Geographie der Geschlechterdifferenz*, Zürich/Dortmund, S. 17–48.

Hertel, Thomas (1995), *Beeinflusst koedukativer Unterricht die Interessen der Mädchen an Physik. Eine empirische Untersuchung*, Frankfurt a.M.

Huxley, Aldous (1949), *Brave New World*, London.

Jahnke-Klein, Sylvia (1997), »Soziale Förderung von Jungen im Mathematikunterricht«, in: Astrid Kaiser (Hg.), *Koedukation und Jungen. Soziale Jungenförderung in der Schule*, Weinheim, S. 108–120.

Keller, Evelyn Fox (1985), *Reflections on Gender and Science*, New Haven/London [dt.: Liebe, Macht und Erkenntnis. Männliche oder weibliche Wissenschaft? München/Wien 1986].

— (1995), Barbara McClintock. Die Entdeckerin der springenden Gene, Basel/Boston/Berlin [engl. Originalausgabe: *A Feeling for the Organism. The Life and Work of Babara McClintock*, New York 1983].

Latour, Bruno (1987), *Science in Action. How to Follow Scientists and Engineers Through Society*, Cambridge, MA.

— (1991), *Nous n'avons jamais été modernes. Essai d'anthropologie symétrique*, Paris.

— (1998), *Wir sind nie modern gewesen. Versuch einer symmetrischen Anthropologie*, Frankfurt a.M.

Mauss, Bärbel (2000), »Judith Butler und die Humangenetik. Zur Materialisierung von Körpern in einem biomedizinischen Feld«, in: *Kölner Forum, Frau und Hochschule, KörperKulturen* (Titelausgabe), Ausgabe 1/2000, hrsg. von den Frauenbeauftragten der Universität und Fachhochschule Köln, Köln, S. 28–33.

Merton, Robert K. (1968), »The Matthew Effect in Science«, *Science*, Jg. 159, H. 3810, S. 56–63 (Wiederabdruck in: ders.: *The Sociology of Science. Theoretical and Empirical Investigations*, Chicago 1973, S. 439–459.

— (1985), *Entwicklung und Wandel von Forschungsinteressen. Aufsätze zur Wissenschaftssoziologie*, Frankfurt a.M.

Middendorff, Elke (2002), *Computernutzung und Neue Medien im Studium*. Ergebnisse der 16. Sozialerhebung des Deutschen Studentenwerkes (DSW), durchgeführt von HIS Hochschul-Informations-System, hrsg. vom Bundesministerium für Bildung und Forschung, Bonn.

Münst, Agnes Senganata (2002), *Wissensvermittlung und Geschlechterkonstruktionen in der Hochschule. Ein ethnographischer Blick auf natur- und ingenieurwissenschaftliche Studienfächer*, Weinheim.

Orwell, George (1984), *1984*. Frankfurt a.M.

Reiter, Birgit Michel (1997), »It's easier to make a hole than to build a pole«. Genitale Korrekturen an intersexuellen Menschen«, *Koryphäe*, Nr. 21, S. 47–51.

Rossiter, Margaret W. (1993), »The ~~Matthew~~ Matilda Effect in Science«, *Social Studies of Science*, Jg. 23, S. 325–341.

Schmerl, Christiane (1997), »Geschlechterbilder im Wissenschaftsspiel: Genutzte Chancen versus verlorene Selbstachtung«, *Zeitschrift für Frauenforschung*, Jg. 15, H. 1/2, S. 48–53.

Traweek, Sharon (1988/1992), *Beamtimes and Lifetimes. The World of High Energy Physicists*, Cambridge, MA/London.

Watson, James D. (1997), *Die Doppelhelix. Ein persönlicher Bericht über die Entdeckung der DNS-Struktur,* Reinbek bei Hamburg.

Wiesner, Heike (2002), *Die Inszenierung der Geschlechter in den Naturwissenschaften. Wissenschafts- und Geschlechterforschung im Dialog,* Frankfurt a.M.

— (2004), »Handlungsträgerschaft von Robotern. Robotik zur Förderung von Chancengleichheit im schulischen Bildungsbereich«, *Historical Social Research/ Historische Sozialforschung*, Jg. 29, H. 4, S. 120–153.

Zwischen Dekonstruktion und Partizipation: Transdisziplinaritäten in und außerhalb der Geschlechterforschung

Sabine Maasen

1. Transdisziplinarität und ihre kritischen Geschäfte

Inter- und Transdisziplinarität gelten für die Frauen- und Geschlechterforschung in vielfacher Hinsicht als konstitutiv: Nicht nur ist *feministische Wissenschaftskritik* auf die Überschreitung von Disziplinengrenzen ausgerichtet, auch *institutionell* sind Gender Studies ohne Inter-Disziplinarität nicht zu denken: Dies betrifft Studiengänge und Graduiertenkollegs ebenso wie Forschungszentren. *Last but not least* sind diese Grenzüberschreitungen der Gender Studies zentraler Gegenstand der *Selbstbeobachtung*: Auf Konferenzen und Tagungen, in aktuellen Forschungsarbeiten und Publikationen reflektiert man die vielfältigen Konzeptionen von Inter- und Transdisziplinarität und räsoniert über methodische Zugänge und Gegenstandsfelder.

In neuerer Zeit zeigt sich jedoch eine deutliche Ambivalenz. Für Autorinnen wie Heike Kahlert ist die inter- oder transdisziplinäre Grenzüberschreitung ein Muss. Sie »begleitet […] die wissenschaftstheoretische Akademisierung des feministischen Protests durch verschiedene Institutionalisierungspolitiken, die sich im Spannungsfeld von Autonomie und Integration bewegen – innerhalb und quer zu den Disziplinen« (2005: 41). Autorinnen wie Sabine Hark hingegen vertreten eine entschieden kritischere Position: »Auch inter- oder transdisziplinäre Wissenspraxen entstehen an spezifischen Orten zu spezifischen Zeiten, und sie können hegemoniale Wissensprojekte ebenso stützen, wie sie diese kritisieren und in Frage stellen« (2005: 85).

Doch selbst für Kritikerinnen führt kein Weg an Transdisziplinarität vorbei: »Transdisciplinarity, while hardly feminist scholarship's last word in response to this challenge, accepts the task of making itself transparent by thematizing the conditions of its own speech« (Dölling/Hark 2000: 1197). Aus der Perspektive der Gender Studies geht es mithin um nicht weniger als um die Kritik ihrer kritischen Wissenschaft: »[…] true transdisciplinarity is characterized by a continual examination of artificially drawn and contingent boundaries and that which they include« (ebd.: 1197). Diese Lesart von Transdisziplinarität identifiziert sie mit Wissenschaftskritik: Die Aufgabe ist, durch die Überschreitung der Disziplinengrenzen die disziplinären Kristallisationen des Macht-Wissens ihrer Evidenz zu entreißen. Die Begriffe Inter- und Transdisziplinarität werden hier synonym verwendet.

Diese Debatte um die Rolle von Transdisziplinarität in den Gender Studies findet, das überrascht manche, zeitgleich mit einer breiteren wissenschaftspolitischen Diskussion statt, die grundsätzlich die Frage nach der Legitimität und Anerkennung wissenschaftlicher Wissensproduktion in der Gesellschaft stellt. Hier etabliert sich soeben eine ganz andere Lesart des Transdisziplinären: Insbesondere im Feld der Nachhaltigkeitsforschung geht es um die akzeptanz- und legitimationsfördernde Beteiligung außerwissenschaftlicher Akteure an der Wissensproduktion selbst. Transdisziplinarität strebt hier die Kooperation mit so genannten Anspruchsgruppen an und überschreitet das Feld der Wissenschaft *(trans disciplinas)*. Sie unterscheidet sich darin von Interdisziplinarität, die im Feld der wissenschaftlichen Disziplinen verbleibt *(inter disciplinas)*. In diesem Kontext kommt der Ruf nach Transdisziplinarität der Forderung nach einer *neuen Form der Wissensproduktion* gleich (Gibbons u. a. 1994; Nowotny u. a. 2001).

Kurz: Sowohl die Geschlechterforschung als auch die Nachhaltigkeitsforschung formulieren derzeit transformative, jedoch je spezifische Erwartungen an Transdisziplinarität. Die Geschlechterforschung beschreibt und betreibt mit ihr vornehmlich das Geschäft der *Dekonstruktion:* Sie problematisiert sowohl die Disziplinierung der Gegenstände, Theorien, Subjekte und Objekte der Forschung als auch die Institutionalisierung der Gender Studies als Disziplin (2.). Die Nachhaltigkeitsforschung hingegen beschreibt und betreibt mit Transdisziplinarität vornehmlich das Geschäft der *Partizipation*. Die Beteiligung außerwissenschaftlicher Akteure soll die Validität und Anerkennung wissenschaftlichen Wissens befördern. (3.) In jüngerer Zeit kommt es zu einem Kontakt zwischen beiden Praxen. Der Rahmen partizipativer Forschung wird nun auch für die systematischere Berücksichtigung von Genderaspekten genutzt. Diese Forschungslinie beschreibt und betreibt vornehmlich das Geschäft des *Empowerment*: Wie lässt sich die Gestaltungsmacht von Frauen in der Wissenschaft erhöhen? (4.)

Vor dem Hintergrund sowohl der dekonstruktiven als auch der partizipativen Variante des Transdisziplinären untersucht der Aufsatz sodann die jüngere Entwicklung einer genderorientierten, transdisziplinären Forschungspraxis selbst. Erste empirische Befunde legen nahe, dass das Projekt der Dekonstruktion durch die hoch regulierten Anforderungen des partizipativen Forschungstypus zwar formal und inhaltlich Berücksichtigung findet (4.1), jedoch in der Forschungspraxis oft nur dilatorisch behandelt wird (4.2). Dies lässt sich mithilfe einer gouvernementalitätstheoretisch orientierten Wissenschaftsforschung rekonstruieren (5.): Die Berücksichtigung genderrelevanter Fragestellungen und Forschungspraktiken trägt sich in die neoliberale Anforderung ein, dass auch dieses Wissen problemlösend und verwertbar sei. WissenschaftlerInnen sind gehalten, diese Anforderungen im Rahmen ihrer Forschungsarbeit projektförmig und verantwortlich zu ›managen‹. Angesichts der gleichzeitigen Prekarisierung wissenschaftlicher Arbeits- und Karriereverhältnisse deutet sich an, was ich die ›Feminisierung der Wissensproduktion‹ nennen werde. Die Botschaft dieses Beitrages lautet deshalb (6.): Partizipation und Dekonstruktion sind nicht alternativ, sondern wechselseitig korrektiv einzusetzen – um neuen politischen und epistemischen Bornierungen entgegenzuwirken.

2. Transdisziplinarität als feministische Wissenschaftskritik: Das dekonstruktive Projekt

Im Diskurs der feministischen Wissenschaftskritik ist Transdisziplinarität zunächst als Kritik an der Disziplinarität der akademischen Wissensorganisation zu verstehen (vgl. Laitko 1999: 21; Stichweh 1994; Foucault 1989: 418ff.). Doch was eigentlich sind Disziplinen? Mit Foucault lässt sich eine Charakterisierung finden, die für die Frage nach Formen und Chancen von Transdisziplinarität hilfreich sein kann. Sie bezieht sich auf die Eigenschaft von Disziplinen, auf systematische, anonyme und zugleich bewegliche Weise das Sag- und Sichtbare zu selegieren (Foucault 1977). Der Umkehrschluss lautet: Das, was sozio-historisch *nicht* zum akzeptierten »Bereich von Gegenständen, […] Bündel von Methoden, […] Korpus von als wahr angesehenen Sätzen, […] Spiel von Regeln und Definitionen, von Techniken und Instrumenten« (ebd.: 221) gehört, befindet sich jeweils *außerhalb* dessen, was als Disziplin wahrgenommen wird. Diese Grenze zwischen außerhalb und innerhalb kann sich jedoch verschieben – etwa durch Hinzunahme neuer Theorien oder aber durch inter- oder transdisziplinäre Kooperationen.

Diese Vorstellung von Disziplinen als Ordnungen dessen, was wahrgenommen, gedacht und gesagt werden kann, lässt sich zweifach auf die Gender Studies beziehen: Sie beschreibt einerseits ihre Konsolidierung als Wissensfeld und als Disziplin (vgl. Holland-Cunz 2005: 24) und reflektiert andererseits Form und Folgen ihrer Disziplinierung (vgl. Kahlert u. a. 2005: 7). Dies geschieht entlang einer wissenschaftstheoretischen und einer wissenschaftspolitischen Dimension.

Was die *wissenschaftstheoretische Dimension* betrifft, so unterzieht die feministische Wissenschaftstheorie die Evidenz einer geschlechtsneutralen Wissenschaft einem radikalen Zweifel. Besonders insofern sie sich der Epistemologie in der Tradition Foucaults zurechnet, widmet sie sich einerseits der Frage nach der *geschlechtsdifferenzierenden Ausgrenzung und Hierarchisierung bestimmter Wissensformen*. Sie stellt andererseits der Frage nach der *ausgrenzenden und asymmetrischen Geschlechterordnung in der Wissenschaft* und untersucht, welche Einflüsse die Konzeptionen und Normen von Geschlecht und geschlechtsspezifischen Interessen und Erfahrungen auf die Zugänge zu Wissen sowie die Produktion von wissenschaftlichem Wissen haben (vgl. Tuana/Morgan 2001: 2). In starken Lesarten besteht bei allen (erkenntnis-)theoretischen Unterschieden und auch im Fall der Nutzung etablierter Methoden das politische Ziel letztlich darin, eine *andere Wissenschaft* zu kreieren, um eine *andere Gesellschaft* zu etablieren.

Transdisziplinarität in der Geschlechterforschung kommt in der feministischen Erkenntniskritik mithin eine spezifische Funktion zu: Grenzgängerische Positionen innerhalb und zwischen den Wissens- und Wissenschaftskulturen können die Aufgabe der Dekonstruktion unterstützen, indem sie unterschiedliche disziplinäre Selbstverständlichkeiten miteinander ins Gespräch bringen. Ein instruktives Beispiel stellt die Position Donna Haraways dar (1995). Sie hält mit ihren Konzepten der *verkörperten Objektivität* und des *situierten Wissens* (1988) ein beachtenswertes Plädoyer für die produktive Konfrontation partialer Perspektiven. Transdisziplinäre Diskurse können Neu-Perspektivierungen erzeugen, sie sind jedoch selbst ebenfalls ›situiert‹ – eben das aber vermögen sie zu reflektieren.

Aus wissenschaftstheoretischer Perspektive verspricht Transdisziplinarität der Geschlechterforschung die Erneuerung des ›Spiels von Regeln und Definitionen, von Techniken und Instrumenten, Gegenständen, Methoden‹ (Foucault). Dies allerdings bedarf zu seiner Realisierung die Beachtung der *wissenschaftspolitischen Dimension*. Hier stellt sich die Frage nach der Disziplinarität als Frage nach dem Status eines neuen Feldes. Da deutschsprachige Universitäten überwiegend disziplinär strukturiert sind, stellen inter- oder transdisziplinäre Wissensfelder ein Problem dar: Die Lösung wird zumeist in der Organisationsform des Zentrums (für Geschlechterforschung) gesucht. Sie schafft die disziplinäre Grundstruktur der Universität nicht ab, sondern ergänzt sie durch eine *kooperative* Meta-Struktur, die die (stets bewegliche) Einheit der Vielfalt organisatorisch sichert.

Eine ähnliche Bewegung lässt sich hinsichtlich der Konsolidierung des Wissensfeldes beobachten. Zwar gilt das Prinzip der gepflegten Heterogenität der Ansätze: »Eine Ordnung nach Disziplinen, Methoden oder Themen fällt schwer, weil sich diese durch Geschlechterstudien selbst wieder verändern« (Baer 2005: 150). Gleichwohl zeigen sich auch Tendenzen zur Homogenisierung des Gebiets durch Kanonbildung (Lehre, Einführungsbände, Lexika usw.; vgl. ebd.: 150). Art und Prozess der Kanonisierung in den Gender Studies sind deshalb mehrdimensionaler Natur. Es handelt sich um eine *kognitive* Meta-Struktur, die die (stets bewegliche) Einheit der Vielfalt im Wissensfeld sichert.

In diesem epistemisch-institutionellen Gefüge entsteht Transdisziplinarität als *Kompetenz zu epistemischem und institutionellem Grenzgängertum*, die die Geschlechterforschung zugleich voraussetzt und erzeugt. Eben diese Kompetenz, so die Hoffnung, realisiere schließlich die wissenschaftstheoretische und wissenschaftspolitische Kritik der Gender Studies zugleich (vgl. ebd.).

3. Transdisziplinarität an der Schnittstelle von Wissenschaft und Gesellschaft: Das partizipative Projekt

Der Diskurs des Transdisziplinären, wie ihn die Gender Studies pflegen, findet *zeitgleich*, aber weitgehend *ohne Kontakt* mit einer breiteren wissenschaftspolitischen Diskussion über die Legitimität und Akzeptanz von Wissenschaft in der Gesellschaft statt. Im diesem Rahmen entwickelt sich eine partizipative Forschungspraxis der Transdisziplinarität, in der Disziplinenüberschreitung als Demokratisierung der Wissensproduktion gelesen und forschungsorganisatorisch übersetzt wird. Sie realisiert sich vor allem im Bereich der Nachhaltigkeitsforschung durch problemlösungsorientierte Forschungsprojekte, die unter Beteiligung unterschiedlicher Disziplinen (deshalb Disziplinen übergreifend), aber auch außerwissenschaftlicher Akteure (in diesem Sinne über Disziplinen hinausgehend) die Auseinandersetzung zwischen verschieden Wissens- und Wertkulturen ermöglicht. Bevor geklärt werden kann, welche Rolle dieser Forschungstypus für die Umsetzung des wissenschaftskritischen Projekts der Gender Studies spielen kann, ist deshalb eine wissenschaftspolitische Kontextualisierung vonnöten. Warum transdisziplinäre Forschung?

Wir leben, so heißt es, unterdessen in einer Wissensgesellschaft: Robert E. Lane sprach 1966 zum ersten Mal von einer *knowledgeable society* (1966; später: Bell 1973). In einer neueren Diagnose nennt Nico Stehr als zentrale Aspekte unter anderem die Durchdringung aller Lebens- und Handlungsbereiche mit wissenschaftlichem Wissen, die Verdrängung anderer Wissensformen durch wissenschaftliches Wissen sowie die Verschiebung der Legitimationsgrundlage von Herrschaft hin zu wissenschaftlich fundiertem Spezialwissen (1994).

Die wachsende Skepsis an den Modernisierungsversprechen der Wissensgesellschaft forciert derzeit ein neues Regime der Wissensproduktion, auch *mode 2* genannt (vgl. Gibbons u.a. 1994): Danach soll Wissenschaft die Gesellschaft bei der Formulierung, Bearbeitung und Implementation von Lösungen unterstützen und beteiligen. Auch wenn Datierung und Reichweite des Wandels der Wissensproduktion umstritten sind (vgl. Weingart 1999), treffen sich die Beobachtungen verschiedener Autoren, dass es solche partizipativ-kooperativen Grenzgänge zunehmend gibt, so auch etwa zwischen Wissenschaft und Wirtschaft oder zwischen Wissenschaft und Politik (vgl. z.B. Etzkowitz/Leydesdorff 2000; Weingart 2001).

Transdisziplinarität als partizipative Forschung zur Generierung »sozial robusten Wissens« (Nowotny 2000: 2f.) impliziert auch die Forderung, die Wissensproduktion möge einer gerechten Geschlechterordnung zuträglich sein, und zwar sowohl im Hinblick auf das Forschungsthema und -ergebnis (genderrelevantes Wissen) als auch im Hinblick auf die Forschungspraxis selbst (genderbalancierte Personalausstattung, gendersensibler Sprachgebrauch). Eben hier setzt auch die in jüngerer Zeit zu beobachtende Praxis partizipativer, genderrelevanter Forschung an (Transdisziplinarität als *Empowerment*).

4. Gender in der transdisziplinären Forschungspraxis

4.1 Das Projekt der Ermächtigung von Frauen in Wissenschaft und Technik

Im Rahmen der neuen Wissensproduktion wird Transdisziplinarität neuerdings als Chance betrachtet, das Konzept des *Empowerment* für die »Steigerung von Handlungsmacht für Frauen *in Wissenschaft & Technik*« zu nutzen (Schultz 2001: 118, Hervorh. S.M.). Dafür werden Geschlechterverhältnisse »innerhalb konkreter Problemlagen analysiert« (Schäfer u.a. 2006: 43). Die derzeitige Fokussierung auf sozial-ökologische Problemlagen ist der Herkunft der Transdisziplinarität aus diesem Forschungsgebiet geschuldet. Darüber hinaus formulierte Londa Schiebinger (1997) unter dem Stichwort *sustainable science* den Anspruch an die Wissenschaften, sowohl ökologische als auch sozial-institutionelle Nachhaltigkeit zu verankern, und schloss so die systematische Berücksichtigung der Genderperspektive ein. Forschungsprogramme in Österreich, in der Schweiz und in Deutschland treiben seit kurzem die Durchsetzung dieses Ziels durch die Einführung expliziter Regulierungen voran. Zu den formalen Regulierungen zählen u.a.:

– Die Minimalquote der beteiligten Wissenschaftlerinnen beträgt 40 Prozent. Eine Unterschreitung muss begründet werden. Der Zielwert beträgt 50 Prozent.
– Die Forschungsfragen sind genderkritisch zu beleuchten.
– Projektanträge und Publikationen sind zu gendergerechtem Sprachgebrauch verpflichtet (Dörflinger/Sheikh 2005: 17ff.).

Was die konzeptionellen Aspekte der Integration der Genderperspektive betrifft, so ist das Ziel, Geschlechterverhältnisse als *transdisziplinäre Wissenskategorie* in die Forschung zu integrieren.

»Das heißt, dass sie
– problemorientiert ansetzt, d.h. die Problemgenese in die Forschung einbezieht
– partizipativ vorgeht, d.h. Alltagserfahrung [...] und die besondere Problemsicht der verschiedenen Frauen und Männer in die Forschung integriert
– bei der Entwicklung von Gestaltungsvorschlägen geschlechterdifferenzierend von den verschiedenen Akteurinnen und Akteuren ausgeht und schließlich, dass sie
– eine Folgeabschätzung [...] geschlechterdifferenzierend vornimmt« (Schäfer u.a. 2006: 35).

Auch die konzeptionelle Regulierung ist weit reichend und komplex. Sie leitet sowohl die inhaltliche Ausgestaltung der Projekte als auch Begutachtungsverfahren transdisziplinärer Forschungsvorhaben an.

Aus beiden Regulierungsdimensionen ergibt sich: Geschlechterverhältnisse gelten als inter- und transdisziplinäre Wissenskategorie, die in formal spezifischer und inhaltlich differenzierter Weise zum Forschungsgegenstand gemacht werden kann. Die *inter*disziplinäre Fassung der Kategorie Geschlecht bezieht sich auf Ergebnisse der historischen Frauen- und Geschlechterforschung, die zeigen, dass die Bedeutung dieser Wissenskategorie immer wieder im Austausch einzelner Zuschreibungen zwischen sozialwissenschaftlichen, medizinischen und naturwissenschaftlichen Perspektiven hergestellt und verändert wurde (Schultz 2003; Schäfer u.a. 2006). Die *trans*disziplinäre Fassung der Genderkategorie fokussiert im Kontext partizipativer Forschungsvorhaben darüber hinaus auf den Einbezug des Erfahrungswissens der ›Laien‹ im Prozess der Wissensgenerierung.

Aus dieser prinzipiell inter- *und* transdisziplinären Verfasstheit ergibt sich nicht nur eine *grundsätzliche* Affinität der Geschlechterforschung zu den neuen Formen der Wissensproduktion. Vielmehr erwächst daraus die Forderung auch an jene transdisziplinär orientierten Forschungen, die nicht primär auf Gender als thematischem Fokus gerichtet sind, diese Kategorie dennoch systematisch berücksichtigen, und zwar sowohl in Hinsicht auf das Gesamtsystem der Geschlechterverhältnisse (Geschlecht als Strukturkategorie) als auch auf die Frage des *doing gender* (Geschlecht als Prozesskategorie). Die vorliegende kritische Bestandsaufnahme des Forschungsprogramms ›Sozial-ökologische Forschung‹ (SÖF) des Bundesministeriums für Bildung und Forschung von Schäfer, Schultz und Wendorf (2006) macht bereits deutlich, dass eine transdisziplinäre Forschungspraxis die Chancen für die Produktion genderrelevanten Wissens, die Durchsetzung einer gendergerechten Personalausstattung oder eines gendersensiblen Sprachgebrauchs deutlich erhöht. Zugleich zeitigt die neue Komplexität des Forschungsalltags (problemlösendes, kooperatives, projektförmiges Arbeiten unter *zusätzlicher* Beachtung genderrelevanter Aspekte) noch Schwierigkeiten im Bereich »widersprechender Zielsetzungen, Operationalisierungen, theoretischer Hintergründe und konzeptioneller Ansätze« (Schön u.a. 2002: 467).

4.2 Zur Komplexität partizipativer und zugleich genderrelevanter Forschung

Diese Komplexität lässt sich anhand einer eigenen Begleitforschung zu einem deutschsprachigen Forschungsprogramm im Detail zeigen (Maasen u.a. 2007).[1] Bereits die Ausschreibung des betreffenden Forschungsprogramms betont: »In jedem Fall müssen die Projekte hinsichtlich ihrer Genderrelevanz geprüft und spezifiziert werden. Sind mögliche geschlechtsspezifische Auswirkungen von Forschungsprozessen und -ergebnissen Gegenstand des Projektes und in welcher Weise werden sie sichtbar gemacht, analysiert und integriert?« Zum anderen bilden Genderaspekte auf formaler Ebene ein Bewertungs- (angestrebter Frauenanteil: analog zum EU-Standard mindestens 40 Prozent) und Ausschlusskriterium (geschlechtergerechte Formulierung). Im Antragsformular wird der Genderrelevanz im Teil ›wissenschaftliche Beschreibung‹ ein Unterpunkt gewidmet.

Die Forschungsanträge lassen zunächst einen sehr heterogenen Umgang der Projekte mit genderrelevanten Dimensionen ihres Vorhabens erkennen: Ein Projekt begründet die Genderdimension damit, dass es sich hier um ein genuines Gender*thema* handelt (z.B. Bäuerinnen in der Landwirtschaft). Andere Projekte heben genderspezifische *Forschungsschwerpunkte* ihres Themas heraus (z.B. geschlechtsspezifische Unterschiede im Gesundheitsverhalten). Weitere Projekte verorten die Genderrelevanz in einer *Querschnittsmaterie*, der im Laufe der Forschung einzelne Sitzungen gewidmet werden (etwa Gendergerechtigkeit in Bezug auf Arbeits- und Beschäftigungsverhältnisse in Kunst und Kultur). Wieder andere Projekte stellen auf die integrative Berücksichtigung von Gender in Form *einer speziellen Forschungsdimension* ab (z.B. die genderkritische Analyse von Dokumentarfilmen). Knapp die Hälfte der Projekte schließlich begründet ihre Genderrelevanz damit, dass Genderaspekte *dem untersuchten Handlungsfeld immanent* sind (etwa das Pflegeheim als ›Frauenwelt‹). Darüber hinaus beziehen die Projekte auch formale Aspekte ein, etwa die Begleitung des Forschungsteams durch externe Genderexperten, die Beachtung einer geschlechtergerechten Sprache sowie die Reflexion genderrelevanter Aspekte der Kooperation im Forschungsteam.

Die Nachdrücklichkeit, mit der auf Programmebene die Bearbeitung von Genderaspekten eingefordert worden ist, wurde auf Seiten der Projekte

---

[1] Da es sich um Ergebnisse einer noch nicht abgeschlossenen Begleitforschung handelt, werden sie anonymisiert behandelt.

im Rahmen der Antragstellung mit expliziter und differenzierter Berücksichtigung in der Projektkonzeption beantwortet.

Was hingegen den Forschungsprozess selbst betrifft, so zeigt die Analyse der Zwischenberichte, dass die geforderte Problematisierung von genderrelevanten Aspekten transdisziplinären Forschens eher nachrangig behandelt wird. Das gilt sowohl im Hinblick auf den unmittelbaren Forschungsgegenstand als auch – angesichts des hohen Koordinations- und Verständigungsaufwands – für die Zusammenarbeit zwischen den ProjektteilnehmerInnen. Von wenigen Ausnahmen abgesehen ist die insgesamt dilatorische Untersuchung von Genderfragen, so unser Befund, allerdings nicht als Resultat geringer Wertschätzung zu betrachten, sondern geht auf eine systematische Überforderung aller an diesen Prozessen Beteiligten zurück. An dieser Stelle lohnt ein Blick auf die Ambivalenzen der neuen Wissensproduktion, bevor zunächst die transdisziplinäre Forschungspraxis selbst und sodann die forschungspraktisch eher geringe Berücksichtigung von Genderaspekten in diesen Kontext eingeordnet werden kann.

5. Transdisziplinarität: Ambivalenzen der neuen Wissensproduktion

5.1 Projektifizierung und Responsibilisierung

Die neue Wissensproduktion verbindet die gesteigerten Anforderungen an die gesellschaftliche Relevanz von Wissenschaft und Technologie mit spezifischen *Organisations- und Subjektmodi* der Wissensproduktion: Der Organisationsmodus ist dabei das problemlösende Projekt (anwendungsorientiert, befristet, Integration aller einschlägigen Wissens- und Wertdimensionen); der Subjektivierungsmodus ist der der Responsibilisierung (individuelle Verantwortlichkeit für gesellschaftlich nützliche Wissensproduktion).

Das wissenschaftliche Forschungsprojekt ist der Prototyp der organisierten Wissensarbeit (vgl. Willke 1998): Es zeichnet sich durch flexible Arbeits- und Erwerbsformen, befristete Arbeitsverhältnisse, Selbstständigkeit, freie Mitarbeit und eine hohe Mobilitätsbereitschaft aus. Die so genannte ›Projektifizierung‹ (z.B. Kalkowski/Mickler 2002) der Wissensarbeit zeitigt derzeit zutiefst ambivalente Wirkungen: Den positiven Effekten der Flexibilität und Autonomie stehen neue Zwangswirkungen wie die ›Entgrenzung der Arbeit« (Bosch 2000) sowie die Ausweitung und Verdichtung von Aufgaben gegenüber. Entsprechend verlangt die Wissensgesellschaft von ihren WissenschaftlerInnen nicht nur eine Addition von Fertigkeiten und Kenntnissen, sondern auch strategische Qualifikationen, mit denen sie Wissen gesellschaftlich fruchtbar machen können. Es geht um ein Zusammenwirken von Fach-, Selbst- und Sozialkompetenz. WissensarbeiterInnen verfügen über dauernde Lernbereitschaft, Netzwerkkompetenzen sowie sachliche Verknüpfungskompetenzen (etwa über die Fähigkeit zu inter- und transdisziplinärem Arbeiten). Auch diese Entwicklung ist ambivalent: Die Chancen liegen im Bereich von Autonomiegewinn und Ermächtigung, die Risiken im Zwang zum dauernden Kompetenzerwerb und überzogener Verantwortungsübernahme (›Responsibilisierung‹, vgl. O'Malley 1996) der Subjekte im Dienste der Gebrauchswertsteigerung ihres Wissens (vgl. Moldaschl 2002).

5.2 Feminisierung der Wissensproduktion?

Mit der Wende zur zunehmend projektorientierten und verantwortlichen Wissensproduktion zum Zwecke der Lösung gesellschaftlicher Probleme deutet sich an, was ich, ein Konzept der Arbeitsforschung analogisierend, die *Feminisierung der Wissenschaft* nennen möchte. Die Wissensproduktion insgesamt – und mit ihr die Integration von Genderfragen in transdisziplinärer Forschung – gestaltet sich ebenfalls ambivalent: ermächtigend, aber zugleich auch entmächtigend (vgl. Krais/Maruani 2001). Als *Feminisierung* wird in der Arbeitsforschung der mit der Globalisierung, Deregulierung und Flexibilisierung von Arbeit einhergehende Prozess der Ausweitung von Frauenerwerbsarbeit bzw. ihres Anteils an gesellschaftlicher Gesamtarbeit beschrieben (vgl. Scheele 2006). Das Konzept verweist

– *erstens* auf die steigende Zahl erwerbstätiger Frauen, die teilweise auch in klassischen Männerkarrieren reüssieren;
– *zweitens* auf die materielle Notwendigkeit von Frauenerwerbstätigkeit, da Männer- und mithin Familieneinkommen nicht ausreichen;
– *drittens* auf eine Prekarisierung und Informalisierung von Arbeitsverhältnissen.

Auch im Berufsfeld Wissenschaft kommt es zu einer zunehmenden Deregulierung von Arbeitsverhältnissen und Arbeitsbeziehungen. Obwohl immer mehr Frauen auf allen Qualifikationsstufen in Beschäftigungsverhältnisse eintreten, erleben sie hier neben der Entgrenzung der Erwerbsarbeit einerseits die Ausweitung ›atypischer‹ Beschäftigungsformen, etwa die Zunahme drittmittelgeförderter Arbeitsverhältnisse sowie die Etablierung von flexibleren Formen der Wissensorganisation. Verlangt sind deshalb neuerdings Aktivitäten im Bereich der inter- und transdisziplinären Vernetzung, des Managements externer und interner ›Marktkonkurrenz‹ sowie der Anwendungs- und Nützlichkeitsorientierung des Wissens.

5.3 Feminisierung der Wissensproduktion!

Der Terminus *Feminisierung der Wissensproduktion* soll deshalb nicht nur den Anstieg des Anteils der Frauen im Berufsfeld Wissenschaft oder, wie auch argumentiert wird, ihre Funktion als soziale Puffer bezeichnen (vgl. Weiss 2001). Feminisierung der Wissenschaft meint vor allem *einen spezifischen Stil der Regierung des Wissens in der neoliberalen Gesellschaft*. Vorwiegend projektförmige, partizipative, problemlösende und responsibilisierende Wissensarbeit ist Teil einer neuen Regierung des Wissens (vgl. Holland-Cunz 2005): Die moderne Wissensproduktion beruht zu einem erheblichen Teil auf Selbsttechniken der beteiligten WissenschaftlerInnen, die die aktuellen Anforderungen an Verwertbarkeit und Akzeptanzsicherung des Wissens über ihre Orientierung am Markt sichern. Um welchen Markt und um welche Techniken handelt es sich dabei?

Zunächst zum Begriff des *Marktes*. Neoliberales ›Regieren‹ schafft Märkte als zentrale Organisationsstruktur. Märkte sind zugleich Arenen und Vehikel gesellschaftlich wesentlicher Transaktionen: Güteraustausch, Verwaltungen, aber auch Wissenschaft funktionieren zunehmend über (Quasi-)Märkte, in denen DienstleisterInnen, KundInnen und Produkte auftreten. Die WettbewerberInnen sind gehalten, ihr Handeln stets nach der Marktlage auszurichten und zu optimieren – das gilt auch für ihre Selbstoptimierung (um flexibel und wettbewerbsfähig zu bleiben). In diesem Kontext operiert heute die Wissenschaft wie auch die Geschlechterforschung: Ihr Erfolg am Markt der Wissensangebote hängt von der Kompetenz ihrer Netzwerke (*scientific communities*) und der in ihnen agierenden WissenschaftlerInnen ab, einen Beitrag zur Profilierung nicht nur ihres Wissensfeldes, sondern auch ihres Fachbereichs, ihrer Studiengänge, ihrer jeweiligen Universität zu leisten. Hier kommt das ins Spiel, was Susanne

Baer (2005) »transdisziplinäre Kompetenz« genannt hat. Im neoliberalen Umfeld gerät das Konzept jedoch unversehens von einer *akademischen Fähigkeit zu intellektuellem Grenzgängertum* zu einer strategischen *Kompetenz zur Verfertigung des marktgerechten Angebots namens ›genderrelevantes Wissen‹*. In diesem Sinne wird auch im Handlungsfeld Wissenschaft, im Wissensfeld Gender Studies und der Wissenskategorie Geschlechterverhältnisse der Markt zum organisierenden Prinzip.

Was die *Techniken* angeht, so resultiert die besondere Effektivität dieser Form neoliberalen Regierens daraus, dass die Schaffung von Freiheit immer schon eine Form der Unterdrückung voraussetzt: »[...] um frei zu handeln, muss das Subjekt zunächst von Herrschaftssystemen so geformt, angeleitet und gestaltet werden, dass es seine Freiheit verantwortlich ausüben kann« (Dean 2003: 165). Dean unterscheidet *Freiheits- und Akteurstechnologien* von *Performanztechnologien*, deren Zusammenspiel erst Akteuren einen Handlungsspielraum zuweist. Zu den Freiheitstechnologien zählen (Quasi-)Verträge, deliberative Räume und Kooperation zwischen Partnern. Akteurstechnologien statten Subjekte mit der Fähigkeit aus, eigene Interessen zu artikulieren, Verträge einzuhalten und ein zuverlässiger Partner in Kooperationsprojekten zu sein. Die so geschaffene Freiheit des Subjekts wird eingegrenzt von den Performanztechnologien: Normen, Standards, Leistungsindikatoren, Qualitätskontrolle und *best practice* üben eine normalisierende Wirkung auf das Individuum aus.

Partizipative Forschungsvorhaben sind nun solche deliberativen Räume, in denen heterogene Interessen (auch solche, die Genderfragen betreffen) artikuliert und ausgehandelt, Zielvereinbarungen getroffen sowie Ergebniskontrollen durchgeführt werden. Der damit einhergehende Subjektivierungsprozess erzeugt kalkulierende und responsibilierte Subjekte, die Wissenschaft zunehmend nach den Imperativen neoliberalen Regierens betreiben. Voilà das sich ankündigende neue Arrangement zwischen Wissenschaft und Gesellschaft: Es gilt, nicht nur für neues, sondern auch für (gender-)relevantes und akzeptables Wissen zu sorgen. Dazu setzt die Wissenschaft dieser Gesellschaft verstärkt auf kontinuierliche Selbstregulierung ihrer Mitglieder – Mitglieder, die nicht nur zunehmend weiblich sind, sondern denen insgesamt, also unabhängig von ihrem Geschlecht der fürsorglich-verantwortliche Umgang mit dem Wissen und seinen AbnehmerInnen angetragen wird. Dabei kommt es darauf an, das eigene Streben »nach persönlichem Weiterkommen und Selbstverwirklichung« mit denen des Marktes in Einklang zu bringen (Rose 2000: 93).

Mein Plädoyer für den Begriff *Feminisierung* zur Charakterisierung dieser sich herausbildenden Form der Wissensproduktion arbeitet, mit einer provokanten Gleichsetzung von ›Frau‹ und ›mütterlich-fürsorgend‹. Diese terminologische Wahl mag man salopp als Schieflage oder dekonstruktivistisch als Resultat einer *différance* betrachten; dem Begriff gelingt es jedoch, das aus der Perspektive der Wissenschaftsforschung rekonstruierte *scandalon* zu pointieren: Die neoliberale Wissensgesellschaft verlangt nach einer Wissenschaft, die sich über ihren Markt reguliert, den die überwiegend befristet angestellten WissensanbieterInnen beobachten, kurzfristig bedienen und langfristig pflegen müssen. Dies vollzieht sich verstärkt über den projektförmig organisierten Einsatz marktfähiger Kapitalien (Wissen, Selbst- und Schlüsselkompetenzen, darunter neuerdings auch transdisziplinäre und Genderkompetenzen) durch verantwortlich agierende Personen. Aus dieser Perspektive ist partizipative (Gender-)Forschung weit mehr als ein noch in Exploration befindlicher Forschungstypus. Vielmehr handelt es sich um den Prototyp eines neuen Arrangements von Wissenschaft und Gesellschaft: problemlösungsorientierte Wissenschaft mit der und für ›die Gesellschaft‹.

6. Transdisziplinarität:
Zwischen Partizipation und Dekonstruktion

Transdisziplinarität als partizipativer Forschungstypus schien zunächst eine gelungene Synthese aus der Forderung nach epistemischem und institutionellem Grenzgängertum sowie der allgemeinen wissenschaftspolitischen Forderung nach einer besseren Verzahnung von gesellschaftlichen Ansprüchen und wissenschaftlicher Wissensproduktion. Das kritische Projekt der Dekonstruktion und das kritische Projekt der Partizipation schienen geradezu ›naturwüchsig‹ auf das kritische Projekt des *Empowerment*, der Erhöhung von Gestaltungsmacht von Frauen in Wissenschaft und Technik, hinauszulaufen. Doch der Stand der Dinge ist komplizierter.

Stellen wir nun mit Sabine Hark (2005) erneut die Frage: Ist Transdisziplinarität, wie sie sich gegenwärtig im Bereich nachhaltiger Wissenschaft als partizipative Forschungspraxis etabliert, ein Fall für die Kritik, *aber auch* für die Unterstützung hegemonialer Wissensprojekte? Die Antwort auf diese Frage lautet zum einen Ja, denn dieses Format steigert die Berücksichtigung genderrelevanter Dimensionen, trägt sie in neue Forschungsfelder hinein (Nachhaltigkeit, Gesundheit etc.) und unterstützt die Förderung von Frauen in der Forschung und die Erhöhung ihrer Gestaltungsmacht (etwa im Sinne der gendergerechten Formulierung von Forschungsfragen). Zum anderen lautet die Antwort Nein, da sich all dies im Rahmen einer zunehmend marktförmigen Formierung der Wissensproduktion vollzieht: Genderthemen und -kompetenzen (inklusive der Fähigkeit zu Transdisziplinarität) werden zu Kapitalien, die sich, teils in Kooperation mit, teils in Konkurrenz zu anderen marktfähigen Themen und *skills* durchzusetzen haben.

Die Diagnose ambivalenter Verhältnisse erlaubt, wie bekannt, keine einfachen Therapien. Die nicht-einfache Therapie in diesem Fall lautet, dass partizipative Forschung und Gender Studies füreinander Herausforderungen darstellen, die durch dekonstruktives Räsonnement fruchtbar gemacht werden können. Entscheidend ist, dass dies eingedenk der oben genannten wissenschaftssoziologischen Perspektivierung geschieht: Der in den Gender Studies gepflegte dekonstruktive Diskurs des Transdisziplinären findet nicht nur *zeitgleich*, sondern *im Inneren* des wissenschaftspolitisch orientierten Diskurses statt, der auf ein neues Arrangement von Wissenschaft und Gesellschaft hinaus will.

Es wäre deshalb müßig, hier die schöne Theorie genderkritischer Dekonstruktion, dort die schnöde Praxis partizipativer Forschungsarrangements gegeneinander auszuspielen. Tatsächlich lassen sich aus der dekonstruktiven Perspektive der Gender Studies auch neue Erkenntnisbornierungen dieser partizipativen Praxis feststellen: So reduziert sich intellektuelles und institutionelles Grenzgängertum häufig auf die ›Abarbeitung von Genderaspekten‹. Hier könnte eine Belebung dekonstruktiver Perspektiven dazu beitragen, die partizipative Forschungspraxis vor einer *Managerialisierung* der Wissensproduktion zu schützen. Denn transdisziplinäre Praktiken sind Arrangements, in denen je partiale Perspektiven aufeinandertreffen, die zu Konfrontationen und Verständigungen anregen. Ein neueres Theorem der Wissenschaftsforschung nennt diese Bemühung *Grenzarbeit* (*boundary work*, Gieryn 1995; vgl. dazu auch Lieven/Maasen 2007).

Insofern ist die partizipative Forschung eine veritable Chance für einen praktischen Diskurs der Grenzüberschreitung in genderrelevanten Fragen (zwischen Disziplinen ebenso wie zwischen wissenschaftlichen und außerwissenschaftlichen Akteuren). Sie hält dazu an, Genderrelevanz zu spezifizieren, zu operationalisieren, mit weiteren Themen und Kategorien in Zusammenhang zu bringen und in konkreten Forschungszusammenhängen wissenschaftliche und außerwissenschaftliche Akteure für die Möglichkeiten und Verschiedenheiten der Grenzgänge zu sensibilisieren und sie zu erproben. Gegen neue Erkenntnisbornierungen, so das Plädoyer, hilft nur die Aufrechterhaltung des dekonstruktiven Blicks – institutionelle Unterstützung durch Aushandlungsräume, wie partizipative Forschungsprojekte, können diesem Ziel zuträglich sein – im Prinzip.

Literatur

Baer, Susanne (2005), »Transdisziplinäre Kompetenz als Schlüsselqualifikation«, in: Heike Kahlert/Barbara Thiessen/Ines Weller (Hg.), *Quer denken – Strukturen verändern. Gender Studies zwischen den Disziplinen*, Wiesbaden, S. 143–162.

Bell, Daniel (1973), *The Coming of the Post-Industrial Society. A Venture in Social Forecasting*, New York (dt.: *Die nachindustrielle Gesellschaft*, Frankfurt a.M. 1975).

Bosch, Gerhard (2000), »Entgrenzung der Erwerbsarbeit – Lösen sich die Grenzen zwischen Erwerbsarbeit und Nichterwerbsarbeit auf?«, in: Heiner Minssen (Hg.), *Begrenzte Entgrenzungen. Wandlungen von Organisation und Arbeit.* Berlin, S. 249–268.

Dean, Mitchell (2003), *Governmentality. Power and Rule in Modern Society*, London.

Dölling, Irene/Hark, Sabine (2000), »She who speaks Shadow speaks the Truth. Transdisciplinarity in Women's and Gender Studies«, *Signs* (Journal of Women in Culture and Society) Jg. 25, H. 4, S. 1195–1198 [Wiederabdruck in: Judith A. Howard/Carolyn Allen (Hg.), *Feminisms at a Millenium*, Chicago/London 2000, S. 193–196].

Dörflinger, Aliette/Sheikh, Sonja (2005), Exzellenz – eine Frage des Geschlechts Gender-Aspekte in der Forschungs- und Technologieförderung. KMU Forschung Austria, Wien, 5.11.2007, http://www.kmuforschung.ac.at/de/Projekte/Gender%20and%20Excellence/Bericht%20final.pdf (Zugriff 7.1.2008).

Foucault, Michel (1977), *Sexualität und Wahrheit*, Bd. 1, Frankfurt a.M.

— (1989), *Die Ordnung der Dinge. Eine Archäologie der Humanwissenschaften*, 8. Aufl., Frankfurt a.M.

Gibbons, Michael/Limoges, Camille/Nowotny, Helga u.a. (Hg.) (1994), *The New Production of Knowledge. The Dynamics of Science and Research in Contemporary Societies*, London.

Gieryn, Thomas F. (1995), »Boundaries of Science«, in: Sheila Jasanoff/Gerald E. Markle/James C. Peterson/Trevor J. Pinch (Hg.), *Handbook of Science and Technology Studies*, London, S. 343–443.

Haraway, Donna (1988), »Situated Knowledges. The Science Question in Feminism and the Privilege of Partial Perspectives«, *Feminist Studies,* Jg. 14, H. 3, S. 575–599.

— (1995), »Ein Manifest für Cyborgs. Feminismus im Streit mit den Technowissenschaften«, in: dies.: *Die Neuerfindung der Natur. Primaten, Cyborgs und Frauen*, Frankfurt a. M., S. 33–72.

Hark, Sabine (2005), »Inter/Disziplinarität. Gender Studies Revisited«, in: Heike Kahlert/Barbara Thiessen/Ines Weller (Hg.), *Quer denken – Strukturen verändern. Gender Studies zwischen den Disziplinen*, Wiesbaden, S. 61–89.

Holland-Cunz, Barbara (2005), *Die Regierung des Wissens. Wissenschaft, Politik und Geschlecht in der »Wissensgesellschaft«*, Opladen.

Kahlert, Heike (2005), »Wissenschaftsentwicklung durch Inter- und Transdisziplinarität: Positionen der Frauen- und Geschlechterforschung«, in: Heike Kahlert/Barbara Thiessen/Ines Weller (Hg.), *Quer denken – Strukturen verändern. Gender Studies zwischen den Disziplinen*, Wiesbaden, S. 22–60.

— /Thiessen, Barbara/Weller, Ines (2005), »Stand und Perspektiven von Inter- und Transdisziplinarität in Forschung und Lehre. Eine Einleitung«, in: dies. (Hg.), *Quer denken – Strukturen verändern. Gender Studies zwischen den Disziplinen*, Wiesbaden, S. 7–20.

Kalkowski, Peter/Mickler, Otfried (2002), »Zwischen Emergenz und Formalisierung – Zur Projektifizierung von Organisation und Arbeit in der Informationswirtschaft«, *SOFI-Mitteilungen*, Nr. 30, Göttingen.

Krais, Beate/Maruani, Margaret (Hg.) (2001), *Frauenarbeit – Männerarbeit. Neue Muster der Ungleichheit auf dem europäischen Arbeitsmarkt*, Frankfurt a. M.

Laitko, Hubert (1999), »Disziplinengeschichte und Disziplinenverständnis«, in: Volker Peckhaus/Christian Thiel (Hg.), *Disziplinen im Kontext. Perspektiven der Disziplinengeschichtsschreibung*. München, S. 21–60.

Lane, Robert E. (1966), »The Decline of Politics and Ideology in a Knowledgeable Society«, *American Sociological Review*, Jg. 31, H. 5, S. 649–662.

Lieven, Oliver/Maasen, Sabine (2007), »Transdisziplinäre Forschung – Vorbote eines ›New Deal‹ zwischen Wissenschaft und Gesellschaft?«, *GAIA*, Jg. 16, H. 1, S. 35–40.

Maasen, Sabine/Lieven, Oliver (2006), »Transdisciplinarity. A New Mode of Governing Science?«, *Science and Public Policy*, Jg. 33, H. 6, S. 399–410.

— /Lieven, Oliver/Puchrucker, Harald (2007), »Schlussbericht der Begleitforschung zu einem transdisziplinären Forschungsprogramm«, unveröff. Ms.

Moldaschl, Manfred (2002), »Subjektivierung – eine neue Stufe in der Entwicklung der Arbeitswissenschaften?«, in: ders./Gerd Günter Voß (Hg.), *Subjektivierung von Arbeit*, München und Mering, S. 23–52.

Nowotny, Helga (2000), »Sozial robustes Wissen und nachhaltige Entwicklung«, *GAIA*, Jg. 9, H. 1, S. 2–7.

— /Scott, Peter/Gibbons, Michael (2001), *Re-thinking Science. Knowledge and the Public in an Age of Uncertainty*, Cambridge.

O'Malley, Pat (1992), »Risk, Power and Crime Prevention«, *Economy and Society*, Jg. 21, H. 3, S. 252–275.

Rose, Nikolas (2000), »Tod des Sozialen? Eine Neubestimmung der Grenzen des Regierens«, in: Ulrich Bröckling/Susanne Krasmann/Thomas Lemke (Hg.) (2000), *Gouvernementalität der Gegenwart. Studien zur Ökonomisierung des Sozialen*, Frankfurt a. M., S. 72–109.

Schäfer, Martina/Schultz, Irmgard/Wendorf, Gabriele (Hg.) (2006), *Gender-Perspektiven in der sozial-ökologischen Forschung. Herausforderungen und Erfahrungen aus transdisziplinären Projekten*, München.

Scheele, Alexandra (2006), »Feminisierung der Arbeit im Demographischen Wandel?«, in: Peter A. Berger/Heike Kahlert (Hg.), *Der Demographische Wandel. Chancen für die Neuordnung der Geschlechterverhältnisse*, Frankfurt/M/New York, S. 267–292.

Schiebinger, Londa (1997), »Creating Sustainable Science«, *Osiris* (Journal of the History of Science Society), Jg. 12, S. 201–216.

Schön, Susanne/Keppler, Dorothee/Geissel, Brigitte (2002), »Gender und Nachhaltigkeit«, in: Ingrid Balzer/Monika Wächter (Hg.), *Sozial-ökologische Forschung. Ergebnisse der Sondierungsprojekte aus dem BMBF-Förderschwerpunkt*, München, S. 453–473.

Schultz, Irmgard (2001), »Der blinde Fleck zwischen Politik und Technikwissenschaften. Strategien eines scientific-technological empowerment als Perspektive feministischer Wissenschaft und Politik«, *Femina Politica*, Jg. 10, H. 2, S. 116–128.

— (2003): »Gender Impact Assessment – Geschlechterfragen als integraler Bestandteil der Forschung«, in: Hildegard Matthies/Ellen Kuhlmann/Maria Oppen/Dagmar Simon (Hg.), *Gleichstellung in der Forschung. Organisationspraktiken und politische Strategien*, Berlin, S. 189–203.

Stehr, Nico (1994), *Knowledge Societies*, London.

Stichweh, Rudolf (1994), *Wissenschaft, Universität, Professionen. Soziologische Analysen*, Frankfurt a. M.

Tuana, Nancy/Morgan, Sandra (2001), *Engendering Rationalities*, New York.

Weingart, Peter (1999), »Neue Formen der Wissensproduktion. Fakt, Fiktion und Mode«, *TA-Informationen*, Jg. 8, H. 3/4, S. 48–57.

— (2001), *Die Stunde der Wahrheit? Zum Verhältnis der Wissenschaft zu Politik, Wirtschaft und Medien in der Wissensgesellschaft*, Weilerswist.

Weiss, Alexandra (2001), *Geschlechterverhältnisse als produktive Ressource. Zur Prekarisierung der Arbeit*, 18.10.2007, http://www.igkultur.at/igkultur/kulturrisse/1114329221/1114521911 (Zugriff 7.1.2008).

Willke, Helmut (1998), »Organisierte Wissensarbeit«, *Zeitschrift für Soziologie*, Jg. 27, H. 3, S. 161–177.

Technik, Konsum und Geschlecht – Nutzer/innen als Akteur/innen in Technisierungsprozessen

Karin Zachmann

Dass der Übergang von der ersten zur zweiten Moderne mit einem Umschalten vom Produktions- auf das Konsumtionsparadigma verbunden war (Bauman 1998; 2004), hat auch den Ablauf von Technisierungsprozessen verändert. Während Technisierung in der ersten Moderne vor allem als Mittel zur Optimierung von Arbeitsprozessen galt, wurde in der am Ende des 19. Jahrhunderts eintretenden Krise der bürgerlichen Moderne klar, dass die Probleme in der Produktion auf viele neue, von Ingenieuren und Erfinderunternehmern angebotene Lösungen nicht mehr passten. Diese Erfahrung machte z.B. Thomas Edison, der seinen Phonographen zuerst als Diktiergerät für die Bürorationalisierung, also als ein Produktionsmittel konzipierte. Edisons Anwendungskonzept der neuen Technik ging nicht auf, während Emil Berliner mit der Entwicklung des Grammophons als Konsumgut auf dem Markt eine überaus erfolgreiche Verwertungsmöglichkeit gefunden hatte (Carlson 1992; Sterne 2003: 203–208).

Die Erweiterung der Anwendungsbereiche von Technik war eine entscheidende Voraussetzung für die Fortführung des Technisierungsprozesses. Aber sie hatte auch weit reichende Folgen für seinen Ablauf. Die Koordinierung zwischen der Herstellung und der Anwendung von Technik wurde komplizierter in dem Maße, in dem Ingenieure begannen, technische Massenprodukte für einen unbekannten Markt zu entwerfen anstelle konkreter spezifizierter Investitionsgüter für die Industrie. Die Ingenieure mussten jetzt für ihre Produkte auch die Nutzer/innen[1] ›erfinden‹. Und sie benötigten eine Reihe neuer Akteur/innen und Institutionen, die dem neuen Produkt den Weg zu den unbekannten Nutzer/innen bahnten. In diesem

---

1 Die Präsenz beider Geschlechter wird sprachlich dort hervorgehoben, wo auf die geschlechtliche Codierung von Handlungsräumen aufmerksam gemacht werden soll. Die Verwendung der männlichen Form hingegen steht einerseits für explizit männlich codierte Räume, andererseits aber auch für Bereiche, deren Geschlechtercodes für diese Darstellung nicht relevant sind.

Prozess war auch eine Geschlechtergrenze zu überbrücken, wenn technische Geräte für Anwendungsbereiche entwickelt wurden, die in der bipolaren Geschlechterordnung in den Zuständigkeitsbereich von Frauen fielen. Jetzt wurde die geschlechtsspezifische Distribution des Wissens zum Problem. Die Ingenieure bemerkten, dass Techniknutzung in weiblich codierten Tätigkeitsbereichen Wissen voraussetzte, zu dem sie keinen Zugang hatten. Andererseits sprach die bürgerliche Geschlechterordnung den prospektiven Nutzerinnen technisches Wissen ab, was den Technikeinsatz in neuen Bereichen wiederum erschwerte. Die Organisation des Wissenstransfers von der Herstellungs- zur Anwendungsseite und umgekehrt bildete also eine wichtige Voraussetzung für die Technisierung neuer Lebensbereiche. Dieser Transfer erforderte bei der Überschreitung der Geschlechtergrenze auch Übersetzungsarbeit, um die Kommunikation zwischen den kulturell getrennten Sphären in Gang zu bringen.

Als technische Produkte nicht mehr nur als Kapital-, sondern auch als Verbrauchsgüter genutzt wurden, vergrößerte sich also die Zahl der an Technisierungsprozessen beteiligten Akteur/innen. Verschiedene Gruppen von Mediator/innen und vielfältige Versionen von Nutzer/innen übernahmen wichtige soziale Rollen im Wissenstransfer und in der symbolischen ›Aufführung‹ von Technik. Mit der Zahl der beteiligten Akteur/innen vervielfachten sich aber auch die potenziellen Bedeutungen der Technik, die zur Voraussetzung für ihre Aneignung wurden.

Im Zentrum des vorliegenden Beitrags stehen diese mit dem Übergang ins Konsumzeitalter einhergehenden Veränderungen in Technisierungsprozessen. Im ersten Abschnitt werden theoretische Ansätze zur Analyse der Technikentwicklung in Hinblick auf die Frage durchmustert, inwieweit sie ermöglichen, die Handlungsmacht von Nutzer/innen in den Blick zu nehmen. Es wird untersucht, warum es zunächst üblich war, die Bereiche der Herstellung und Verwendung von Technik strikt zu trennen, statt den Nutzer/inneneinfluss auf Technisierung anzuerkennen. Diese strikte Abgrenzung geriet jedoch sowohl durch die Konsum- als auch durch die Technikforschung in die Kritik. Sie stellten neue Fragen und fokussierten in der Betrachtung immer mehr auf die Nutzer/innen. Dabei ist zu zeigen, dass und wie diese Verschiebung der Perspektive auch das Geschlechterverhältnis zum Gegenstand der Forschung machte.

Im zweiten Abschnitt werden historische Fallbeispiele für die Ko-Konstruktion von Technik, Nutzer/innen und Geschlecht dargestellt. Es wird vor allem der Einfluss von Verbraucherorganisationen auf Technikentwicklung betrachtet, mit denen der/die ›repräsentierte Nutzer/in‹ als ein spezifischer Typ von Nutzer/innen entsteht. Organisationen und Verbände, die die Interessen der Hausfrauen vertraten, waren besonders in der ersten Hälfte des 20. Jahrhunderts einflussreiche Institutionen, die zum Teil sehr wirkungsvoll die Nutzer/innen des Wohnungsbaus und der Haushaltstechnik vertraten. Sie organisierten die Übertragung und Übersetzung des Wissens zwischen der Herstellungs- und der Anwendungsseite, ohne jedoch den Einfluss der Nutzer/innen auf Technikentwicklung dauerhaft gewährleisten zu können.

Theoretische Ansätze, der Stand der Forschung und die historischen Fallbeispiele zeigen, wie stark die Verteilung und Zuschreibung von Wissen in Technisierungsprozessen aber auch die Handlungspotenziale von Konsument/innen als Akteur/innen vor dem Hintergrund ihrer spezifischen Verankerungen im Koodinationssystem der Zweigeschlechtlichkeit zu deuten sind. Der wissenschaftliche Ertrag von sozialwissenschaftlichen Analysen des Zusammenhangs von Technik und Konsum wird hier in entscheidender Weise durch den Einbezug von Geschlecht als Untersuchungskategorie erweitert.

Reflexive Perspektiven auf die Nutzer/innen von Technik

Pragmatische und polemische Abgrenzungen zwischen der Herstellung und der Verwendung von Technik

Während die Volkswirtschaftslehre und auch die Politik bereits in der ersten Hälfte des 20. Jahrhunderts die Handlungsmacht von Konsument/innen ernst nahmen, zog der Ingenieurbereich noch nach dem Zweiten Weltkrieg eine scharfe Trennlinie zwischen der Herstellung und der Anwendung von Technik. Die zentrale Behauptung war, dass ›der Ingenieur‹ nur dafür verantwortlich sei, ein möglichst perfektes Werkzeug zu liefern, auf dessen Verwendung er dann aber keinerlei Einfluss mehr habe. Kernargument der im besetzten Nachkriegsdeutschland besonders heftig geführten Diskussion war die Annahme von Autonomie und Wertneutralität der Technik, mit der sich die Ingenieure von ihrer Verantwortung für die nationalsozialistischen Verbrechen freizusprechen suchten (Zachmann 2004: 166–177).

Das technikkritische Lager in der geistes- und sozialwissenschaftlichen Forschung hat die These von der strikten Trennung zwischen Herstellung und Verwendung von Technik interessanterweise ebenfalls akzeptiert, aber spiegelverkehrt interpretiert. So unterstellten die häufig zugleich als Gegner des Massenkonsums hervorgetretenen Kritiker/innen an der ›technokratischen Gesellschaft‹ eine Allmacht der Technik, der die Bürger/innen bzw. Verbraucher/innen hilflos ausgeliefert seien (z.B. Schelsky 1961; Freyer 1965). Und auch die kritische Frauenforschung, die im Kontext der neuen Frauenbewegung entstand, ging zunächst von einer analogen Position aus. Als sie begann, die Auswirkungen der Technik auf das Leben von Frauen zu untersuchen, nahm sie Frauen zuerst vornehmlich als passive Opfer der technischen Entwicklung in den Blick und fragte selten nach den Handlungsspielräumen von Frauen (Schmidt/Zachmann 1995; Lerman u.a. 1997).

Aufwertung der Nutzer/innen in der Konsum- und der Technikforschung

Seit den ausgehenden 1970er Jahren aber begannen sich die Perspektiven deutlich zu verschieben. Die sozialwissenschaftliche Konsumforschung erlebte einen großen Aufschwung, als sie begann, das Konsumieren als aktives und selbstbestimmtes Handeln zu interpretieren (z.B. Douglas/Isherwood 1979; Baudrillard 1968; Bourdieu 1979). Und in der sozialwissenschaftlichen Technikforschung öffneten konstruktivistische Ansätze den Blick für den Einfluss der Nutzer/innen in Technisierungsprozessen (Bijker u.a. 1987). Insbesondere sozialkonstruktivistische Studien leiteten den Erfolg oder Misserfolg von Technisierungsprozessen nicht aus dem Funktionieren der Artefakte ab, sondern aus der Akzeptanz durch relevante soziale Gruppen. Grundlegend für diese Studien ist die These von der »interpretativen Flexibilität« einer Technik (vgl. Pinch/Bijker 1987: 41–44). Sie besagt, dass alle in den Herstellungs- und Verwendungszusammenhängen von Technik tätigen Akteur/innen, also auch die Nutzer/innen, dieser Technik unterschiedliche Bedeutungen zuschreiben können. Soziale Aushandlungsprozesse sind dann dafür verantwortlich, dass die relevanten sozialen Gruppen eine bestimmte Interpretation durchsetzen (Schließungsprozess), die zur Stabilisierung von Artefakten führt. Mit den Kategorien der interpretativen Flexibilität und der relevanten sozialen Gruppen überwanden die konstruktivistischen Ansätze die strikte Trennung von Herstellung und Verwendung der Technik. Auf diese Weise gelang es, die Nutzer/innen stärker in die Betrachtung zu integrieren. Allerdings widmeten sich die frühen Studien vor allem der Technikgenese und untersuchten die Entwicklung eines

Artefakts bis zu seiner Einführung in die Massenproduktion. Solange nur die in den Aushandlungsprozessen unmittelbar agierenden Akteur/innen in die Untersuchung einbezogen wurden und in der Entwicklungsphase einer neuen Technik die Ingenieure dominierten, fanden die Nutzer/innen in diesen Studien nach wie vor kaum Berücksichtigung. Nichtnutzer/innen einer Technik etwa kamen als relevante soziale Gruppe gar nicht vor.

Das Denkmodell der »consumption junction«

Zur Überwindung dieser Sichtverengung hat Ruth Schwartz Cowan das Konzept der *consumption junction* eingeführt (1989). Im Anschluss an ihre Untersuchung zur Industrialisierung des Haushalts entwarf sie dieses Konzept als eine Forschungsstrategie zur Integration der Konsumenten und der Techniknutzung in die Analyse von Technisierungsprozessen. Sie definiert die *consumption junction* als »the place and the time at which the consumer makes choices between competing technologies« (ebd.: 263). Ihr Anliegen ist es, eine Konsument/inn/enentscheidung als Ergebnis des Handelns vielfältiger sozialer Gruppen zu rekonstruieren, die wie in einem Netzwerk zusammenwirken. Damit öffnet sie die Perspektive für die Vielfalt und Komplexität der Beziehungen und Vermittlungen zwischen Produktion, Distribution und Konsumtion. Viele Technikhistoriker/innen, die Konsumstudien durchführen, beziehen sich auf die *consumption junction* als Referenzmodell und präzisieren bzw. reinterpretieren es als Kontext, in dem Konsument/inn/enentscheidungen getroffen werden (Parr 1999: 223), als Vermittlung zwischen denen, die wir Konsument/innen und jenen, die wir Produzent/innen von Technik nennen (Kline 2000: 9), als professionelles Wirkungsfeld der *home economists*, die als Mediator/innen auf der Kreuzung zwischen Produktion und Konsumtion agieren (Goldstein 1997) oder als Aushandlungsplatz für die Wertewelten der Produktion und des Konsums (Wengenroth 2001: 31). Die zuletzt genannte Interpretation hat große Bedeutung für eine kulturalistisch gewendete Innovationsforschung.

Cowans Denkmodell der *consumption junction* hat also entscheidend dazu beigetragen, die Ausblendung von Nutzer/innen wirkungsvoll zu überwinden. Allerdings bleibt auch ihre Sicht in zweierlei Hinsicht begrenzt. Weil sie aus einer neoklassischen Perspektive heraus argumentiert, geht Cowan erstens davon aus, dass die Aushandlungsprozesse zwischen Herstellung und Konsum in der Arena des Marktes stattfinden. Das aber greift, wie neuere Studien zur Konstruktion des/der Nutzer/in zeigen, entschieden zu kurz. Zweitens unterstellt sie, dass sich Konsument/innen als prospektive Nutzer/innen eines spezifischen Artefakts zwischen unterschiedlichen Geräten mit der gleichen Funktion entscheiden. Damit aber interpretiert sie die Konsumentscheidung naturalistisch als Bedürfnisbefriedigung und übersieht, dass die Nutzung – eigentlich ist der Begriff der Aneignung hier adäquater – von Technik ein kultureller Akt ist.

Neuere Studien haben deshalb begonnen, das Konzept der *consumption junction* zu modifizieren und verschiedene Arten von *junctions* für verschiedene Kontexte zu definieren (Oldenziel u. a. 2005; Zachmann 2002; Parr 1997; 2005).

Ein anderer Ansatz besteht darin, die dichotomisierende Perspektive der *consumption junction* aufzulösen. Konsum wird dann nicht mehr nach dem Modell des Kaufaktes, sondern als mehrstufiger Vermittlungsprozess konzipiert, in dem viele Akteur/innen und Institutionen agieren. Dazu gehören Marketingspezialisten, Werbeagenturen, der Handel in seinen verschiedenen Formen (Groß-, Einzel-, Versand-, Kommissions-, Börsenhandel usw.), die Markt- und Konsum- aber auch die Gebrauchswertforschung, Design, der Staat mit Agenturen der Warenprüfung, Verbrauchsvorschriften und -verboten usw. sowie Konsumentenvertreter/innen und Verbrauchergruppen. Diese Vorstellung von einer *mediation junction* sieht Technisierungsprozesse ähnlich wie die Akteur-Netzwerk-Theorie als Prozess der Bildung heterogener Netzwerke, in die sehr viele Akteur/innen und Institutionen verstrickt sind (Oldenziel u. a. 2005). Der Verhandlungsraum für die Vermittlungsprozesse ist nicht auf den Markt beschränkt, sondern entsteht in der Interaktion von Staat, Markt und Zivilgesellschaft. Dieser Ansatz ist offen für Politische Ökonomien jenseits der USA, weil er das Machtpotenzial von Unternehmen durch die Einbeziehung weiterer Akteure auf der *mediation junction* relativiert und die Vorstellungen und Praktiken von bürgerlichem und Massen- ebenso wie von individuellem und kollektivem Konsum in den Blick bekommt. Zentrale Fragen in Studien über die vielfältigen Vermittlungsprozesse zwischen Produktion und Konsum sind die nach der Mobilisierung neuer Formen von Wissen über die Aneignung von Dingen, nach der räumlichen Dimension und der Verteilung von Macht auf der *mediation junction* und nach der Markierung von Geschlechtergrenzen. Darüber hinaus diversifizierten neue soziologische und historische Studien das monolithische Bild von dem/der Nutzer/in.

Die Pluralisierung der Nutzer/innen
und die Szenarien zur Techniknutzung

Ausgangspunkt des 2003 von Pinch und Oudshoorn herausgegebenen Sammelbandes *How Users Matter* ist die Erkenntnis, dass es *den* oder *die* Nutzer/in nicht gibt, sondern dass vielfältige Versionen von Nutzer/innen in allen Phasen des Innovationsprozesses auftreten und zu untersuchen sind (vgl. auch Oldenziel/de la Bruhèze 2006). Projektierte, repräsentierte, implizierte, reale und Nicht-Nutzer/innen – das sind nur einige der Rollen, die Nutzer/innen im ›Drama‹ der Technisierung spielen. Wie Pinch und Oudshorn (2003: 4–7) herausstreichen, gehörten feministische Studien zu den ersten, die mit ihrem Interesse an dem Einschluss von Frauen in Technikentwicklung das Thema der Techniknutzung auf die Tagesordnung setzten. Überdies erwuchs aus der feministischen Sensibilität für Machtverhältnisse die Erkenntnis, dass Nutzer/innen aus unterschiedlichen Positionen heraus agieren und mit sehr verschiedenen Handlungsspielräumen und Ressourcen ausgestattet sind. Studien über Reproduktions- und Verhütungstechniken, über die vergeschlechtlichte Medikalisierung des Körpers, über das Verhältnis von Frauen zu Computern und den Einfluss der Computertechnik auf die Arbeit von Frauen, über die Technisierung des Haushalts und viele andere mehr thematisierten die Aneignung von Technik durch Frauen und ihren darin liegenden Beitrag zur Technikentwicklung.

Den Vorstellungen von den Verwendungsmöglichkeiten und von den Nutzer/innen einer Technik, die sich in Entwicklung und Konstruktion von Artefakten materialisieren, versuchen jene Forschungsansätze auf die Spur zu kommen, die Artefakte als Text begreifen. So hat Steve Woolgar (1991) mit seiner Metapher von der Maschine als Text Nutzung als Lesen des Textes konzipiert. Hier impliziert die Herstellung der Maschine – analog zum Schreiben eines Textes – die Konfiguration des/der mutmaßlichen Nutzer/in. Dessen/deren Handlungsspielraum wird durch die Maschinen vorgegeben, so wie beim Lesen der Aktionsraum des Lesers durch den Text strukturiert ist.

Ein analoges Denkmuster liegt dem Konzept des ›Skripts‹ zugrunde. Es wurde von Marlene Akrich (1992) entwickelt und spielt eine wichtige Rolle in der Akteur-Netzwerk-Theorie, die Technikentwicklung als Netzwerkbildung zwischen menschlichen und nichtmenschlichen Akteur/innen auffasst. Das Problem, den Artefakten als nichtmenschlichen Akteuren Handlungsmacht zuzugestehen, wird hier über das Konzept des Skripts gelöst, das als Szenario oder Handlungsanweisung in Technik eingeschrieben ist. Über das Skript wird also eine Vorstellung des/der Nutzer/in und der adäquaten Nutzung in die Artefakte eingelassen. Dabei bleibt den Nutzer/innen die Macht, das Skript anzunehmen, es zu modifizieren oder ein Gegenprogramm zu entwickeln.

Skripte als Geschlechterszenarien

In den 1990er Jahren haben feministische Technikforscherinnen aus den Niederlanden und Norwegen das Konzept des Skripts zum *gender script* konkretisiert (vgl. Oudshoorn/Pinch 2003: 10). Damit wird die Forschung der Tatsache gerecht, dass in der Technik enthaltene Handlungsanleitungen auch Anweisungen zur Aufführung von Geschlechterrollen enthalten und dass Technik an der Herstellung von Geschlechtsidentitäten beteiligt ist. Die Technik erlangt ein wachsendes Gewicht für die soziale Markierung von Geschlechtergrenzen historisch betrachtet genau in jenem Zeitraum, in dem formale Mechanismen und Institutionen der sozialen Differenzierung abgeschafft bzw. aufgelöst werden, zum Beispiel Gesetze, die Frauen vom Wahlrecht oder der höheren Bildung ausschließen. In dem Maße, in dem der Gleichheitsanspruch der Moderne die Umstellung von formalen auf informelle Mechanismen der Differenzierung über Geschlecht erzwingt (vgl. Wobbe 2003), wird die Nutzung von Technik zu einem wichtigen Medium zur Aufführung des Geschlechterunterschieds.

So zeigt Nelly Oudshoorn (2003: 209–227) am Beispiel der Verhütungstechnik – genauer der ›Pille für Männer‹ –, dass die Entwicklung einer neuen Technik untrennbar mit der Entwicklung eines *gender scripts* verbunden ist. Die ›Antibabypille‹ hat in der zweiten Hälfte des 20. Jahrhunderts dazu geführt, dass die Aufgabe der Verhütung ausschließlich den Frauen zugewiesen wurde. Diese einseitige Zuweisung von Verantwortung hat die Frauengesundheits- und Reproduktionsbewegung der 1960er und 1970er Jahre wegen den von den Frauen allein zu tragenden Gesundheitsrisiken der Hormonbehandlung kritisiert. Die Pharmaindustrie hat daraufhin mit der Entwicklung von Kontrazeptiva für Männer begonnen. Dabei machten die beteiligten Experten, potenzielle Nutzer/innen und andere Teilnehmer an den Testverfahren die Erfahrung, dass nicht nur eine neue Verhütungstechnik, sondern gleichzeitig eine passende Geschlechtsidentität für Männer entwickelt werden musste. Denn das dominante Modell von Männlichkeit, das sich auf die Einheit von Sexualität und Reproduktionskraft stützt, schloss die Nutzung von Kontrazeptiva für Männer aus. Oudshoorn kann zeigen, dass die Testphase einer neuen Technik gleichzeitig als eine kulturelle Nische funktioniert, in der die beteiligten Akteure eine nicht hegemoniale Männlichkeit artikulieren und aufführen, um damit die kulturelle Machbarkeit der neuen Verhütungstechnik zu produzieren. Das Beispiel der ›Pille für Männer‹ zeigt also sehr deutlich, dass mit der Technik auch die Nutzer/innen produziert werden, die gleichzeitig mit einer konkreten Geschlechtsidentität ausgestattet werden müssen, um eine kulturelle Anschlussfähigkeit der Technik zu erzeugen.

Andere Studien gehen vom Design der Artefakte aus und untersuchen, wie über die Formgestaltung Geschlechterrollen in der Nutzung von Technik vorgegeben und bekräftigt werden. Van Oost (2003) zeigt in ihrer Untersuchung über Philips-Rasierer für Frauen und für Männer, wie über das Rasiererdesign männliche Technikkompetenz und weibliche Technikferne konstruiert werden. So wurden die Rasierer für Männer durch die spezifische Farbwahl (schwarz, blau oder metallic) sowie durch die Ausstattung mit Kontrollanzeigen, Möglichkeiten zum Öffnen und zum Einstellen etc. als *technische* Produkte definiert. Bei Rasierern für Frauen hingegen wurde der technische Charakter der Geräte verdeckt und die Gestalt der Artefakte an andere Gegenstände aus der weiblichen Lebenswelt wie beispielsweise Lippenstifte oder Beautysets angelehnt. Statt einer Differenzierung von Rasierern nach funktionalen und damit geschlechtsneutralen Kriterien, wie etwa nach den Körperpartien, für die sie verwendet werden, unterstellten die Designer eine geschlechtsspezifische Nutzung und luden die Artefakte mit den dementsprechenden Geschlechtercodes auf.

Ein anderes, ebenso aussagekräftiges Beispiel ist die Konsumelektronik, deren Produkte dem High-Tech-Sektor zugeordnet, die aber nicht nur von Männern, sondern auch von Frauen genutzt werden. Muss dabei nicht die über Technik markierte Geschlechtergrenze aufgegeben werden? Die Kunsthistorikerin Julie Wosk (2005) hat gezeigt, wie Produktentwickler und -gestalter *gender scripts* in den Produkten verankern und damit die Geschlechterdifferenz bekräftigen. Das kann, wie van Oost bereits anhand der Rasierer nachwies, dadurch geschehen, dass der technische Charakter der Produkte heruntergespielt wird und sie als etwas anderes ausgegeben werden. So zeigt Wosk, dass Mobiltelefone für Frauen als Schmuck gestaltet werden, um den weiblichen Körper zur Geltung zu bringen. Ein anderer Weg für die geschlechtsspezifische Semiotisierung technischer Produkte besteht darin, sie mit Funktionen auszustatten, die den geschlechtlich ausdifferenzierten Lebenswelten zugeordnet werden. Beispielsweise reicherten Entwickler Mobiltelefone mit zusätzlichen Anwendungsmöglichkeiten an, um die Geräte attraktiv für Frauen zu machen. Dazu gehörte ein *health menu*, mit dem nicht nur Fett- und Kalorienwerte der Nahrung und der Energieverbrauch von Bewegungsaktivitäten, sondern auch der Biorhythmus und sogar der Eisprung der Nutzerinnen bestimmbar sein sollte. Allerdings warnten die Anbieter davor, Mobiltelefone zur Schwangerschaftsverhütung einzusetzen.

Ein anderer, quasi umgekehrter Weg zur geschlechtsspezifischen Semiotisierung von Produkten wurde mit der Spezialisierung von multifunktionalen zu Einzweckgeräten beschritten. Wosk (2005) führte als Beispiel den Fotodrucker an, der als Ergänzungsgerät zur digitalen Kamera vermarktet wird und auf die Zielgruppe der Mütter und Großmütter ausgerichtet ist, die angeblich Bilder von ihren Kindern und Enkeln schnell und einfach aufnehmen, drucken und ansehen wollen.

Diese beiden Studien zeigen also sehr klar, dass über das Design geschlechtlich codierte Handlungsanweisungen in die Produkte eingeschrieben werden. Damit wird die gesellschaftliche Differenzierung über Geschlecht auf die kulturelle Bedeutungszuschreibung von Artefakten verlagert. An dieser Verlagerung haben Marketing- und Managementexperten einen großen Anteil, wenn sie die ›zielgruppenorientierte Produktgestaltung‹ als Königsweg zum Unternehmenserfolg aufwerten.

Repräsentierte Nutzer/innen als Akteur/innen der Technisierung

Im Zentrum des letzten Abschnitts standen die von den Produktentwicklern und -gestaltern im Herstellungsprozess konfigurierten Nutzer/innen. Aber auch in anderen Phasen des Technisierungsprozesses werden Nutzer/innen konstruiert, die einen großen Einfluss auf Technikentwicklung nehmen können. Eine wichtige und sehr einflussreiche Gruppe bilden die repräsentierten Nutzer/innen. Sie agieren nicht im Herstellungsprozess, sondern auf der *mediation junction*, indem Repräsentant/innen (Staat, Experten, Verbraucherverbände und Bürgergruppen) die Konsument/innen vertreten. Diese sehr verschiedenartigen Organisationen und Institutionen zur Repräsentation der Nutzer/innen üben grundlegende Funktionen aus. Sie vermitteln Anwendungswissen, schaffen rechtliche, infrastrukturelle und kulturelle Rahmenbedingungen für die Techniknutzung oder fordern gesundheitliche und ökologische Schutzbestimmungen für den Technikeinsatz ein. Damit sind diese Institutionen, die für den/die Nutzer/in sprechen, unverzichtbare Co-Produzenten von Technik, die sowohl an der materiellen als auch an der symbolischen Herstellung der Dinge beteiligt sind.

Pinch und Oudshoorn (2003) haben in ihrem Buch als Repräsentant/innen ausschließlich staatliche Gesundheitsbehörden und Patientenvertreter/innen einbezogen. Ihnen kommt eine große Bedeutung zu, seit die Technisierung in immer neue Einsatzbereiche vordringt und dabei auch den menschlichen Körper als wichtiges Anwendungsfeld erobert. Unterbelichtet bleibt dabei die historische Dimension. Denn in dem Maße, in dem Technik im Übergang von der ersten zur zweiten Moderne zum Verbrauchsgut wurde, entstanden auch entsprechende Organisationen, die sich mit der Vertretung von Nutzer/inneninteressen zu profilieren suchten. Das waren im Verkehrsbereich beispielsweise die Fahrrad- und Automobilklubs, in denen nicht nur die kulturellen Muster für die Aneignung der modernen Verkehrstechnik entwickelt, sondern auch die Interessen der Nutzer/innen mit anderen *stakeholdern* in der Entwicklung des Individualverkehrs verhandelt wurden. Ein anderer Bereich, in dem Nutzer/innen schon frühzeitig Einfluss erlangten, war der Sozialwohnungsbau der Zwischenkriegszeit. Hier etablierten sich in mehreren Ländern Beratergruppen, in denen Frauenorganisationen und Architekten zusammenarbeiteten. Frauen, denen in der bürgerlichen Geschlechterordnung die Zuständigkeit für die häusliche Sphäre zugewiesen worden war, galten als Expertinnen der Wohnungsnutzung, die den Architekten notwendiges Praxiswissen vermitteln konnten. In der Weimarer Republik engagierte sich die Nationalökonomin, Reichstagsabgeordnete und Berliner Stadtverordnete Dr. Marie-Elisabeth Lüders für den Sozialwohnungsbau und die Beteiligung der Nutzerinnen. Sie setzte sich als eine der führenden Aktivistinnen der alten Frauenbewegung vehement für ein Mitspracherecht der Frauen im Wohnungsbau und der Wohnungswirtschaft ein (Lüders 1963: 114–116, 209). In vielen Städten gründeten die Hausfrauenvereine Baukommissionen. Als Repräsentantinnen der Nutzungsseite erhielten sie vor dem Baubeginn Einsicht in die Grundrisse und so die Möglichkeit, bereits in der Planungsphase zu beraten. Ihnen wurde auch die Gelegenheit gegeben, Wohnungsbaustellen zu besichtigen (Kromer 1931: 499). In den Niederlanden, wo der staatliche und der Sozialwohnungsbau seit dem Beginn des 20. Jahrhunderts einen großen Aufschwung nahmen und einen viel höheren Anteil als in anderen Ländern hatten, propagierten Architekten des neuen Bauens diese Zusammenarbeit mit Frauenorganisationen, die die Nutzer/innen vertraten. Prominent wurde etwa der Bauhausarchitekt Jacobus Johannes Pieter Oud, der während seiner Tätigkeit in der Stuttgarter Weißenhofsiedlung die Beratung durch die Stuttgarter Hausfrauenorganisation und die Haushaltsexpertin Erna Meyer kennen gelernt hatte. Von 1928 an bereiteten Frauenorganisationen in den Niederlanden den Weg für die Frauenberatungskommissionen im Sozialwohnungsbau. Sie wurden unmittelbar nach dem Zweiten Weltkrieg gegründet und repräsentieren noch heute die Nutzer/innen der Wohnungen im staatlichen bzw. gemeinnützigen Sektor (Bijker/Bijsterveld 2000).

Auch im Bereich der Haushaltstechnik entstanden in der ersten Hälfte des 20. Jahrhunderts in den USA ebenso wie in vielen europäischen Ländern eine Reihe von Institutionen, die die Interessen von Nutzerinnen vertraten, aber auch im Rahmen von Testverfahren für neue Geräte eng mit den Herstellern zusammenarbeiteten und Praxiswissen bereitstellten. Eine in den USA prominente Institution war das 1900 gegründete *Good Housekeeping Institute*, das auf Anfrage von Herstellern Haushaltsgeräte testete und Gütesiegel erteilte. In Deutschland richtete der 1915 gegründete Reichsverband Deutscher Hausfrauenvereine in den 1920er Jahren in Leipzig eine Versuchsstelle für Hauswirtschaft ein, die mit der Leipziger Universität, dem deutschen Normenausschuss, der Hauswirtschaftlichen Versuchsanstalt Pommritz und der Reichsforschungsgesellschaft für Wirtschaftlichkeit im Bau- und Wohnungswesen zusammenarbeitete, Qualitätstest für Haushaltsgeräte durchführte und den ›Sonnenstempel‹ als Gütezeichen verlieh (Orland 1990: 46). Auch in Schweden, der Schweiz, in Finnland und den Niederlanden gründeten Aktivistinnen der Frauenbewegung Hausforschungsinstitute, die einen großen Einfluss auf die Entwicklung der Haushaltstechnik und den Wohnungsbau erlangten. Besonders erfolgreich waren dabei die Frauen in Schweden, wo das von Frauen geleitete Hausforschungsinstitut zwischen 1940 und 1950 in Zusammenarbeit mit der Industrie Standards für Küchengrundrisse, -einrichtungen und -geräte erarbeitete, die ab 1950 per Gesetz für den schwedischen Wohnungsbau verbindlich wurden (Zachmann 2008).

Warum aber begann man in der Planung und Herstellung von Haushaltstechnik in den 1920er Jahren in mehreren europäischen Ländern mit den Frauenorganisationen zusammenzuarbeiten, die sich als Vertreterinnen der Hausfrauen profilierten? Meine Hypothese ist, dass mit der Technisierung des privaten Haushalts zwei im 19. Jahrhundert fixierte Geschlechtergrenzen thematisiert und neu verhandelt werden mussten. Das war erstens die Zuständigkeit der Frauen für die Hausarbeit und zweitens die Monopolisierung technischer Kompetenz durch Männer. Die weibliche Codierung der Hausarbeit führte dazu, dass Ingenieure die Hausfrauen als Übersetzerinnen bei der Technisierung eines für sie ›kulturell fremden‹ Bereiches brauchten. Dabei ging die Initiative zu dieser Übersetzungsarbeit häufig von den Frauen aus, die ihre Einbeziehung als Expertinnen für die Hausarbeit einforderten.

Gleichzeitig erwies sich die Verankerung technischer Kompetenz am männlichen Pol der bipolaren Geschlechterordnung als problematisch. Diese war spätestens in der zweiten Hälfte des 19. Jahrhunderts mit der Professionalisierung und Akademisierung der Ingenieurarbeit, der Durchsetzung der geschlechtsspezifischen Arbeitsteilung in der Erwerbsarbeit und der geschlechtsspezifischen Erziehung symbolisch und strukturell verankert worden. Die Installation, Verwendung und Wartung technischer Haushaltsgeräte erforderte nun jedoch technische Grundkompetenzen, die bislang nicht zum Bildungs- und Wissenskanon von Frauen gehörten. Die Ausweitung der Technisierung auf den privaten Raum führte zu der neuen Erfahrung, dass Techniknutzung Lernprozesse voraussetzt. Auch für die Förderung dieser Lernprozesse boten sich Frauenorganisationen an, um die Sprache der von Männern dominierten Technikentwicklung und -produktion in den ›weiblichen Kontext‹ der Nutzung zu übertragen. Schon zu Beginn des 20. Jahrhunderts hatte Marianne Weber als eine der führenden Aktivistinnen der bürgerlichen Frauenbewegung den Frauen in der Wissenschaft vorgeschlagen, die Rolle der Übersetzerin von wissenschaftlichem in Lebenswissen zu übernehmen (Weber 1919).

Diese Aufgabe erschien auch den Pionierinnen im Ingenieurbereich als attraktiv genug, um darauf ihr berufliches Selbstverständnis aufzubauen. So sah die an der Technischen Hochschule München 1924 diplomierte Maschinenbauingenieurin Ilse Knott-Ter Meer eine den Frauen angemessene und für die Technisierung unabdingbare Aufgabe darin, das technische Wissen von den Orten der Herstellung zu den neuen Plätzen seiner Anwendung zu tragen. Es gebe vor allem im neuen Bereich der Haushaltstechnik

»[...] ohne Zweifel viele Fragen, die am besten von einer technisch vorgebildeten Frau gelöst werden können, da sie eben doch in den Bereich der Frau fallen. Sie wird am besten beurteilen können, welche technischen Dinge und Einrichtungen für den Hausgebrauch wirklich praktisch sind und wo sich die Einführung und Entwicklungsarbeit lohnt. Aber auch als Werbeingenieur und als Mittlerin zwischen Technik und Frau wird es manche Aufgaben für die Ingenieurin zu lösen geben. Bei weiterer Ausbreitung der Heimtechnik wird es nicht unwesentlich sein, etwas Verständnis und Fühlen für technische Dinge in weiteste Kreise der Frauenwelt hineinzutragen.« (Knott ter Meer 1930)

Mit der Rolle der Übersetzerin legitimieren die Frauen also ihren Anspruch auf Zutritt zum Bereich technischen Wissens und Könnens. Ein Feld, für das sich der Wissenstransfer zwischen dem weiblich codierten Bereich des Haushalts und dem männlich codierten Bereich der Technik als besonders wichtig erwies, war die Haushaltselektrifizierung. So gab es in mehreren Ländern Frauenverbände, die es sich zur Aufgabe machten, die Interessen der Nutzer/innen in der Elektrifizierung zu vertreten (vgl. z.B. Oldenziel 2006). Die Geschichte eines solchen Frauenverbandes, der britischen *Electrical Association for Women*, hat Carroll W. Pursell (1999) erforscht. Seine Fallstudie zeigt uns, dass Konsumentinnen bei der Einführung einer neuen Technik in den Haushalt wichtige Funktionen übernahmen, indem sie den Graben zwischen der Produktion und dem Verbrauch überbrückten und Vermittlungsarbeit leisteten, also die für die Nutzung der neuen Technik notwendigen Lernprozesse institutionalisierten und der neuen Technik selbst eine Bedeutung zuschrieben, die mit den Wertewelten der Konsumentinnen kompatibel war. Später übernahmen die Hersteller selbst diese Funktionen und damit verloren die Verbraucherinnen ihren kurzzeitig erlangten Einfluss auf die Technikentwicklung. Eine wichtige Rolle spielte dabei die Trivialisierung der Technik (Weingart 1988), vor allem von Benutzungsoberflächen, hinter denen sich eine immer komplexer werdende Technik verbirgt. Diese Vereinfachung bildet die Voraussetzung, um Nutzer/innen den Zugriff auf neue Technik zu ermöglichen, der jedoch immer stärker durch die Hersteller vorgegeben wird. Damit ist verbunden, dass in der Technikentwicklung zunehmend professionalisierte, d.h. vor allem nicht aus der Nutzungsperspektive heraus agierende Expert/innen mit der Gestaltung von Schnittstellen zwischen der Technik und den Nutzer/innen beschäftigt sind.

Fazit

Mit dem Übergang ins Zeitalter des Massenkonsums sind die Nutzer/innen zu weithin sichtbaren Akteur/innen auf der Bühne der Technisierung geworden. Gleichzeitig hat ihr Bedeutungszuwachs die in der bürgerlichen Geschlechterordnung verankerte geschlechtsspezifische Distribution von Wissen in Frage gestellt. Die darin auch zementierte ›kulturelle Fremdheit‹ zwischen den Herstellern und den Nutzerinnen der Technik galt es zu überbrücken, wenn die Technisierung der Lebenswelten fortschreiten sollte. Aber der Bedeutungszuwachs der Nutzer/innen war nicht gleichbedeutend mit steigendem Verbraucher/inneneinfluss in der Technikentwicklung, ebenso wenig wie die Infragestellung von Geschlechtergrenzen zu ihrer Auflösung führen musste. Vielmehr zeigen die angeführten Fallbeispiele in der Wohnungsbau- und Haushaltstechnik, dass Nutzer/innen im Stande sind, in der Einführungsphase neuer Technik durchaus eine große Handlungsmacht zu erlangen, die sie nach der Normalisierung dieser Technik aber auch wieder verlieren können. Zugleich tendieren Konsumgesellschaften dazu, mit Hilfe von Technik die Geschlechterdifferenz erneut zu fixieren, wie das Beispiel der zielgruppenorientierten Gestaltung technischer Verbrauchsgüter zeigt.

Es ist notwendig, diese Entwicklungen eingehender zu studieren. Dabei sollte es vor allem darum gehen, die Handlungspotenziale der Nutzer/innen und ihre Verankerung im Koordinatensystem der Zweigeschlechtlichkeit genauer zu analysieren im Hinblick auf das Ziel, eine partizipative und verantwortungsbewusste Technikentwicklung zu fördern, die für eine aktive Teilnahme aller direkt und indirekt involvierten Gruppen der Gesellschaft offen ist.

Literatur

Akrich, Madeleine (1992), »The De-Scription of Technical Objects«, in: Wiebe E. Bijker/John Law (Hg.), *Shaping Technology – Building Society. Studies in Sociotechnical Change*, Cambridge, MA, S. 205–224.
Baudrillard, Jean (1968), *Le système des objets*, Paris (dt.: *Das System der Dinge. Über unser Verhältnis zu den alltäglichen Gegenständen*, Frankfurt a.M./New York 1991).
Bauman, Zygmunt (1998), *Work, Consumerism and the New Poor*, London.

— (2004), »The Consumerist Syndrome in Contemporary Society. An Interview«, *Journal of Consumer Culture*, Jg. 4, H. 3, S. 291–312.
Bijker, Wiebe E./Bijsterveld, Karin (2000), »Women Walking through Plans: Technology, Democracy, and Gender Identity«, *Technology and Culture*, Jg. 41, H. 3, S. 485–515.
— /Hughes, Thomas Parke/Pinch, Trevor J. (Hg.) (1987), *The Social Construction of Technological Systems. New Directions in the Sociology and History of Technology*, Cambridge, MA.
Bourdieu, Pierre (1979), *La distinction. Critique sociale du jugement*, Paris (dt.: *Die feinen Unterschiede. Kritik der gesellschaftlichen Urteilskraft*, Frankfurt a.M. 1987).
Carlson, Bernard W. (1992), »Artifacts and Frames of Meaning: Thomas A. Edison, His Managers, and the Cultural Construction of Motion Pictures«, in: Wiebe E. Bijker/John Law (Hg.), *Shaping Technology – Building Society. Studies in Sociotechnical Change*, Cambridge, MA, S. 175–198.
Cowan, Ruth Schwartz (1989), »The Consumption Junction: A Proposal for Research Strategies in the Sociology of Technology«, in: Wiebe E. Bijker/Thomas P. Hughes/Trevor J. Pinch (Hg.), *The Social Construction of Technological Systems*, Cambridge, MA., S. 261–280.
Douglas, Mary/Isherwood, Baron C. (1979), *The World of Goods*, New York.
Freyer, Hans (1965), *Technik im technischen Zeitalter*, Düsseldorf.
Goldstein, Carolyn M. (1997), »From Service to Sales: Home Economics in Light and Power, 1920–1940«, *Technology and Culture*, Jg. 38, H. 1, S. 121–152.
Kline, Ronald R. (2000), *Consumers in the Country. Technology and Social Change in Rural America*, Baltimore.
Knott-Ter Meer, Ilse (1930), »Die Frau als Ingenieurin«, *VDI-Nachrichten*, S. 3–4.
Kromer, Emma (1931), »Wohnungsprobleme der Neuzeit«, in: Ada Schmidt-Beil (Hg.), *Die Kultur der Frau. Eine Lebenssymphonie der Frau des XX. Jahrhunderts*, Berlin, S. 496–499.
Lerman, Nina E./Palmer, Arwen Mohun/Oldenziel, Ruth (1997), »The Shoulders We Stand On and the View From Here: Historiography and Directions for Research«, *Technology and Culture*, Jg. 38, H. 1, S. 9–30.
Lüders, Marie-Elisabeth (1963), *Fürchte Dich nicht. Persönliches und Politisches aus mehr als 80 Jahren, 1878–1962*, Köln.
Oldenziel, Ruth/de la Bruhèze, Adri Albert (2007), »Theorizing the Mediation Junction«, in: dies. (Hg.), *Manufacturing Technology, Manufacturing Users*, Amsterdam, (im Erscheinen)
— /de la Bruhèze, Adri Albert/de Wit, Onno (2005), »Europe's Mediation Junction: Technology and Consumer Society in the 20th Century«, *History and Technology*, Jg. 21, H. 1, S. 107–139.
Oost, Ellen van (2003), »Materialized Gender: How Shavers Configure the Users' Feminity and Masculinity«, in: Nelly Oudshorn/Trevor Pinch (Hg.), *How Users Matter. The Co-Construction of Users and Technology*, Cambridge, MA, S. 193–208.

Orland, Barbara (Hg.) (1990), *Haushaltsträume: Ein Jahrhundert Technisierung und Rationalisierung im Haushalt,* Königstein.
Oudshorn, Nelly (2003), »Clinical Trials as a Cultural Niche in Which to Configure the Gender Identities of Users: The Case of Male Contraceptive Development«, in: Nelly Oudshorn/Trevor J. Pinch (Hg.), *How Users Matter. The Co-Construction of Users and Technology,* Cambridge, MA, S. 209–227.
Oudshorn, Nelly/Pinch, Trevor J. (Hg.) (2003), *How Users Matter. The Co-Construction of Users and Technology,* Cambridge, MA.
Parr, Joy (1997), »What Makes Washday Less Blue? Gender, Nation, and Technology Choice in Postwar Canada«, *Technology and Culture,* Jg. 38, H. 1, S. 153–186.
— (1999), *Domestic Goods. The Material, the Moral and the Economic in the Postwar Years,* Toronto/Buffalo.
— (2005), »Industrializing the Household. Ruth Schwartz Cowan's More Work for Mother«, *Technology and Culture,* Jg. 46, H. 3, S. 604–612.
Pinch, Trevor J./Bijker, Wiebe E. (1987), »The Social Construction of Facts and Artifacts: Or How the Sociology of Science and the Sociology of Technology Might Benefit Each Other«, in: Wiebe E. Bijker/Thomas P. Hughes/Trevor J. Pinch (Hg.), *The Social Construction of Technological Systems. New Directions in the Sociology and History of Technology,* Cambridge, MA., S. 17–50.
Pursell, Carroll W. (1999), »Domesticating Modernity: the Electrical Association for Women, 1924–86«, *British Journal for the History of Science,* Jg. 32, H. 1, S. 47–67.
Schelsky, Helmut (1961), *Der Mensch in der wissenschaftlichen Zivilisation,* Köln.
Schmidt, Dorothea/Zachmann, Karin (1995), »Der Ansatz der Geschlechtergeschichte in der Technikgeschichte oder: Warum die Technikgeschichte die Geschlechtergeschichte braucht«, *Blätter für Technikgeschichte,* Jg. 57/58, S. 87–97.
Sterne, Jonathan (2003), *The Audible Past. Cultural Origins of Sound Reproduction,* Durham.
Weber, Marianne (1919), »Die Beteiligung der Frau an der Wissenschaft (1904)«, in: dies. (Hg.), *Frauenfragen und Frauengedanken. Gesammelte Aufsätze,* Tübingen, S. 1–9.
Weingart, Peter (1988), »Differenzierung der Technik oder Entdifferenzierung der Kultur«, in: Bernward Joerges (Hg.), *Technik im Alltag,* Frankfurt a.M., S. 145–164.
Wengenroth, Ulrich (2001), »Vom Innovationssystem zur Innovationskultur. Perspektivwechsel in der Innovationsforschung«, in: Johannes Abele/Gerhard Barkleit/Thomas Hänseroth (Hg.), *Innovationskulturen und Fortschrittserwartungen im geteilten Deutschland,* Köln/Wien/Weimar, S. 23–32.
Wobbe, Theresa (2003), »Instabile Beziehungen. Die kulturelle Dynamik von Wissenschaft und Geschlecht«, in: dies. (Hg.), *Zwischen Vorderbühne und Hinterbühne. Beiträge zum Wandel der Geschlechterbeziehungen in der Wissenschaft vom 17. Jahrhundert bis zur Gegenwart,* Bielefeld, S. 13–38.

Woolgar, Stephen (1991), »Configuring the User. The Case of Usability Trials«, in: John Law (Hg.), *A Sociology of Monsters. Essays on Power, Technology, and Domination*, London/New York, S. 57–99.

Wosk, Julie (2005), *Designing for Women, Designing for Men*, Vortrag auf der Jahrestagung der Society for the History of Technology (SHOT), Minneapolis 4.11.2005, unveröff. Manuskript.

Zachmann, Karin (2002), »A Socialist Consumption Junction – Debating the Mechanization of Housework in East Germany, 1956–1957«, *Technology and Culture*, Jg. 43, H. 1, S. 73–99.

— (2004), *Mobilisierung der Frauen. Technik, Geschlecht und Kalter Krieg in der DDR*, Frankfurt a. M./New York.

— (2008), »Küchendebatten in Berlin? Die Küche als Kampfplatz im Kalten Krieg«, in: Michael Lemke (Hg.), *Berlin-Brandenburg im Kalten Krieg*, Weimar (im Erscheinen).

Technology as a Site of Feminist Politics

Judy Wajcman

Surveying the landscape of the politics of technology over the last few decades, it is hard not to agree with Sheila Jasanoff (2006: 758) that technology, »once seen as the preserve of dispassionate engineers committed to the unambiguous betterment of life, now has become a feverishly contested space in which human societies are waging bitter political battles over competing visions of the good and the authority to define it«. In the process, the conviction that advances in technology are synonymous with progress has come unstuck. The idea that artefacts embody power relations is no longer controversial.

Women's lives have also changed irrevocably during the second half of the twentieth century, rendering traditional sex roles increasingly untenable. The ground-breaking advances in information technology and biotechnology have occurred against this backdrop of dramatic changes in gender relations, and increased consciousness of the mutating character of the natural world. So profound are the current transformations in Western democracies that equality between the sexes has become taken for granted as a principle of modern life.

As a result, early concerns about women being left out of the digital revolution now seem outdated. A proliferation of mobile phones, the Internet, and cyber cafes is providing new opportunities and outlets for women, particularly those in highly industrialised countries, who are better placed to take advantage of these technologies. While the early adopters of information and communication technologies (ICTs) were predominantly men, in recent years gender differences in access have narrowed. For example, while male ownership of mobile telephony is still higher across Western Europe, the gaps are not very wide, and in the United States women now slightly exceed men in mobile phone ownership (Castells et al. 2007: 41–44). Certainly in wealthier countries, where diffusion levels are high, the gender gap is disappearing. This has led many commentators to assert that patterns of technology adoption and usage will ultimately show no disparity between the sexes (Brynin 2006). Previous stereotypes about women's technophobia no longer resonate.

So is technology still an important site of feminist politics? Has digitalisation finally severed the link between technology and male privilege, indeed, have technologies undergone a sex change? Feminist theories of gender and technology have come a long way over the last two decades, bridging the often polarised debate over whether technologies reproduce patriarchy or liberate women. Much of this scholarship has developed in tandem with the burgeoning field of science and technology studies (STS).[1] The resulting literature is generally more critical of technoscience while at the same time aware of its potential to open up new gender dynamics. Current approaches focus on the mutual shaping of gender and technology, where neither gender nor technology is taken to be pre-existing, nor is the relationship between them immutable. Such a co-construction approach provides a compelling critique of technological determinism, emphasising that feminist politics and not technology *per se* is the key to gender equality. It also foregrounds the need for a gender analysis to go beyond posing the issue as one of equal access to include the politics of design and innovation.

Surveying the feminist landscape

To put these issues in context, let us begin by reviewing the various approaches that have been taken to conceptualising the link between gender and technology. In turning to this task, I should emphasise that feminist discussions have always taken diverse and overlapping forms. While standard histories of feminist thought during the 1960s, 1970s and 1980s tend to present liberal feminism, radical feminism and socialist feminism as distinct perspectives, in reality there were always interconnections and they certainly did not develop as independent strands or in a simple chronological order. For our purposes here, I present the different streams rather schematically in order to highlight their contrasting perspectives.

Much early second-wave feminist writing on gender and technology adopted a pessimistic tone, focusing on the extent and intransigence of

---

1 For an introduction to STS, see Hackett et al. (2008).

women's marginalisation from scientific and technical institutions and professions.[2] Many national and international studies identified the structural barriers to women's participation, looking at sex discrimination in employment and the kind of socialisation and education that girls receive which have channelled them away from studying mathematics and science (Harding 1996; Keller 1985; Rossiter 1982). Broadly speaking, liberal feminists regarded women's lives as distorted by gender stereotypes and customary expectations, which needed to be combated by legislation and by programmes and initiatives to help women to gain equal access to education and employment in science and technology. If girls were given the right opportunities and encouragement they could easily become scientists and engineers. The gender deficit was seen as a problem that could be overcome by a combination of different socialisation processes and equal opportunity policies. Rather than questioning technoscience itself, liberal feminism of the 1970s and 1980s framed the problem in terms of the uses and abuses to which the fundamentally (gender) neutral field of science and technology has been put by men.

By contrast, socialist and radical feminists began to analyse the gendered nature of technoscientific knowledge and culture, putting the spotlight on artefacts themselves. The social factors that shape different technologies came under scrutiny, especially the way technology reflects gender divisions and inequalities. The problem was not only men's monopoly of technology, but also the way gender is embedded in technology itself. In other words, feminist analyses of technology were shifting beyond the approach of ›women and technology‹ to examine the very processes whereby technology is developed and used, as well as those whereby gender is constituted. This approach took two broad directions: one influenced by radical feminism, the other identified with socialist feminism.

For radical feminism, women and men are fundamentally different and women's power, women's culture, and women's pleasure are regarded as having been systematically controlled and dominated by men, operating through patriarchal institutions like medicine and militarism. Western technology, like science, is deeply implicated in this masculine project of the domination and control of women and nature. This approach has been particularly influential in relation to the technologies of human biological reproduction (Corea et al. 1985; Spallone and Steinberg 1987). It is fuelled

---

2 For an extensive overview of these early debates, see Wajcman (1991).

by the perception that the processes of pregnancy and childbirth were directed and controlled by ever more sophisticated and intrusive technologies. Radical feminists' strong opposition to the development of the new reproductive technologies such as in-vitro fertilisation during the 1980s reflected fears of patriarchal exploitation of women's bodies. There was a call for new technology to be based on female rather than male values.

These approaches took the debate about gender and technology beyond the use/abuse model, focusing on the political qualities of technology. Where liberal feminism saw power in terms of relations between individual people, radical feminism emphasised the way in which gender power relations were embedded more deeply within technoscience. They were also a forceful assertion of women's interests and needs as being different from men's and highlighted the way in which women are not always well served by current technologies. However, in representing women as inherently nurturing and pacifist, they also perpetuated a tendency to gender essentialism. The historical and cultural specificity of our modern understanding of women as being radically other than men was overlooked. Too often the result was a pessimistic portrayal of women as uniformly victims of patriarchal technoscience.

Socialist feminists rejected the essentialism of radical feminism and instead revealed how the capitalist division of labour intersected with sexual divisions. Influenced by Marxist analyses of technological change resulting from class conflict, feminist researchers concentrated on the machinery of production. A crucial historical perspective was brought to bear on the analysis of men's monopoly of technology. Extensive research on manufacturing and engineering demonstrated that women's exclusion from technology was a consequence of the male domination of skilled trades that developed during the industrial revolution (Bradley 1989; Cockburn 1983; Milkman 1987).

Socialist feminist frameworks, then, saw masculinity as embedded in the machinery itself, highlighting the role of technology as a key source of male power (Cockburn 1985; McNeil 1987; Wajcman 1991; Webster 1989). Instead of treating artefacts as neutral or value-free, social relations (including gender relations) are materialised in tools and techniques. Technology was seen as socially shaped, but shaped by men to the exclusion of women. While this literature did reflect an understanding of the historical variability and plurality of the categories of ›women‹ and ›technology‹, it was nevertheless pessimistic about the possibilities of redesigning technologies for gender equality. The proclivity of technological developments to entrench gender hierarchies was emphasised rather than the prospects they afford for change. In short, not enough attention was paid to women's agency. And it is precisely this rather negative register that provoked a reaction from a new generation of feminist scholars.

Moreover, by the late 1980s second-wave feminism had transformed itself in response to sustained critique from black feminism, queer theory, postmodernism and postcolonial theory. A number of writers now refer to *postfeminism* or third-wave feminism to mark both an epistemological break, and to denote the period after the height of second-wave feminism (Gill 2007: 250f.). It marks a shift away from a focus on equality to a focus on debates about differences between women, stressing that gender is connected to other axes of power such as race, colonialism, sexuality, disability and class. Rather than thinking of feminism, we need to think of feminisms as multiple and dynamic, and in the process of ongoing transformation.

Gender-free in cyberspace?

Contemporary feminist commentary has been much more positive about the possibilities of ICTs to empower women and transform gender relations (Green and Adam 1999; Kemp and Squires 1998; Kirkup et al. 2000). In particular, the cyberfeminist discourse that emerged in the 1990s distanced itself from the pessimism of earlier feminist visions of technology as inherently masculine. Instead, these writers celebrate the possibilities of ICTs to empower women and transform gender relations. Influenced by postmodern feminisms, cyberfeminism emphasises women's subjectivity and agency, and the pleasures immanent in new digital technologies. The Internet in particular is seen as providing the technological basis for a culture of unlimited freedom and a multiplicity of innovative subjectivities.

A common argument in this literature is that the virtuality of cyberspace and the Internet spelt the end of the embodied basis for sex difference (Millar 1998; Plant 1998). According to Sadie Plant (1998), for example, digital technologies facilitate the blurring of boundaries between humans and machines, and between male and female, enabling their users to choose their disguises and assume alternative identities. Industrial technology may have had a patriarchal character, but digital technologies, based on brain rather than brawn, on networks rather than hierarchy, herald a new relationship between women and machines. Writers such as Plant are interested in revalorising the feminine, bringing woman's radical alterity, her difference, into being. For them, the Internet and cyberspace are seen as feminine media, providing the technological basis for a new form of society that is potentially liberating for women. According to this view, women, rather than men, are uniquely suited to life in the digital age.

The idea that the Internet can transform conventional gender roles, altering the relationship between the body and the self via a machine, is a popular theme in postfeminism. The message is that young women in particular are colonising cyberspace where, like gravity, gender inequality is suspended. In cyberspace, all physical, bodily cues are removed from communication. As a result, our interactions are fundamentally different because they are not subject to judgements based on sex, age, race, voice, accent or appearance, but are based only on textual exchanges. The Internet now enables millions of people to live a significant segment of their lives in virtual reality. Moreover, it is in this computer-mediated world that people experience a new sense of self that is decentred, multiple and fluid (Turkle 1995). ICTs provide a new site of transgender politics, enabling women and men to escape from bodily gender definitions and to construct new gender identities, or even genderless identities.

The most influential feminist commentator writing in this vein is Donna Haraway (1985; 1997). She too argues that we should embrace the positive potential of technoscience, and is sharply critical of those who reject technology. Famously, she prefers to be a ›cyborg‹ – a hybrid of organism and machine parts – rather than an ecofeminist ›goddess‹. She notes the great power of science and technology to create new meanings and new entities, to make new worlds. She positively revels in the very difficulty of predicting what technology's effects will be and warns against any purist rejection of the ›unnatural‹, hybrid entities produced by biotechnology. Genetic engineering, reproductive technology and the advent of virtual reality are all seen as fundamentally affecting the basic categories of ›self‹ and ›gender‹.

For Haraway, technoscience is a cultural activity that invents nature and constructs the nature-culture axis as a classificatory process. This has been the key mechanism for constituting what women are. For feminists then, the collapse of these oppressive binaries – nature/society, animal/man, human/machine, subject/object, machine/organism, metaphor/materiality – is liberating. With the advent of cyber-technology, women gain the power to transcend the biological body and redefine themselves outside the historical categories of woman, other, object. The laws of nature and biology, as the basis for gender difference and inequality, have finally lost their authority. The cyborg creature – a human-machine amalgam – fundamentally redefines what it is to be human and thus can potentially exist in a world without gender categories. For Haraway, rupturing the ontological divide between living organisms and dead artefacts necessarily challenges gender dualisms.

Haraway's treatment of femininity and masculinity, and nature and culture, as inherently relational, highly contextualised concepts echoes the way gender has come to be theorised over the past two decades. It also reflects the increasing preoccupation in social science with the body, sexuality and the role of biomedical technologies – technologies for the body. In studies of childbirth and contraception, in-vitro fertilisation, cosmetic surgery and genetic engineering, feminists have argued that there is no such thing as the natural, physiological body. One consequence of this work is that the conventional distinction between sex (natural) and gender (social) has been thoroughly contested and deconstructed. Technologies, like science, are now seen as contributing to the stabilisation of meanings of the body. With the rise of modern science, bodies have become objects that can be transformed with an increasing number of tools and techniques. Modern bodies are made and remade through science and technology; they too are technological artefacts (Clarke 1998). The cyborg metaphor has been widely adopted within feminist studies to capture this idea: that sexed bodies and gendered identities are co-produced with technoscience.

Contemporary feminist scholarship has stimulated important insights into the gender relations of technology, and is a refreshing antidote to the technophobia that characterised much earlier feminist thought. In looking forward to what ICTs and biotechnologies may make possible, these writers elaborate a new feminist ›imaginary‹ different from the ›material reality‹ of the existing technological order. Haraway's ground-breaking work has been particularly influential among feminist technoscience scholars and she epitomises the challenge to second-wave feminism's tendency to portray women as victims. Instead, women's agency and capacity for empowerment are stressed.

Developments in informatics, biotechnologies and new media do call for some radical rethinking of both the processes of technological innovation and their impact on the culture and practices of everyday life. However, there is a risk that too sharp a divide is being made between cutting-edge technologies and existing technologies. This in turn reflects a tendency in postmodern writing on gender and technology to fetishise the new. Such a discourse of radical discontinuity, whether by cyber-gurus or cyber-feminists, has echoes of technological determinism. Technology itself is seen as liberating women, as if these new technologies are an autonomous, gender-neutral force reconfiguring social relations. Digital technologies, like older technologies, are malleable and contain contradictory possibilities, but they also reveal continuities of power and exclusion, albeit in new forms.

Feminist technoscience

What then would be an alternative approach to understanding the relationship between gender and technology? As Haraway and others have emphasised, the issue is no longer whether to accept or oppose technoscience, but rather how to engage strategically with technoscience while at the same time being its chief critic.

Over the last two decades, feminist writing within the field of science and technology studies has theorised the relationship between gender and technology as one of mutual shaping. A shared idea in this tradition is that technological innovation is itself shaped by the social circumstances within which it takes place. Crucially, the notion that technology is simply the product of rational technical imperatives has been dislodged. Objects and artefacts are no longer seen as separate from society, but as part of the social fabric that holds society together; they are never merely technical or social. Rather, the broad social shaping or constructivist approach treats technology as a socio-technical product – a »seamless web« (Hughes 1986) or network combining artefacts, people, organisations, cultural meanings and knowledge (Bijker et al. 1987; Law and Hassard 1999; MacKenzie and Wajcman 1999). It follows that technological change is a contingent and heterogeneous process in which technology and society are mutually constituted.

A central theme in the now diverse field of feminist STS is an examination of the effects of gender power relations on design and innovation. Empirical studies demonstrate how the marginalisation of women from the technological community profoundly influences the design, technical content and use of artefacts (Lie 2003; Lerman et al. 2003; Oudshoorn 1994;

2003). My own technofeminist approach, in common with European scholarship, conceives of technology as both a source and consequence of gender relations (Berg 1996; Faulkner 2001; Oudshoorn et al. 2004; Wajcman 2004). In other words, gender relations can be thought of as materialised in technology, and gendered identities and discourses co-evolve with technologies. It is precisely this intricate interweaving of artefacts, culture and gendered identities in technoscientific practice that helps to explain why this link has proved so durable.

Let us consider the historical development of the typewriter. Here is a machine (the typewriter), an occupation (the typist), and typing (a skill), all signified as feminine. A deterministic account sees the typewriter as having caused the feminisation of office work, thereby rendering this gendering as entirely self-evident. However, as Delphine Gardey's (2006) research shows, the story is more complex as women, who were not meant to work, came to occupy posts hitherto regarded as exclusively male. How then did this dramatic gender inversion take place, and come to be seen as the natural order of things? The answer lies in two concurrent and inter-related processes that were taking place as the typewriter was introduced: the gendering of the typewriter as an object and the construction of the practice of typing as feminine. Indeed, in examining the early discourse about the typewriter it is difficult to separate descriptions of the machine from those of its imagined and embodied users. The typewriter was gendered right from its initial design in the 1870s, with the original models resembling a sewing machine. Its domestic nature was reinforced by the piano-style keyboard, making the machine suitable for young middle-class women. These associations, presented in a technological guise, lent credibility to the idea that the typewriter was a feminine tool. At the same time, a number of discourses about a new femininity helped to construct the profession of typing as female, and the typewriter as a woman's machine. This historical case study illustrates the process whereby an emerging technology and a new social order between the sexes are reciprocally shaped.

A contemporary example of the gendered politics of technoscience can be found in the project of engineering the human-like machine, in the form of artificial intelligence, robotics, and ›software agents‹. These projects are particularly illuminating because of their cultural assumptions about what it means to be human. Although such research increasingly acknowledges the importance of the body in human cognition and behaviour, Lucy Suchman (2007) argues that the exigencies of design limit researchers to standard assumptions about intelligence as a universal form of rational, disembodied, problem solving practice. For instance, researchers at the University of Texas in Dallas have created a robot with a human face, K-Bot, to facilitate interaction between humans and socially intelligent machines. Unlike Andy, the first prototype, K-Bot has a female face, perhaps indicating that women are associated with emotional intelligence. Nonetheless, the ›emotions‹ that K-Bot can express – from sneering and frowning to smiling – are part of a repertoire of human communication that is highly gendered in terms of its use in social settings, including its use in hierarchy and dominance.

The fact that K-Bot is represented as female thus reflects the fantasy of systems designers, in a service economy predicated on female labour, who dream of being relieved of the mundane work involved in servicing themselves. Such visions of humanoid robots, in turn, encourage particular kinds of applications. With nursing homes experiencing labour shortages and with the over-65 population projected to balloon, Japanese and American scientists are experimenting with sentient-seeming robots that can provide a low-maintenance means of providing care for the elderly. However, as Sherry Turkle (see MacDonald 2006) remarks, such attempts to improve the emotional well-being of aged people are based on a fundamental deception: ›Would you like to be talking to something that really doesn't understand you?‹ The elderly are vulnerable to forming attachments with machines that seem to express emotions and substitute for much-needed human interaction.

Intent then on capturing the mutual constitution of gender and technoscience, feminist research has necessarily been at the forefront of moves to deconstruct the designer/user divide, emphasising the connectedness of all phases of technological development (Cockburn and Ormrod 1993). This is an important move, as standard STS case studies focus on the groups or networks that actively seek to influence the direction of technological developments. Women's systematic absence from these sites of observable conflict is not often understood to indicate the mobilisation of gender interests. For feminists, women's absence from particular socio-techncial networks is as telling as the presence of other actors, and even a condition of that presence. This points to the need to examine the ways in which the gendering of technology affects the entire life trajectory of an artefact. Integrating detailed studies of design, manufacture, marketing, purchase, and consumption allows a range of social and cultural factors, including gender, to become apparent. For this reason, technofeminist approaches stress that gendering involves several dimensions, such as material, discursive and social elements.

In this way, both STS and gender studies have moved in parallel from essentialist and technological determinist theories to constructivist theories. In the case of gender, contemporary feminist theory stresses that gender is not fixed in advance of social interaction, but is constructed in interaction. The concept of gender is now understood as a performance or social achievement. It is the product of a moving relational process, emerging from collective and individual acts of interpretation. This notion of gender as a verb fits well with the action-oriented emphasis in current STS. Terms like ›interpretative flexibility‹ and ›domestication‹ capture the idea that the particular affordances of a technology are not given and predictable (Pinch and Bijker 1987; Haddon 2004). The interpretation, reading and making sense of technologies are constant features of everyday life. In other words, the social meanings of technology are contingently stabilised and contestable.

It follows that feminist theorists are now much more aware that the relationship between gender and technology is not immutably fixed. Artefacts are socio-technical or socio-material configurations that exhibit different degrees of determination and contingency at different moments in their relationship. The same devices can have contradictory effects on women and have different meanings for different groups of women. While the design process is decisive, technologies also yield unintended consequences and unanticipated possibilities. The capacity of women users to produce new, advantageous readings of artefacts is dependent on their broader economic and social circumstances. For example, a young woman in the West experiences her silver cell phone as a liberating extension of her body. For her mother, it may primarily be a tool to keep track of her daughter. For women working as traders in Bangladesh, the mobile phone provides the means to run businesses selling communication services to other women. There is enormous variability in gendering by place, nationality, class, race, ethnicity, sexuality, and generation and thus women's experience of technological artefacts will be diverse.

With the recent development of postcolonial technoscience, the global dynamics in and around science and technology come to the fore (Anderson 2002; McNeil 2005). This literature highlights the fact that STS studies, including feminist contributions, have often lacked or marginalised global perspectives. The focus of the field has been predominantly Eurocentric and North American. By challenging the universalism of Western science and technology, this literature serves as a reminder of the wider context and conditions of living in the South. In doing so, it also reveals the social relations of production that underpin consumption of ICTs. To continue with the example above, as material objects mobile phones are mass-produced in factories. Like other electronic devices, such as laptops, they require the scarce mineral coltan, the delivery of which feeds into military conflicts in Central Africa and thus has very specific consequences for women. Feminist frameworks are increasingly attuned to these relations of production and consumption, and their implications for global inequalities.

Conclusion

The central premise of feminist technoscience is that people and artefacts co-evolve: the materiality of technology affords or inhibits the doing of particular gender power relations. In other words, women's identities, needs and priorities are configured together with the making of technologies. Crucially, such a perspective redefines the problem of the exclusion of groups of people from technical domains and activities. Whereas policy makers and researchers explain the problem in terms of the deficiency of users, such as women, technofeminism exposes how the concrete practices of design and innovation lead to the absence of specific users.

This is a particularly opportune moment to expose such absence as, for all the hyperbole about the information/network society, women are still not fully integrated into its design. Even in 2007 in Australia, a young country that prides itself on both innovation and equal opportunity, women account for less than 18 per cent of all employees in the information and communication technology sector. This illustrates that access to the Internet and mobile phone does not automatically transform every consumer into an active producer, and every worker into a creative subject. The potential for empowerment offered by digital technologies will largely be realised by those groups with technical knowledge who understand the workings of the machine. Acquisition of this know-how will become ever more critical, and gender imbalance in technical expertise ever more telling.

Moreover, there is increasing recognition that the development of effective technologies requires detailed knowledge of the sites and practices in and through which they will literally be made to work (Suchman 2007). While it is impossible to specify in advance the desirable design characteristics of artefacts and information systems that would guarantee more inclusiveness, it is imperative that women are involved throughout the processes and practices of shaping technological innovation. This may not necessarily result in technologies that are friendly to both women and men, as women programmers for example may adopt a specific ›gender script‹, but it is a starting point. Drawing more women into design – the configuration of artefacts – is not only an equal employment opportunity issue, but is also crucially about how the world we live in is designed, and for whom.

Technoscience itself is much more complex and multifaceted than the artefacts that preoccupied earlier generations of feminist scholars. We therefore require more nuanced research that captures its increasingly intricate intertwining with gender as an ongoing process of mutual shaping over time and across multiple sites. We live in a technological culture, a society that is constituted by science and technology, and so the politics of technology is integral to a more just distribution of power in gender relations.

References

Anderson, Warwick H. (2002), »Introduction: Postcolonial Technoscience«, *Social Studies of Science*, vol. 32, no. 5–6, pp. 643–658.
Berg, Ann Jorunn (1996), *Digital Feminism*, Norwegian University of Science and Technology, Trondheim.
Bijker, Wiebe/Hughes, Thomas/Pinch, Trevor (eds.) (1987), *The Social Construction of Technological Systems*, Cambridge, MA: MIT Press.
Bradley, Harriet (1989), *Men's Work, Women's Work*, Cambridge: Polity Press.
Brynin, Malcolm (2006), »The Neutered Computer«, in: Robert Kraut/Malcolm Brynin/Sara Kiesler (eds.), *Computers, Phones, and the Internet*, Oxford: OUP.
Castells, Manuel/Fernandez-Ardevol, M Mireia/Qui, Jack Linchuan/Sey, Araba (2007), *Mobile Communication and Society: A Global Perspective*, Cambridge, MA: MIT Press.
Clarke, Adele (1998), *Disciplining Reproduction: Modernity, American Life Sciences, and ›the Problems of Sex‹*, Berkeley: University of California Press.
Cockburn, Cynthia (1983), *Brothers: Male Dominance and Technological Change*, London: Pluto Press.
— (1985), *Machinery of Dominance: Women, Men and Technical Know-How*, London: Pluto Press.
— and Ormrod, Susan (1993), *Gender and Technology in the Making*, London: Sage.

Corea, Gena/Duelli Klein, Renate/Hanmer, Jalna et al. (1985), *Man-Made Women: How New Reproductive Technologies Affect Women*, London: Hutchinson.

Faulkner, Wendy (2001), »The Technology Question in Feminism: A View From Feminist Technology Studies«, *Women's Studies International Forum*, vol. 24, no. 1, pp. 79–95.

Gardey, Delphine (2006), »Culture of Gender, and Culture of Technology: The Gendering of Things in France's Office Spaces between 1890 and 1930«, in: Helga Nowotny (ed.), *Cultures of Technology and the Quest for Innovation*, New York: Berghahn.

Gill, Rosalind (2007), *Gender and the Media*, Cambridge: Polity Press.

Green, Eileen/Adam, Alison (1999), »Editorial Comment«, *Information, Communication & Society*, vol. 2, no. 4, pp. v-vii.

Haddon, Leslie (2004), *Information and Communication Technologies in Everyday Life*, Oxford: Berg.

Hackett, Edward/Amsterdamska, Olga/Lynch, Michael/Wajcman, Judy (eds.) (2008), *The Handbook of Science and Technology Studies*, 3rd edition, Cambridge, MA: MIT Press.

Haraway, Donna (1985), »A Manifesto for Cyborgs: Science, Technology, and Socialist Feminism in the 1980's«, *Socialist Review*, vol. 80, pp. 65–108.

— (1997), *Modest_Witness@Second_Millennium. FemaleMan©_Meets_Oncomouse™*, New York: Routledge.

Harding, Sandra (1996), *The Science Question in Feminism*, New York: Cornell University Press.

Hughes, Thomas (1986), »The Seamless Web: Technology, Science, etcetera, etcetera.«, *Social Studies of Science*, vol. 16, pp. 281–292.

Jasanoff, Sheila (2006), »Technology as a Site and Object of Politics«, in: Robert Goodin/Charles Tilly (eds.), *The Oxford Handbook of Contextual Political Analysis*, Oxford: OUP, pp. 745–763.

Keller, Evelyn Fox (1985), *Reflections on Gender and Science*, New Haven: Yale University Press.

Kemp, Sandra/Squires, Judith (eds.) (1998), *Feminisms: An Oxford Reader*, Oxford: OUP.

Kirkup, Gill/Janes, Lindy/Woodward, Kathryn/Hovenden, Fiona (2000), *The Gendered Cyborg: A Reader*, London: Routledge.

Law, John/Hassard, John (eds.) (1999), *Actor-Network Theory and After*, Oxford: Blackwell.

Lerman, Nina E./Oldenziel, Ruth/Mohun, Arwen P. (eds.) (2003), *Gender and Technology: A Reader*, Baltimore: Johns Hopkins University Press.

Lie, Merete (ed.) (2003), *He, She and IT Revisited: New Perspectives on Gender in the Information Society*, Oslo: Gyldendal Akademisk.

MacDonald, G. Jeffrey (2006), »Elders Finding Love in a Household Machine. Seemingly Sentient Robots Can Fill Void, Researchers Say«, *The Boston Globe* (3.4.2006).

MacKenzie, Donald/Wajcman, Judy (1999), *The Social Shaping of Technology: Second edition*, Milton Keynes: Open University Press.
McNeil, Maureen (ed.) (1987), *Gender and Expertise*, London: Free Association Books.
— (2005), »Introduction: Postcolonial Technoscience«, *Science as Culture*, vol. 14, no. 2, pp. 105–112.
Milkman, Ruth (1987), *Gender at Work: The Dynamics of Job Segregation during World War II*, Urbana: University of Illinois Press.
Millar, Melanie Steward (1998), *Cracking the Gender Code: Who Rules the Wired World?*, Toronto: Second Story Press.
Oudshoorn, Nelly (1994), *Beyond the Natural Body: An Archaeology of Sex Hormones*, London: Routledge.
— (2003), *The Male Pill: A Biography of a Technology in the Making*, Durham: Duke University Press.
— /Rommes, Els/Stienstra, Marcelle (2004), »Configuring the User as Everybody: Gender and Cultures of Design in Information and Communication Technologies«, *Science, Technology & Human Values*, vol. 29, no. 1, pp. 30–64.
Pinch, Trevor/Bijker, Wiebe (1987), »The Social Construction of Facts and Artifacts: Or How the Sociology of Science and the Sociology of Technology Might Benefit Each Other«, in: Wiebe Bijker/Thomas P. Hughes/Trevor Pinch (eds.), *The Social Construction of Technological Systems*, Cambridge, MA: MIT Press, pp. 17–50.
Plant, Sadie (1998), *Zeros and Ones: Digital Women + the New Technoculture*, London: Fourth Estate.
Rossiter, Margaret (1982), *Women Scientists in America*, Baltimore: Johns Hopkins University Press.
Spallone, Patricia/Steinberg, Deborah Lynn (eds.) (1987), *Made to Order: The Myth of Reproductive and Genetic Engineering*, Oxford: Pergamon Press.
Suchman, Lucy (2007), *Human-Machine Reconfigurations. Plans and Situated Actions*, 2nd edition, Cambridge: Cambridge University Press.
Turkle, Sherry (1995), *Life on the Screen. Identity in the Age of the Internet*, New York: Simon and Schuster.
Wajcman, Judy (1991), *Feminism Confronts Technology*, Polity Press, Cambridge. [German: *Technik und Geschlecht. Die feministische Technikdebatte*, Frankfurt a.M.: Campus Verlag 1994].
— (2004), *TechnoFeminism*, Cambridge: Polity Press.
Webster, Juliet (1989), *Office Automation: The Labour Process and Women's Work in Britain*, Hemel Hempstead: Wheatsheaf.

Populäre Medien als »Technologien des Geschlechts«

Karin Esders

Populäre Medien – wie Literatur, Kino, Radio, Fernsehen oder Internet – waren und sind ein zentraler Gegenstand feministischer Debatten. Konfrontiert mit Bildern, Erzählungen und Repräsentationen von Geschlechterrollen und Geschlechterverhältnissen haben sich engagierte Autorinnen immer wieder kritisch mit Medientexten auseinandergesetzt.[1] Vereinfachend lassen sich dabei zwei theoretische Positionen unterscheiden: Auf der einen Seite stehen jene Ansätze, die sich im Rahmen binärer Differenzen bewegen; auf der anderen Seite werden essentialisierende Binarismen energisch in Frage und auf den Kopf gestellt.[2] Das Denken in binären Oppositionen (Mann/Frau, oben/unten etc.) ist nicht nur tief im Alltagsverständnis verankert, sondern bestimmt maßgeblich auch die feministischen Film- und Medientheorien der 1960er, 1970er und 1980er Jahre. Letztere haben vor allem stereotype Frauendarstellungen angeprangert und realistischere Entwürfe gefordert, womit zugleich eine klare Grenze zwischen Repräsentation und Wirklichkeit, zwischen angemessenen und unangemessenen Frauenbildern gezogen wird.[3] Auch die Argumentation, dass die medial verzerrten Geschlechterklischees das Selbstbild der Rezipientinnen und Rezipienten negativ beeinflussen, nimmt eine klare dualistische Abgrenzung zwischen dem ›inneren‹ Selbst und den von ›außen‹ einwirkenden Medientexten vor und beharrt damit auf einer analytischen Zweiteilung. In ähnlicher Weise wird mit den psychoanalytisch orientierten Blicktheorien

---

1 Die Zahl der entsprechenden Publikationen ist immens. Zusammenfassende Überblicke über die vielfältigen Entwicklungen der feministischen Medienkritik und -theorie geben u.a. van Zoonen 1994; Angerer 1999; Esders 2006; Gill 2007.
2 Mir ist klar, dass ich mit dieser Zweiteilung selbst eine Opposition zwischen binaristischen und dekonstruktivistischen Ansätzen einsetze; eine Zweiteilung, die sich keineswegs sauber durchhalten lässt, wie sich im Folgenden zeigen wird.
3 Unter dem Thema ›Images of women‹ arbeiteten insbesondere in den 1970er Jahren Literatur- und Filmwissenschaftlerinnen die sexistischen Darstellungen von Frauen heraus und forderten angemessenere Weiblichkeitsbilder (vgl. Hof 1995).

(*gaze theories*) eine entschiedene Differenz zwischen Sehen und Angesehenwerden, zwischen männlichem Blick und weiblichem Blickobjekt behauptet.[4] Als ein weiteres Beispiel für diese Tendenz mag das rezeptionstheoretische Modell dienen, das Abercrombie und Longhurst als »incorporation/ resistance paradigm« (1998: 15ff.) bezeichnen, und das davon ausgeht, dass Rezipientinnen und Rezipienten den vergeschlechtlichenden Einschreibungen eines Medientextes entweder naiv folgen oder sich ihnen subversiv entgegenstellen könnten.

Dieses Denken in Entweder-Oder-Kategorien wurde zunehmend zu einer Beschränkung für feministische Analysen; und nicht zuletzt im Zuge postkolonialer und dekonstruktivistischer Interventionen werden solche dualistischen Theoriemodelle selbst als ideologieträchtige Grenzziehungen kritisiert, die das Wahre vom Falschen, das Dazugehörige vom Fremden, das Zentrale vom Marginalen trennen und dabei eigene Hierarchien und Ausschlüsse erzeugen.[5] Für feministische Medienanalysen stellt sich somit immer wieder die Frage, wie Medientexte jenseits eines binären Denkens untersucht werden können und wie ihre subjektivierenden und vergeschlechtlichenden Wirkungsweisen adäquat beschrieben werden können. In ihrem einflussreichen Aufsatz »The Technology of Gender« (1987) hat Teresa de Lauretis ein Modell auf den Prüfstand geschickt, mit dem diese Untersuchungsfragen möglicherweise produktiv angegangen werden können. Sie schlägt vor,

»*gender* im Sinne von Michel Foucaults Sexualitätstheorie als ›Technologie des Sexes‹ zu verstehen und damit nahezulegen, daß das Geschlecht sowohl als Repräsentation wie als Selbstrepräsentation, ebenfalls ein Produkt verschiedener sozialer Technologien wie Kino und institutionalisierter Diskurse, Erkenntnistheorien, kritischer Praxisformen und auch von Alltagspraxis ist« (de Lauretis 1996: 59).[6]

---

4 Hier ist vor allem Laura Mulveys Aufsatz »Visual Pleasure and Narrative Cinema« (1975) zu nennen, der im Laufe dieses Aufsatzes noch eingehender behandelt wird.
5 Es waren vor allem die Stimmen der ›Ausgeschlossenen‹, die dieses binäre feministische Modell in Frage stellten. Schwarze Frauen, *women of colour*, nicht-weiße Frauen, lesbische Frauen, Frauen mit Behinderung etc., die aus den Theoretisierungen und Analysen des weißen Mittelklasse-Feminismus herausfielen. Vgl. hooks (1994); Pajaczkowska/ Young (2000); Dines/Humez (1995); Gaines (1988). Bei der Dekonstruktion binärer Oppositionen ist natürlich auch Judith Butler (1991; 2001; 2003) von herausragender Bedeutung und bietet wichtige theoretische Bezüge für meine folgenden Überlegungen.
6 Alle folgenden Angaben aus de Lauretis' Text beziehen sich auf die 1996 von Elvira Scheich herausgegebene deutsche Übersetzung.

De Lauretis' Anregung, Geschlecht als Produkt verschiedener ›Technologien‹ zu betrachten, um Geschlecht von seinen scheinbar unproblematischen anatomischen oder biologischen Begründungszusammenhängen zu lösen, eröffnet möglicherweise einen praktikablen Weg, die problematisch gewordenen Binarismen des Alltagsdenkens ebenso wie der frühen feministischen Theorieansätze aufzubrechen und damit zu überzeugenderen Analysen zu kommen. Im Folgenden möchte ich daher prüfen, ob mit dem Technologiebegriff ein angemessenes Instrumentarium entwickelt werden kann, um vergeschlechtlichende Subjektivierungsweisen und ihre Identitätszwänge auch im Hinblick auf die Rezeption von Medientexten zu analysieren. Dabei geht es mir nicht zuletzt um die Klärung der Frage, inwieweit populäre Medien als Technologien des Geschlechts respektive des Selbst verstanden werden können, die sowohl eine vertiefte Unterwerfung unter machtvolle Kräfteverhältnisse mit sich bringen, als auch Formen der produktiven Selbstermächtigung und vielleicht sogar widerständige Überschreitungen ermöglichen.

Ausgangspunkt meiner Überlegungen ist Michel Foucaults Aufsatz »Technologien des Selbst« (1993), in dem er verschiedene Typen von Technologien erläutert, die ich auf Fragen des Geschlechts und auf mediale Inszenierungen beziehen möchte. Anhand einiger Beispiele aus populären Medien werde ich auf feministische Autorinnen rekurrieren, die Foucaults Technologie- und Subjektbegriffe aufgegriffen und medien- und geschlechterkritisch weitergeführt haben. Dabei werden aber auch die Fallstricke und Schwierigkeiten deutlich zu machen sein, die sich in bisherigen Analysen ergeben haben. Diese erwachsen möglicherweise aus dem Problem binärer Teilungspraxen, die sich auch in dekonstruktivistischen Arbeiten nicht ohne weiteres ausschalten lassen.

Technologien der Produktion und mediale Produkte

In seinen *posthum* erschienenen Ausformulierungen eines im Herbst 1982 an der *University of Vermont* gehaltenen Seminars unterscheidet Foucault vier Typen von Technologien, die jeweils eine Matrix praktischer Vernunft bildeten:

»1. Technologien der Produktion, die es uns ermöglichen, Dinge zu produzieren, zu verändern oder auf sonstige Weise zu manipulieren; 2. Technologien von Zeichensystemen, die es uns gestatten, mit Zeichen, Bedeutungen, Symbolen oder Sinn umzugehen; 3. Technologien der Macht, die das Verhalten von Individuen prägen und sie bestimmten Zwecken oder einer Herrschaft unterwerfen, die das Subjekt zum Objekt machen; 4. Technologien des Selbst, die es dem Einzelnen ermöglichen, aus eigener Kraft oder mit Hilfe anderer eine Reihe von Operationen an seinem Körper oder seiner Seele, seinem Denken, seinem Verhalten und seiner Existenzweise vorzunehmen, mit dem Ziel, sich so zu verändern, daß er einen gewissen Zustand des Glücks, der Reinheit, der Weisheit, der Vollkommenheit oder der Unsterblichkeit erlangt« (Foucault 1993: 26).

Der erste Typus, die »Technologien der Produktion«, entspricht noch am ehesten der im Alltag geläufigen Vorstellung von Technologien, wird hier doch auf Produktionsweisen und -mittel abgehoben, mit denen dinghafte Objekte hergestellt oder verändert werden können. Dazu lassen sich einfache Werkzeuge und Gerätschaften zählen, aber auch komplexere Maschinen und Motoren oder handwerkliche, künstlerische und technische Instrumente. Feministische Autorinnen aus so unterschiedlichen Bereichen wie der Arbeits- oder Technikforschung haben darauf verwiesen, dass bereits dieser Typus bestimmte Arbeits-, Produktions- und Sinnverhältnisse erzeugt, die in historisch spezifischer Weise als vergeschlechtlichte und vergeschlechtlichende Verhältnisse in Erscheinung treten.[7] Diese Teilungspraktiken betreffen nicht zuletzt mediale Techniken und Apparate, die ebenfalls als Technologien der Produktion bezeichnet werden können, da mit ihnen Objekte wie Bilder, Texte oder Fotos erzeugt und manipuliert werden können.

Beispielhaft möchte ich das Augenmerk an dieser Stelle auf die im fünfzehnten Jahrhundert entwickelte Zentralperspektive lenken. Sie stellt insofern einen entscheidenden Schritt in der Entfaltung moderner Medientechnologien dar, als sich hiermit eine neue Betrachterposition gegenüber bildlichen Darstellungen« und gegenüber der sichtbaren Welt Bahn bricht. Mit der Zentralperspektive wird das Sichtbare unter Bezug auf die Stellung der Sehenden gegliedert, und es entsteht der Eindruck eines Blicks durch ein Fenster (vgl. Panofsky 1964). In dieser frühneuzeitlichen ›Technologie der Produktion‹ lassen sich die Anfänge moderner bildgebender Verfahren erkennen, die auch in gegenwärtigen visuellen Logiken nachklingen. 1436

---

7 Zur Vergeschlechtlichung von Arbeit vgl. etwa Gildemeister/Wetterer (1992); Wetterer (2002). Die Vergeschlechtlichung technologischer Alltagsartefakte untersuchen u. a. Cockburn/Ormrod (1997); Oudshoorn u.a. (2002).

erläuterte Leon Battista Alberti die mathematischen Methoden, mit denen auf Gemälden eine perspektivische Wirkung zu erzielen sei. Albrecht Dürer fasste 1525 die zeitgenössischen Überlegungen und Hilfsmittel in seinem Buch *Underweysung der messung mit dem zirckel un richtscheyt* zusammen. Auf einer der bekanntesten Holzschnittillustration aus diesem Buch, »Der Zeichner des liegenden Weibes«, stellt Dürer im Detail die elementaren Produktionsverfahren dar, mit denen ein gewähltes Motiv perspektivisch abgezeichnet werden kann: Dazu wurde ausgehend von einem festen Punkt eine Schnur über ein Drahtgitter zu den abzubildenden Objekten gespannt. Der Zeichner saß neben dem Gitter und übertrug die Messungen in das Raster seiner Zeichenfläche.

Albrecht Dürer: Holzschnittillustration zu »Underweysung der Messung«, 1525

Diese Illustration wurde in den 1970er und 1980er Jahren des 20. Jahrhunderts zum Emblem feministischer Bildkritik (vgl. exemplarisch Nead 1992) die damit die strukturelle Trennung von Subjekt und Objekt, von männlichem Künstler und weiblichem Bildkörper, von Sehen und Angesehenwerden zu verdeutlichen suchte. Dürers Holzschnitt galt als anschaulicher Beleg für eine der perspektivischen Raumanschauung innewohnende vergeschlechtlichte, hierarchisierende Teilungspraxis. In dieser Anordnung entblöße sich ein abstrahierender, rationalistischer, hegemonialer Blick, der die Welt einteilte in einen weiblich hingebungsvollen, sinnlich-körperlichen Bereich und einen nüchtern-vergeistigten Bereich, den der männliche Künstler/Wissenschaftler mit seinen Technologien beherrsche.[8] Der britische Kunstkritiker John Berger sieht diese dichotome Relation tief in der westlichen Kultur verankert; in seinem Buch *Ways of Seeing* von 1972 schreibt er über die europäische Ölmalerei: »Men act and women appear. Men look

---

8 Bereits 1924 hatte der Ikonologe Erwin Panofsky (1964) die Zentralperspektive als »symbolische Form« bezeichnet, die über die besonderen Abbildungstechniken hinaus Werkzeug eines beschränkten und beschränkenden Rationalismus sei.

at women [...]. Thus [woman is] [...] an object – and most particularly an object of vision: a sight« (Berger 1972: 47).

Die Kritik an dieser männlich ausgerichteten Bedeutungsökonomie richtete sich aber nicht allein auf die traditionellen Künste, sondern nicht zuletzt auch auf zeitgenössische Medien wie etwa das Kino. Gerade im klassischen Hollywoodfilm gelte die Regel, dass hier der passive Bildstatus der Frau und der aktive Blickstatus des Mannes perpetuiert werde (Mulvey 1975). Nun steht auf der Ebene der Repräsentation die Stilisierung des Frauenkörpers als schönes, erotisches Objekt in einer langen, wenn auch immer wieder gebrochenen Tradition, die sich unschwer empirisch belegen lässt. Weitaus schwieriger wird es jedoch, wenn es um die zu Beginn meines Aufsatzes aufgeworfene Frage geht, wie die Zuschauerinnen und Zuschauer mit diesen technisch produzierten Repräsentationen von Geschlechtskörpern umgehen.

Besonders die im Rahmen der so genannten Apparatus-Theorie (vgl. de Lauretis/Heath 1984; Rosen 1986; Schlüpmann 1990) entwickelten Positionen gehen davon aus, dass der »basic cinematic apparatus« vergleichbar mit Althussers' »ideologischen Staatsapparaten« (1977) die Zuschauerinnen und Zuschauer als Subjekte zugleich anruft *und* konstituiert. Dieser in den 1970er und 1980er Jahren einflussreich gewordene Ansatz postuliert, dass die Aufnahme- und Projektionsapparate des Kinos eine inhärent ideologische Anordnung aufweisen. Jean-Louis Baudry, der bekannteste Vertreter dieses Modells, argumentiert, dass aufgrund der Dunkelheit im Kino, der weitgehenden Passivität der Rezeptionssituation, der erzwungenen Immobilität der ›Cine-Subjekte‹ und der Effekte, die aus der Projektion von bewegten Bildern resultieren, die Zuschauerinnen und Zuschauer in einen Zustand der künstlichen Regression versetzt würden, in dem sie die Realität ihrer Wahrnehmung für die Realität des Wahrgenommenen halten und den ideologischen Interpellationen hilflos ausgeliefert seien; »[they] find themselves chained, captured, or captivated« (Baudry 1986: 294).

Auch de Lauretis folgt in ihrem Aufsatz dieser Perspektive, die besonders geeignet sei, die Konstruktion und subjektive Annahme des Geschlechts freizulegen:

»Die Theorie des filmischen Apparates beschäftigt sich stärker als Foucault mit der Beantwortung beider Seiten der Frage, von der ich ausging: wie die Repräsentation des Geschlechts durch die gegebene Technologie konstruiert [wird] und auch, wie sie von jedem einzelnen Individuum, an das sich die Technologie richtet, subjektiv aufgenommen wird« (de Lauretis 1996: 73).

Während de Lauretis die Apparatus-Theorie und ihr Erklärungspotenzial für die subjektive Aufnahme von medialen Repräsentationen ausgesprochen positiv bewertet, haben verschiedene Autoren wie Coward und Ellis (1977) auf die inhärenten Grenzen des Ansatzes verwiesen.[9]

Meines Erachtens handelt sich de Lauretis mit der Apparatus-Theorie mindestens drei Probleme ein. Erstens wird damit die »Technologie des Geschlechts« auf die apparative Anordnung des Kinos reduziert und damit als eine vorgängige und letztlich mechanistische Positionierung gefasst. Egal was die Zuschauerinnen und Zuschauer sich im Kino auch ansehen, der Kinoapparat erzeugt unausweichlich ihre regressive Fixierung auf die angebotenen Wahrnehmungs- und Bewusstseinsformen. Damit wird zweitens eine weitgehend deterministische Sicht auf die Zuschauer und Zuschauerinnen impliziert, die überwältigt von der Macht der Bilder gar nicht anders können, als die vorgesehenen ideologischen Positionierungen einzunehmen. Ihre zum Teil auf Laura Mulveys Aufsatz »Visual Pleasure in Narrative Cinema« (1975) basierende Argumentation geht davon aus, dass die fetischisierende Darstellung der Frau im klassischen Hollywoodkino Resultat einer männlich strukturierten und von Kastrationsangst durchsetzten Schaulust sei, in der der Frauenkörper zum Objekt des männlich-voyeuristischen Blickes werde. Eine solche Gegenüberstellung von aktivem Schauen und passivem Angeschaut-Werden basiert jedoch auf einem Modell der Zweigeschlechtlichkeit, das letztlich jene dualistische Geschlechterordnung voraussetzt und reifiziert, um deren Dekonstruktion es de Lauretis doch eigentlich geht. Auf diese Weise führt de Lauretis, drittens, doch wieder ein binäres Geschlechtermodell ein, wenn sie in diesem Zusammenhang eine »weibliche Zuschauerschaft« unterstellt und eine präzise Analyse darüber fordert, »wie Frauen Filme sehen«. Hier bleibt de Lauretis somit hinter ihrem postulierten Anspruch zurück, gängige binäre Differenzierungsmuster zu durchkreuzen. Denn wenn wir mit de Lauretis davon ausgehen, dass Geschlecht in und durch Repräsentationen und Selbstrepräsentationen erst hervorgebracht und immer wieder rekonstruiert wird, dann ist es höchst problematisch, von einer »weiblichen Zuschauerschaft« oder von einer »entweder männlich oder weiblich« bestimmten Sexualität zu sprechen.

---

9 »Addressed by the text, the spectator accepts the identity assigned and is thereby *fixed* in a position where a particular mode of perception and consciousness appears natural. He or she is locked into a structure of misrecognition, into an imaginary relationship to the real conditions of his or her social existence« (Coward/Ellis 1977: 68). Zur Kritik der Apparatus-Theorie vgl. auch Williams (1997: 68f.); Lapsley/Westlake (1989: 49ff.).

Damit verkürzt de Lauretis das Potenzial des Technologiebegriffs, und indem sie einen vorgängig bestehenden Geschlechtergegensatz bei der Medienrezeption konzediert, widerspricht sie ihren eigenen Prämissen.

Doch Technologien sind weder unschuldig-neutrale Artefakte jenseits vergeschlechtlichter respektive vergeschlechtlichender Arbeits-, Produktions- und Sinnverhältnisse, noch werden ihre Nutzerinnen in starrer Weise durch sie vergeschlechtlicht, wie es die Apparatus-Theorie nahelegt. Sie sind weder vollständig gesellschaftlich determiniert noch wirken sie unausweichlich determinierend. Weder das Dürer'sche Gitter noch der Kinoapparat sind ein für alle Mal »männliche« Technologien, vielmehr werden sie in ihren jeweiligen Gebrauchs- und Anwendungsweisen immer auch verändert und umgedeutet.[10] Es reicht also nicht aus, allein apparative Anordnungen auf ihre vergeschlechtlichenden Wirkungen zu untersuchen und dabei Gefahr zu laufen, einem schlichten Technikdeterminismus aufzusitzen; darüber hinaus müssen die je hervorgebrachten Bedeutungen, Strukturen und Inhalte in den Blick genommen und befragt werden. Daher sollen im nächsten Abschnitt – Foucaults Klassifikation folgend – weitere Dimensionen des Technologiebegriffs im Hinblick auf populäre Medien beleuchtet werden.

Zeichensysteme, Macht und Technologien des Selbst

Auch der zweite Typus der von Foucault aufgeführten Technologien, nämlich die »Technologien von Zeichensystemen« (Foucault 1993: 26), die es uns gestatten, mit Zeichen, Bedeutungen, Symbolen oder Sinn umzugehen, können nicht ohne weiteres als feststehende Anordnungen verstanden werden, wie es manche Sprach- und Medienkritiken nahelegen. Besonders die Linguistik Saussure'scher Prägung hat die sprachliche Bedeutungsbildung als Ergebnis binärer Oppositionen ausgelegt, und der Strukturalismus hat darüber hinausgehend Sprache respektive binäre Gegensatzpaare als Modell und Voraussetzung für das Funktionieren von Kultur entworfen. Die vergeschlechtlichende, ethnisierende oder rassisierende Aufladung von sprachlichen, symbolischen oder visuellen Oppositionsbildungen ist jedoch

---

10 Auf das Kino bezogen lässt sich dieses Argument dahingehend fokussieren, dass auch hier ein technologischer Apparat vergeschlechtlichte Bild- und Blickstrukturen hervorzubringen und zu festigen vermag, diese aber nicht von vornherein in den Apparaten angelegt sind.

inzwischen vielfach kritisiert worden,[11] denn die meisten Gegensatzbildungen implizieren keine friedliche Koexistenz zweier Termini, sondern Dominanz und Subordination. Doch wie nicht zuletzt feministische Erfahrungen aus Praxis und Theorie gezeigt haben, reicht es nicht aus, solche Hierarchien einfach umzukehren. Vielmehr geht es um eine doppelte Gebärde, die eine *Umkehrung* der klassischen Oppositionen *und* im Sinne der Dekonstruktion eine allgemeine *Verschiebung* des Systems zu bewirken sucht (Derrida 1976: 154f.). Eine Aufgabe herrschaftskritischer Wissenschaft und Praxis liegt aus dieser Perspektive nach wie vor darin, das Verständnis von festen Teilungs- und Zuordnungsweisen aufzulösen und jene machtvoll wuchernden Repräsentationen und Diskurse zu durchkreuzen, die eine scheinbar zeitlose Stabilität von binären Zeichen- und Bedeutungsfeldern aufrechterhalten.

Im Folgenden konzentriere ich mich auf die beiden anderen Typen der von Foucault aufgezählten Technologien, den ›Technologien der Macht und des Selbst‹, die für meine Fragestellung, wie populäre Medien als Technologien des Geschlechts respektive des Selbst verstanden werden können, von besonderer Bedeutung sind. Wie hierbei deutlich wird, lassen sich die Technologien der Macht nicht unabhängig vom Subjekt fokussieren. Foucaults Interesse galt ja auch nicht in erster Linie der Analyse von Machtphänomenen, wie er an anderer Stelle ausführt; seine »Absicht war es vielmehr, eine Geschichte der verschiedenen Verfahren zu entwerfen, durch die in unserer Kultur Menschen zu Subjekten gemacht werden« (Foucault 1999: 161). Foucaults Konzept zufolge wird Macht den Subjekten nicht einfach von außen aufgezwungen, sondern sie ist genau das, was das Subjekt überhaupt erst hervorbringt.[12] Das Subjekt ist also nicht das Gegenüber der Macht, sondern eine ihrer ersten Wirkungen. Macht wird im Alltagsleben spürbar, indem sie das Individuum in Kategorien einteilt, ihm seine Individualität aufprägt, es an eine Identität fesselt und ihm ein Gesetz der Wahrheit auferlegt. Sie macht aus Individuen Subjekte und, wie sich hinzufügen lässt, aus Individuen vergeschlechtlichte Subjekte.[13]

---

11 Mit Bezug auf vergeschlechtlichende Differenzen vgl. z.B. Gill (2007); rassisierende Differenzen untersuchte z.B. Hall (2004).
12 Wie die Technologien der Produktion und der Zeichensysteme sind auch diese Verfahren fest im Denken, Sprechen und Verstehen verankert; sie dringen in der Moderne in immer feinere Kapillarsysteme ein und konzentrieren sich vor allem auf den Körper.
13 Teilungspraktiken und Identitätszwänge sind freilich nicht erst seit Foucault zentrale analytische Prüfsteine der Geschlechterforschung, und auch de Lauretis argumentiert, dass Frauen und Männer über die Technologie des Geschlechts definiert und in sozialen

Foucault macht hierbei einen entscheidenden Unterschied zwischen vormodernen und modernen Kulturen aus: »In der griechisch-römischen Kultur erschien die Selbsterkenntnis als Folge der Sorge um sich selbst. In der Moderne dagegen verkörpert die Selbsterkenntnis das fundamentale Prinzip« der Konstituierung des Selbst (Foucault 1993: 32). In diesem Prozess müssen Gefühle, Gedanken, Wünsche, verborgene Empfindungen und Begierden in der Selbstbefragung verbalisiert und ans Licht gebracht werden. Laut Foucault wird Sexualität zu einem »Universalschlüssel, wenn es darum geht, zu wissen, wer wir sind« (Foucault 1983: 98). Die Technologie des Sexes als Interpretations- und zugleich Konstruktionsmotor des Selbst ist nun freilich von Vergeschlechtlichungsprozessen nicht zu trennen. Denn die Technologien des Sexes unterwerfen die Individuen einer und nur einer geschlechtlichen Position, die zugleich – wie Judith Butler argumentiert – eine Kohärenz zwischen Sex, Gender und Begehren im Rahmen der heterosexuellen Matrix vorzeichnet (1991: 38). Die Technologien der Sexualität, so ließe sich Foucault von hier aus reformulieren, teilen das Individuum in Kategorien der Zweigeschlechtlichkeit ein, prägen ihm seine vergeschlechtlichte Individualität auf und fesseln es an eine sexuelle Identität. Mehr noch als Sexualität wird Geschlecht in der Moderne zu jenem »Universalschlüssel«, mit dem sich das eigene Selbst erschließen soll.

Populäre Medien wie das Kino oder das Fernsehen leisten mit der ihnen eigenen Bevorzugung alltäglicher, individualisierter Probleme und Praxen ihren Beitrag zu diesen Formen der Selbstbefragung. Insbesondere in den täglichen Talk-Shows werden ›verborgene‹ Gefühle, Gedanken, Wünsche und Begierden verbalisiert und veröffentlicht. So eröffnen sich hier möglicherweise neue Räume für handlungsentlastete Rollenspiele und probeweise Selbstentwürfe,[14] denen sich die Beteiligten freiwillig aussetzen und als Freiheitsgewinn empfinden, was zugleich auch eine Einpassung in systemische Erfordernisse darstellt.

Eine weitere zentrale Technologie des Selbst, die Foucault vor allem in *Überwachen und Strafen* entwickelt, ist die Disziplin als eine elementare und produktive Technologie der Macht, die das Individuum dahin stellt, wo es

---

Verhältnissen vergeschlechtlicht werden; die Unterschiede zwischen ihnen werden durch »Repräsentationsarbeit« re-produziert (1996: 65).

14 Entsprechend können sie als »Laboratorien des Selbst« oder *identity workshops* beschrieben werden (vgl. u.a. Fluck 1997; Ricoeur 1996; Thompson 1995).

seine Leistungen steigern und seine Fähigkeiten vervielfachen kann.[15] Zwar hat Foucault hierbei vor allem Maßnahmen der Dressur, Abrichtung und Erziehung in den Blick genommen, die einen männlich codierten Körper zum Gegenstand haben, doch lassen sich die Disziplinen auch auf die Unterwerfung und Nutzbarmachung weiblich bestimmter Körper beziehen. So argumentiert etwa Sandra Lee Bartkey (1997), dass hier vor allem Schönheits- und Modediskurse ein attraktives, domestiziertes und weiblich codiertes Körper-Subjekt produzieren.[16]

Kino und Fernsehen verarbeiten auf ihre Art die Disziplinierung des vergeschlechtlichten Körpers. In unzähligen Spielfilmen geht es darum, einen »Mann zum Mann« zu machen – er lernt schießen, kämpfen und vor allem siegen (vgl. dazu etwa Mitchell 1996). Aber auch weibliche Figuren müssen diszipliniert werden und sich selbst disziplinieren, um das zu werden, was sie angeblich schon sind. An einem klassischen Hollywood-Musical, Vincente Minellis *Gigi* von 1958, möchte ich diese These kurz entfalten.

In einer Montagesequenz zu Beginn des Films spielt Leslie Caron, die Titelheldin, einen tollpatschigen Teenager im Paris des ausgehenden 19. Jahrhunderts. Von ihrer Großtante wird sie in die Umgangsformen einer kultivierten Dame eingewiesen: Sie muss sich mit Eleganz durch den Salon bewegen, in formvollendeter Weise dinieren, Kaffee servieren oder eine einwandfreie Zigarre auswählen. Doch Gigi trinkt sich bei ihren Übungen einen gehörigen Schwips an und parodiert mit großen Gesten die von ihr abverlangte Feminität. In dieser Sequenz wird die Diskrepanz zwischen dem undisziplinierten Körper Gigis und den Anforderungen disziplinierter Weiblichkeit überdeutlich. Weiblichkeit wird als Parodie und Maskerade

---

15 »Die Disziplin fabriziert auf diese Weise unterworfene und geübte Körper, fügsame und gelehrige Körper. Die Disziplin steigert die Kräfte des Körpers (um die ökonomische Nützlichkeit zu erhöhen) und schwächt diese selben Kräfte (um sie politisch fügsam zu machen). Mit einem Wort: sie spaltet die Macht des Körpers; sie macht daraus einerseits eine ›Fähigkeit‹, eine ›Tauglichkeit‹, die sie zu steigern sucht; und andererseits polt sie die Energie, die Mächtigkeit, die daraus resultieren könnte, zu einem Verhältnis strikter Unterwerfung um« (Foucault 1977: 176f.).

16 Bartkey (1997) unterscheidet drei Kategorien disziplinärer Praxen, die einen »weiblichen« Körper hervorbringen: solche, die eine bestimmte Größe und Konfiguration des Körpers erzeugen; solche, die ein bestimmtes Repertoire an Gesten, Posen und Bewegungen entstehen lassen; und solche, die den Körper als eine signifikante Oberfläche hervorbringen. Die disziplinären Praxen produzieren ein weibliches Körper-Subjekt, einen unterworfenen, subjektivierten Körper, dem sein unterworfener Status eingeschrieben wurde. Die Aufdeckung und Ablehnung dieser Disziplinen, so Bartkey, werde als bedrohlich wahrgenommen, denn der »undisziplinierte« Körper verlöre seinen Subjektstatus.

zur Schau gestellt und – wenn wir so wollen – ihrer Performativität überführt. Das Filmende macht dann klar, wohin die Schulung des Körpers zu führen hat. Es geht darum, dass Gigi sich innerhalb heterosexueller Arrangements formgerecht verhalten kann und muss. Sie geht mit ihrem zukünftigen Ehemann in ein elegantes Restaurant und stellt ihre neu erlernten Fähigkeiten unter Beweis. In vollendetem Stil serviert sie ihm Kaffee und wählt eine Zigarre für ihn aus. Es gibt keinen Unterschied mehr zwischen der erlernten Form und ihrem Körper, wie er in der ersten Szene sichtbar gemacht wurde. Die Disziplin sitzt wie die eigene Haut; alle Spuren der ermüdenden Abrichtung, alle parodistischen Elemente sind verschwunden; was wir sehen, ist eine ungebrochene Übereinstimmung mit den Routinen weiblicher Servilität.

Die Technologien der Disziplinarmacht verketten eine gesteigerte Tauglichkeit und eine vertiefte Unterwerfung miteinander, die in Minellis Musical den bürgerlichen Vorstellungen jener Jahre entsprechen, sich mit einigen Modifikationen aber auch auf heutige vergeschlechtlichende Zurichtungen übertragen lassen, deren »endlose Varietät und monotone Ähnlichkeit« (Wetterer 2002: 523) außer Frage stehen. Ein aktuelleres Beispiel für eine ähnliche und doch anders ausgerichtete Disziplinierung des Körpers ist Heidi Klums Fernsehshow *Germany's Next Top Model*. Diese Show lief in zwei Staffeln in den Jahren 2006 und 2007 und kann als beispielhaft für gegenwärtige Herstellungsweisen des weiblichen Subjektes gesehen werden. Auch hier lernen die jungen Frauen, »richtig« zu laufen, sich zu bewegen und zu posieren – nun freilich nicht mehr im Hinblick auf einen einzigen, potenziellen Ehepartner, sondern in der Hoffnung auf die Gunst einer gestrengen Jury und einen erstklassigen *Model*-Vertrag. Zentral für beide Beispiele ist, dass das hierbei hervorgebrachte (unterworfene) weibliche Subjekt erst nach seiner Unterwerfung an den Versprechungen einer »guten Partie« oder einer aussichtsreichen Karriere teilhat. Den anfänglich ungelenken Mädchen steht nach erfolgreicher Zurichtung ein gehobener Lebensstil mit attraktiven Urlaubs- und Fernreisen in Aussicht (Monte Carlo im Falle Gigis und New York für die *Top-Models*). Doch während *Gigi* noch eine komödiantische oder parodistische Überzeichnung des Zurichtungsprozesses zulässt und damit – wenn man so will – ein widerständiges Lachen einbaut, das die Disziplinierungsverfahren bloßstellt, treibt Heidi Klum ihre Mädchen mit säuerlicher Miene und gänzlich ironiefrei über den Laufsteg. Damit betreiben die in den letzten Jahren populär gewordenen *make-over-shows*,[17] in denen vor allem junge Frauen verändert und ›verschönert‹ werden, eine wettbewerbsorientierte Selbstoptimierung des weiblichen Körpers, die eine neoliberale Gouvernementalität feiert und lustvoll auflädt.[18]

Im Unterschied zum Begriff der Disziplinarmacht, den Foucault in einer früheren Arbeitsphase entwickelt hat, vermag der Begriff der Gouvernementalität die gegenwärtigen Anforderungen an das Selbst möglicherweise genauer fassen. Dabei geht es vor allem um das Management und die optimale Vermarktung der eigenen Person; das Subjekt wird zum ›Unternehmer seiner selbst‹. Und die aktuell so populären Fernsehshows liefern einerseits praktische Übungen, um sich selbst möglichst effektiv zu inszenieren und zu modellieren. Andererseits stellen sie eine neue Form des Darwinismus aus, der ›Disziplin‹ und ›Flexibilität‹ als öffentliche Tugenden fordert. Die dabei im Zentrum stehende Wettbewerbsorientierung – nur ein einziges Mädchen kann den Model-Vertrag gewinnen – führt so gewissermaßen ein lustvoll aufgeladenes ›survival of the fittest‹ auf (vgl. Foucault 2000; Bröckling u. a. 2000; 2004). Die Handlungsspielräume junger Frauen werden dabei einerseits erweitert und andererseits wird damit eine gesteigerte Tauglichkeit und vertiefte Unterwerfung hervorgebracht. Darüber hinaus wird so die Möglichkeitsbedingung einer vergeschlechtlichten Existenz erschlossen. Die Unterwerfung unter die Technologien des Selbst respektive des Geschlechts eröffnet somit Formen von Anerkennung und Selbstermächtigung, von Erfolg und Gewinn, die sonst unerreichbar erscheinen. Präzise hat Judith Butler in *Psyche der Macht* diesen Doppelaspekt von Unterwerfung und Ermächtigung herausgestellt. Sie schreibt:

»Verstehen wir […] mit Foucault Macht auch als das, was Subjekte allererst bildet oder formt, was dem Subjekt erst seine schiere Daseinsbedingung und die Richtung seines Begehrens gibt, dann ist Macht nicht einfach etwas, gegen das wir uns wehren, sondern zugleich im strengen Sinne das, wovon unsere Existenz abhängt und was wir in uns selbst hegen und pflegen« (Butler 2001: 7f.).

Wenn Foucault nun die Technologien des Selbst als Operationen bezeichnet hat, mit denen sich die Einzelnen so zu verändern trachten, dass sie einen »gewissen Zustand des Glücks, der Reinheit, der Weisheit, der Vollkommenheit oder der Unsterblichkeit« (1993: 26) erlangen, dann wird da-

---

17 Neben *Germany's Next Top Model* sind das Sendungen wie *The Swan – Endlich schön* (ProSieben), *Extreme Makeover* (ABC), *What not to Wear* (BBC). Für eine exzellente Untersuchung von *The Swan* vgl. Strick 2005.
18 Zur britischen Variante dieser Shows vgl. McRobbie 2007.

mit aber auch die historische Kontingenz und geschlechtliche Ausprägung dieser machtvollen Formen der Selbstbearbeitung deutlich. Reinheit, Weisheit und Unsterblichkeit (der Seele) spielen in den in der gegenwärtigen Populärkultur vorgeführten Selbsttechniken offensichtlich keine Rolle mehr, während das Glück und die Vollkommenheit, die »Frauen« erstreben sollen und wodurch sie zugleich zu »richtigen Frauen« werden, vorzugsweise mit wirtschaftlichem Erfolg und Körperschönheit verkettet werden.

Fazit

Die populäre Kultur ist dabei keine Instanz, die auf ihre Zuschauerinnen und Zuschauer direkten Zwang ausübt, aber sie rahmt deren Probleme und Wünsche in einer bestimmten Weise und schlägt Lösungswege und Programme der Selbstführung vor. In ihrem *Glossar der Gegenwart*, das das Konzept der Gouvernementalität an aktuellen Beispielen entfaltet, argumentieren Ulrich Bröckling, Susanne Krasmann und Thomas Lembke:

»Programme prägen Wahrnehmungs-, Beurteilungs- und Handlungsweisen, indem sie Ziele anvisieren und Verfahren bereitstellen, um diese zu erreichen oder ihnen zumindest näher zu kommen. Sie rufen Menschen an, sich als Subjekte zu begreifen und sich in spezifischer Weise – kreativ und klug, unternehmerisch und vorausschauend, sich selbst optimierend und verwirklichend usw. – zu verhalten, und fördern so bestimmte Selbstbilder und Modi der ›inneren Führung‹« (2004: 12).

Dabei bleibt offen, in welchem Maße diese Programme das Denken und Tun der Menschen bestimmen. Es geht nicht darum, so Bröckling u.a., ob die Programme wirken, sondern welche Wirklichkeit sie schaffen. Damit ist die alte und letztlich nicht endgültig zu klärende Frage nach der Wirkmächtigkeit von Medienbotschaften auch weitgehend ausgereizt: Medien determinieren die individuellen Rezipientinnen und Rezipienten nicht, aber sie schaffen eine Vorstellung von Wirklichkeit, in der sich die Angesprochenen zurechtfinden und platzieren müssen. Die gängigen Strategien der Populärkultur zielen darauf, Weiblichkeit respektive Männlichkeit als unbedingt zu erstrebende, erfolg-, macht- und lustversprechende Subjektpositionen anzunehmen. Die Technologien des Geschlechts in ihrer zweischneidigen, unterwerfenden *und* ermächtigenden Figuration erhalten hier einen ganz besonderen Glanz: Sie versprechen nicht nur die Lösung aller Probleme, sondern sie integrieren das Subjekt in ein Szenario triumphaler Selbstaffirmation. Mit Bezug auf die hier vorgestellten Subjektivierungsweisen ist dieser Triumph wahrscheinlich umso größer, je tiefer die Unterwerfung unter die ökonomische Rationalität der neoliberalen Selbstvermarktung ist.

Literatur

Abercrombie, Nicholas/Longhurst, Brian (1998), *Audiences*, London.
Althusser, Louis (1977), *Ideologie und ideologische Staatsapparate. Aufsätze zur marxistischen Theorie*, Hamburg.
Angerer, Marie Luise (1999), *Body Options. Körper. Spuren. Medien. Bilder*, Wien.
Bartkey, Sandra Lee (1997), »Foucault, Feminism, and the Modernization of Patriarchal Power«, in: Katie Conboy/Nadia Medina/Sarah Stanbury (Hg.), *Writing on the Body. Female Embodiment and Feminist Theory*, New York, S. 129–154.
Baudry, Jean Louis (1986), »Ideological Effects of the Basic Cinematographic Apparatus«, in: Philip Rosen (Hg.), *Narrative, Apparatus, Ideology*, New York, S. 286–298.
Berger, John (1972), *Ways of Seeing*, London.
Bröckling, Ulrich/Krasmann, Susanne/Lemke, Thomas (Hg.) (2000), *Gouvernementalität der Gegenwart. Studien zur Ökonomisierung des Sozialen*, Frankfurt a.M.
— (2004), *Glossar der Gegenwart*, Frankfurt a.M.
Butler, Judith (1991), *Das Unbehagen der Geschlechter*, Frankfurt a.M.
— (2001), *Psyche der Macht. Das Subjekt der Unterwerfung*, Frankfurt a.M.
— (2003), »Noch einmal: Körper und Macht«, in: Axel Honneth/Martin Saar (Hg.), *Michel Foucault. Zwischenbilanz einer Rezeption*, Frankfurt a.M., S. 52–67.
Cockburn, Cynthia/Ormrod, Susan (1997), »Wie Geschlecht und Technologie in der sozialen Praxis ›gemacht‹ werden«, in: Irene Dölling/Beate Krais (Hg.), *Ein alltägliches Spiel. Geschlechterkonstruktion in der sozialen Praxis*, Frankfurt a.M., S. 17–47.
Coward, Rosalind/Ellis, John (1977), *Language and Materialism. Developments in Semiology and the Theory of the Signifier*, London.
De Lauretis, Teresa (1987), »The Technology of Gender«, in: dies., *Technologies of Gender. Essays on Film, Theory and Fiction*, Bloomington: Indiana Univ. Press, S. 1–30.
— (1996), »Die Technologie des Geschlechts«, in: Elvira Scheich (Hg.), *Vermittelte Weiblichkeit. Feministische Wissenschafts- und Gesellschaftstheorie*, Hamburg, S. 57–93.
— /Heath, Stephen (Hg.) (1984), *The Cinematic Apparatus*, New York.
Derrida, Jacques (1976), *Randgänge der Philosophie*, Frankfurt a.M.
Dines, Gail/Humez Jean M. (Hg.) (1995), *Gender, Race, and Class in Media*, London.
Dürer, Albrecht (1525), *Underweysung der messung mit dem zirckel un richtscheyt*, Nürnberg.

Esders, Karin (2006), »Engendering Feminist Media Theories: Stereotypes, Looking Relations, Gender Trouble«, in: Christoph Houswitschka (Hg.), *Proceedings of the Anglistentag 2005*, Trier, S. 333–345.
Fluck, Winfried (1997), *Das kulturelle Imaginäre. Eine Funktionsgeschichte des amerikanischen Romans, 1790-1900*, Frankfurt a.M.
Foucault, Michel (1977), *Überwachen und Strafen. Die Geburt des Gefängnisses*, Frankfurt a.M.
— (1983), *Sexualität und Wahrheit. Der Wille zum Wissen*, Frankfurt a.M.
— (1993), »Technologien des Selbst«, in: Martin H. Luther/Huck Gutman/Patrick H. Hutton (Hg.), *Technologien des Selbst*, Frankfurt a.M., S. 24–62.
— (1999), »Warum ich die Macht untersuche: die Frage des Subjekts«, in: Jan Engelmann (Hg.), *Botschaften der Macht. Der Foucault Reader. Diskurs und Medien*, Stuttgart, S. 161–171.
— (2000), »Die Gouvernementalität«, in: Ulrich Bröckling u.a. (Hg.), *Gouvernementalität der Gegenwart. Studien zur Ökonomisierung des Sozialen*, Frankfurt a.M., S. 41-67.
Gaines, Jane (1988), »White Privilege and Looking Relations. Race and Gender in Feminist Film Theory«, *Screen*, Jg. 29, H. 4, S. 12–27.
Gildemeister, Regine/Wetterer, Angelika (1992), »Wie Geschlechter gemacht werden. Die soziale Konstruktion der Zweigeschlechtlichkeit und ihre Reifizierung in der Frauenforschung«, in: Gudrun-Axeli Knapp/Angelika Wetterer (Hg.), *TraditionenBrüche. Entwicklungen feministischer Theorie*, Freiburg, S. 201–254.
Gill, Rosalind (2007), *Gender and the Media*, Cambridge.
Hall, Stuart (1980), »Encoding/Decoding«, in: Stuart Hall/Dorothy Hobson (Hg.), *Culture, Media, Language: Working Papers in Cultural Studies, 1972–79*, London, S. 128–138.
— (2004), »Das Spektakel des Anderen«, in: Juha Koivisto/Andreas Merkens (Hg.), *Ideologie – Identität – Repräsentation*, Hamburg, S. 108–166.
Hof, Renate (1995), »Die Entwicklung der Gender Studies«, in: Renate Hof/Hadumod Bußmann (Hg.), *Genus: Zur Geschlechterdifferenz in den Kulturwissenschaften*, Stuttgart, S. 2–33.
hooks, bell (1994), *Black Looks. Popkultur – Medien – Rassismus*, Berlin.
Lapsley, Robert/Westlake, Michael (1989), *Film Theory. An Introduction*, Manchester.
McRobbie, Angela (2007), »Post-Feminist Symbolic Violence, Television and the Habitus of Self-Improvement«, Berlin: Vortrag auf der Konferenz *Praktiken Symbolischer Gewalt*, 16. März 2007 an der Freien Universität Berlin.
Mitchell, Lee Clark (1996), *Westerns: Making the Man in Fiction and Film*, Chicago.
Mulvey, Laura (1975), »Visual Pleasure and Narrative Cinema«, *Screen*, Jg. 16, H. 3, S. 6–18.
Nead, Lynda (1992), *Female Nude. Art, Obscenity, and Sexuality*, London.
Oudshoorn, Nelly/Saetnan, Ann Rudinow/Lie, Merete (2002), »On Gender and Things: Reflections on an Exhibition on Gendered Artifacts«, *Women's Studies International Forum*, Jg. 25, H. 4, S. 471–483.

Pajaczkowska, Claire/Young, Lola (2000), »Racism, Representation, Psychoanalysis«, in: Ann E. Kaplan (Hg.), *Feminism and Film,* Oxford, S. 356–374.

Panofsky, Erwin (1964), »Die Perspektive als symbolische Form« (1924), in: ders., *Aufsätze zu Grundfragen der Kunstwissenschaft,* hrsg. von Hariolf Oberer und Egon Verheyen, Berlin, S. 99–165.

Ricoeur, Paul (1996), *Das Selbst als ein Anderer,* München.

Rosen, Philip (1986), *Narrative, Apparatus, Ideology,* New York.

Schlüpmann, Heide (1990), »Schaulust und Ästhetik. Reflexionen zwischen Apparatusdebatte und feministischer Filmtheorie«, in: Knuth Hickethier/Hartmut Winkler (Hg.), *Filmwahrnehmung. Dokumentation der GFF-Tagung 1989,* Berlin, S. 35–42.

Strick, Simon (2005), »Geschlecht als Gewinn: Zum Spektakel der Normierung in *The Swan*«, *Plurale,* Jg. 5, S. 99–121.

Thompson, John B. (1995), *The Media and Modernity,* Stanford.

Wetterer, Angelika (2002), *Arbeitsteilung und Geschlechterkonstruktion. ›Gender at Work‹ in theoretischer und historischer Perspektive,* Konstanz.

Williams, Linda (1997), »Pornografische Bilder und die ›körperliche‹ Dichte des Sehens«, in: Christian Kravagna (Hg.), *Privileg Blick. Kritik der visuellen Kultur,* Berlin, S. 65–97.

Zoonen, Liesbet van (1994), *Feminist Media Studies,* London.

Konstruktionen von Männlichkeit
in der Ingenieurkultur

Disparate Konstruktionen von Männlichkeit und Technik*
Formen der Vergeschlechtlichung ingenieurwissenschaftlichen Wissens um 1900

Tanja Paulitz

Einleitung: Disparitäten technischer Rationalität

Der Charakter technischen Schaffens und das Verständnis technischer Rationalität hat innerhalb der Technikwissenschaften eine längere Diskussionstradition. Sie reicht zurück in die Zeit der Verwissenschaftlichung des Ingenieurberufs als akademische Disziplin in der zweiten Hälfte des 19. Jahrhunderts. Insbesondere der wissenschaftliche Maschinenbau hat im Laufe seiner Institutionalisierung lebhafte Debatten und Lehrmeinungen über das eigene Berufsbild sowie über die Verfasstheit und den Stellenwert der Ingenieurtätigkeit hervorgebracht, die sich auch in den breiteren Fachdiskussionen des Vereins Deutscher Ingenieure (VDI) widerspiegeln. Inwiefern diese historisch frühen Prozesse der Konstituierung eines akademischen Berufsbildes ›des Ingenieurs‹ und die damit einhergehende Wissensproduktion eine geschlechtliche Signatur aufweisen, ist allerdings erst in Ansätzen erforscht. Ich möchte im Folgenden die These entwickeln, dass das im Ingenieurbereich produzierte Wissen Disparitäten aufweist, die nicht nahtlos im gängigen, einheitlichen Bild des rationalen männlichen Ingenieurs aufgehen. Anstelle *einer* technischen Rationalität im Sinne des abendländischen naturwissenschaftlich-technischen Ideals ist das Ziel meiner Betrachtung, heterogene widerstreitende technische Rationalitäten herauszuarbeiten, die flexible Formen der Vergeschlechtlichung aufweisen.

Im *ersten* Abschnitt diskutiere ich die vorliegenden theoretischen und methodischen Anknüpfungspunkte und ihre Desiderata, die den Ausgangspunkt für meine Untersuchung des Verhältnisses von Männlichkeit und Technik in der ingenieurwissenschaftlichen Wissensproduktion bilden. Im *zweiten* Abschnitt zeige ich unterschiedliche implizite und explizite

---

* Für ihre konstruktive kritische Lektüre danke ich Corinna Bath, Karin Esders und Petra Lucht.

Formen der Vergeschlechtlichung technischer Rationalität an ausgewählten Beispielen aus meinen Analysen des Ingenieurdiskurses von der Mitte bis zur Wende des 19. Jahrhunderts. Im abschließenden Fazit greife ich die eingangs formulierte These wieder auf und fasse die Ergebnisse meiner exemplarischen Betrachtung historischer Wissensbestände aus der Zeit der Professionalisierung der Technikwissenschaften zusammen. Dafür systematisiere ich unterschiedliche, auch konkurrierende und variable Konstruktionsweisen des Verhältnisses von Männlichkeit und Technik in den Wissensordnungen des frühen Maschinenbaus. Auf diese Weise soll ein differenzierteres Verständnis dafür erreicht werden, wie diese Formen der Vergeschlechtlichung als bewegliche diskursive Referenzen auf die dualistische Geschlechterordnung des 19. Jahrhunderts funktionieren und wie auch Überschneidungen mit weiteren gesellschaftlichen Differenzkategorien wie Nation oder Ethnizität an Relevanz gewinnen.

1. Theorieperspektiven auf das Verhältnis von Männlichkeit und Technik

Die statistisch belegbare Allianz zwischen Männern und Technik scheint evident und historisch dauerhaft. Möglicherweise war es gerade diese scheinbar unabweisbare Evidenz, die der Analyse von unterschiedlichen, mitunter ambivalenten und gebrochenen Konstruktionsweisen von Männlichkeit im technischen Bereich im Wege stand.

»[...] since men and masculinities are particularly prominent within gender–technology relations, technology should be a vital strand within the field of men/masculinity studies, and masculinities should be a vital strand within the field of technology studies. Yet relationships between men/masculinities and technologies are seriously underresearched in both fields«,

schreiben Maria Lohan und Wendy Faulkner einleitend zu einem Sonderheft (2004: 319) der Zeitschrift *Men and Masculinities*, das sich diesem Themenschwerpunkt zuwendet. Eine Untersuchungsperspektive auf das Verhältnis von Männlichkeit und Technik, die theoretische Ansätze sowohl aus der sozialkonstruktivistisch orientierten feministischen Technikforschung als auch aus der kritischen Männlichkeitenforschung zusammenführt, steht also erst am Anfang. Beide Forschungsstränge möchte ich kurz kritisch beleuchten und für meine Fragestellung skizzenhaft bündeln.

1.1 Männlichkeit und Technik aus Sicht der sozialkonstruktivistisch orientierten feministischen Technikforschung

Schon 1991 hat Judy Wajcman in ihrem Buch *Feminism Confronts Technology* (dt.: *Technik und Geschlecht*, 1994) für ein komplexeres Verständnis der Beziehung zwischen Männlichkeit und Technik argumentiert, das sie selbst auf Basis des damaligen Forschungsstandes vorwiegend nach dem Muster der männlichen Naturbeherrschung analysiert. Mit ihrer theoretischen Position hat Wajcman einen bis heute richtungsweisenden Vorschlag gemacht. Sie tritt differenztheoretischen und essentialistisch argumentierenden Ansätzen (auch innerhalb der feministischen Forschung von *der* männlichen Technik) entschieden entgegen und plädiert konsequent für eine sozialkonstruktivistische Perspektive auf den Gegenstand ›Technik und Geschlecht‹ (vgl. auch Wajcman in diesem Band).[1] Unter Bezugnahme auf die frühen Arbeiten des australischen Männlichkeitenforschers R.W. Connell drängt sie außerdem darauf, weitere gesellschaftliche Differenzkategorien einzubeziehen, um verschiedene Konstruktionsweisen hegemonialer und randständiger Männlichkeit in Zusammenhang mit Technik in den Blick zu bekommen. »Die voneinander abweichenden Formen der Männlichkeit spiegeln Spaltungen zwischen Klassen und Generationen sowie ethnische Unterschiede wider« (Wajcman 1994: 173). Wajcmans Thematisierung des Zusammenhangs zwischen Technik und Männlichkeit ist schließlich auch deshalb nach wie vor aktuell, weil sie die Flexibilität geschlechtlicher Codierungen von Objekten und Tätigkeiten herausstellt.

Feministische Forschungsarbeiten haben diese These der Flexibilität von Codierungen im Zuge der Verbreitung der Informationstechnologie verstärkt aufgegriffen. So wurden insbesondere die verschiedenen sozialen Ausschlussmechanismen in Bezug auf Frauen und die Relevanz der Kategorie Geschlecht genauer untersucht, die sich auch bei der Entwicklung und Einführung neuer Technologien beobachten lassen.[2] Flexible Formationen von Wissen und Geschlecht haben jedoch in Bezug auf die traditionellen Ingenieurkulturen und ihre Männlichkeitskonstruktionen bislang keine oder nur am Rande Beachtung gefunden (vgl. Zachmann 2004;

---

1 Zum Verhältnis zwischen feministischer Technikforschung und Wissenschafts- und Technikforschung, insbesondere zum Ansatz der Ko-Konstruktion von Technik und Geschlecht, vgl. Lohan (2000); Wajcman (2002).

2 Vgl. Lie (1995); zum Erschließen der Forschungslage vgl. v.a. Publikationen jüngsten Datums: Oudshoorn u.a. (2004), Lagesen (2005), Zorn u.a. (2007).

Oldenziel 1999). Mehr oder weniger erst nach dem Jahr 2000 finden sich sowohl im englisch- wie auch im deutschsprachigen Raum die ersten sozialwissenschaftlichen (zum Teil auch noch laufenden empirischen) Studien, die sich den Geschlechtscodierungen im (Alltags-)Wissen und in den Fachkulturen klassischer Ingenieurdisziplinen zugewandt haben (vgl. Paulitz 2006; Faulkner in diesem Band). In ihnen wird zunehmend der Blick auf eine größere Bandbreite an Männlichkeitsmustern im technischen Bereich geworfen. Diese neuere Entwicklung bearbeitet ein Desiderat, das Lohan und Faulkner wie folgt benannt haben: »[…] men/masculinities studies, as with gender studies in general […], has tended to undertheorize technology, while technology studies, even feminist technology studies, has tended to undertheorize masculinity.« (2004: 320). Sie plädieren insbesondere dafür, die essentialisierenden Tendenzen in der Formulierung des Verhältnisses zwischen Männlichkeit und Technik, die Wajcman bereits problematisierte, noch entschiedener zu kritisieren. Damit wird die eher homogenisierende Analyseperspektive auf Technik als männliche Naturbeherrschung erweitert, um simplifizierenden und erneut stereotypisierenden Festschreibungen zu entkommen, das heißt »to hold on to gender as an analytical category while empirically remaining open to the existence of a diverse range of potentially contradictory gender–technology relations« (ebd.: 323). Diese theoretische Ausrichtung aufnehmend, fokussiert der vorliegende Beitrag auf unterschiedliche, auch konkurrierende und variable Konstruktionsweisen des Verhältnisses zwischen Männlichkeit und Technik in Wissensordnungen des traditionellen Ingenieurwesens.

Eine solche Analyse von Männlichkeitskonstruktionen auf einer *epistemischen* Ebene, das heißt in der fachinternen Wissensproduktion, die auch danach fragt, wie Männlichkeiten im technischen Bereich entlang verschiedener gesellschaftlicher Differenzlinien relational zueinander ausgerichtet sind, ist ein mehr oder weniger unterbelichtetes Forschungsgebiet. Für die Untersuchung des Schnittfeldes von Vergeschlechtlichung und Ethnisierung im Verhältnis zur Technik sind Theorieangebote innerhalb der neueren feministischen (Natur-)Wissenschaftsforschung vorhanden. So hat Sandra Harding verstärkt die Analyse ethnischer Kategorien ins Zentrum ihrer Forschung gestellt und den Selbstanspruch westlicher Wissenschaft als universal und neutral vehement in Frage gestellt (vgl. u. a. 2004 und 2006). Londa Schiebinger hat sich in ihren jüngeren Forschungsarbeiten zunehmend mit den vergeschlechtlichten Wissenspraxen der *colonial science* beschäftigt (vgl. Schiebinger in diesem Band). Im Anschluss daran betrachte ich den Ingenieurbereich als ebenfalls eingewoben in historische koloniale bzw. globalisierte Verhältnisse der Verteilung materieller Güter und als Äußerungsformen der Welt- und Selbstdeutung, die geopolitisch ›situiert‹ sind. Als maßgebliche Trägerin der so genannten Technischen Zivilisation sind insbesondere die europäischen Technikwissenschaften auch als Teil des imperialistischen Herrschaftsprojekts und der damit einhergehenden Wissenspraxen zu verstehen.

Wie aber wurden die Konstruktionen des wissenschaftlich-technischen Experten bislang innerhalb der kritischen Männlichkeitenforschung behandelt?

1.2 Männlichkeit und Technik aus Sicht der kritischen Männlichkeitenforschung

Auch wenn das Verhältnis zwischen Männlichkeit und Technik keinen vitalen Diskussionsstrang innerhalb der kritischen Männlichkeitenforschung ausgebildet hat, lässt sich doch bei genauerer Betrachtung feststellen, dass Technik zumindest implizit mitverhandelt worden ist. So wurde bereits früh (im psychoanalytisch orientierten Deutungsrahmen) der ›Gebärneid‹ als zentrale Antriebskraft für die Herstellung der sozialen und materiellen, mithin also auch der artefaktischen Welt durch Männer (vgl. Easlea 1986; Theweleit 2002) thematisiert. Technische Rationalität erschien jedoch auch im Zuge der Beschäftigung mit dem Männlichkeitsmodell des fachwissenschaftlich gebildeten ›Mittelschichtsmannes‹ als thematischer Teilstrang in R.W. Connells Studie *Masculinities* (dt.: *Der gemachte Mann*, 1999).

Grundsätzlich zielt Connells Kernkonzept ›hegemonialer Männlichkeiten‹ darauf, diejenigen Machtverhältnisse zu beschreiben, die mit *verschiedenen* Modellen von Männlichkeit hergestellt werden.[3] Die Konstruktion von Männlichkeit weise einen »relationalen Charakter« auf (1999: 188). Dies werde »daran deutlich, daß Definitionen von Männlichkeit nicht das Ergebnis eines einsamen Individuums sind, sondern durch einen kollektiven Prozeß in einer Gruppe entstehen« (ebd.: 188f.). Damit erweist sich Connells Theorieperspektive zunächst als grundsätzlich anschlussfähig an Theorie-

---

3 Seit Mitte der 1990er Jahre wurden Connells Arbeiten in der anglo-amerikanischen Geschlechterforschung, seit Ende der 1990er Jahre auch in Deutschland intensiv diskutiert und insbesondere auch im Hinblick auf die Betrachtung unterschiedlicher Männlichkeiten und ihrer relationalen Konstituierung aufgegriffen (vgl. u.a. Dinges 2005).

positionen, wie ich sie oben aus der sozialkonstruktivistisch orientierten feministischen Technikforschung herausgearbeitet habe. Sie tritt nicht nur essentialistisch und biologistisch argumentierenden Auffassungen von Männlichkeit entgegen (vgl. auch Connell 2000), sondern regt dazu an, die Konstruktion von Männlichkeit als ein flexibles Machtfeld zu betrachten, in dem Männlichkeitskonzeptionen (historisch) veränderbar sind und im Zusammenhang mit gesellschaftlichen Transformationsprozessen stehen.[4] Connells Konzept eignet sich daher auch besonders gut für das Vorhaben, diejenigen Ambivalenzen und Brüche in der Herstellung von Männlichkeitskonzeptionen im Ingenieurbereich auszuloten, welche nicht notwendigerweise immer nur als Alternative zwischen Maskulinisierung und Feminisierung funktionieren.

Connells Buch *Der gemachte Mann* enthält ein gesondertes Kapitel über die »Männer von Vernunft« (1999: 185ff.), das sich mit wissenschaftlich-technischen Experten beschäftigt. Connell arbeitet hier zwar Ambivalenzen heraus, die die interviewten Männer in Bezug auf ihr wissenschaftlich-technisches Berufsfeld äußern. Interessanterweise wird Rationalität in Connells Fallstudie indessen vorwiegend dann ambivalent, wenn das Außerberufliche und wenn der Körper und Sexualität an Bedeutung für ein individuelles Männlichkeitsmodell gewinnen. Damit zementiert Connells analytischer Blick tendenziell die im Alltagswissen verankerte Codierung der beruflichen Sphäre und der Fachwelt als rational versus der privaten Sphäre des Körpers und der Intimität als nicht-rational. Der Effekt dieser Analyse ist daher, dass berufliches Handeln im Feld von Wissenschaft und Technik bei Connell mehr oder weniger unangetastet als kohärentes rationalistisch geprägtes Muster bestehen bleibt.[5] Auf diese Weise wird deutlich, dass es letztlich *nicht* sein Anliegen ist, die dem Beruflichen inhärenten, spezifischen Bruchlinien von Rationalitätskonzepten kritisch zu beleuchten. Seine Betrachtungs-

---

4 Für die Kritik insbesondere an Connells Historisierung hegemonialer Männlichkeiten vgl. Martin Dinges' Vorschlag zur Differenzierung aus geschichtswissenschaftlicher Perspektive (2005: 19f). Dinges geht z.B. auch davon aus, »dass selbst zu Zeiten der massivsten Geltung moderner hegemonialer Männlichkeit vor und nach dem Ersten Weltkrieg weiterhin eine Vielzahl von Modellen ›dominanter Männlichkeit‹ kursierte« (ebd.: 20).

5 Dass Connell die Codierung dieser dualistisch gedachten Sphären nicht in Frage stellt, zeigt sich an einem weiteren Aspekt: In dem ambivalenten Männlichkeitsmuster sieht er Chancen für die ›Modernisierung‹ des Geschlechterverhältnisses. So fragt er etwa danach, ob eine »rationale Managementstrategie hinsichtlich Kompetenz« auch kompetente Frauen bei der Personalauswahl berücksichtigen und dadurch »die Männlichkeitskultur technischer Berufe« aushöhlen könnte (Connell 1999: 195).

weise tendiert vielmehr dazu, fachwissenschaftlich fundierte, technische Vernunft auch aus sozialwissenschaftlicher Perspektive erneut als neutral zu setzen. Eine kritische sozialwissenschaftliche Untersuchung wissenschaftlich-technischen Wissens und vergeschlechtlichter Formen wissenschaftlich-technischer Rationalität stellt daher nach wie vor eine markante Forschungslücke innerhalb der Männlichkeitenforschung dar.

1.3 Formen der Vergeschlechtlichung ingenieurwissenschaftlichen Wissens um 1900

Wissenschaftlich-technisches Wissen kann – und hier möchte ich den Bogen zur (feministischen) Wissenschafts- und Technikforschung zurückschlagen – *nicht* als gesellschaftlich neutral betrachtet werden. In der Konsequenz fokussiert meine Bündelung beider Theoriestränge auf die Öffnung der Untersuchungsperspektive, die es erlaubt, die ganze Bandbreite verschieden ausgeprägter geschlechtlicher Codierungen und Recodierungen ingenieurwissenschaftlichen Wissens in den Blick zu bekommen. Ich wende mich dabei verstärkt den in technischen Wissensbeständen inhärenten Herstellungsweisen von *Männlichkeitskonzeptionen* zu. Diese lassen sich erstens als Schnittpunkte verschiedener gesellschaftlicher Differenzkategorien und zweitens als flexible (diskursive) Bezugnahmen auf vorhandene gesellschaftliche Wissensformationen, das heißt hier genauer: auf gesellschaftlich dominante konkurrierende Männlichkeiten, beziehungsweise als Verwerfungen marginalisierter Männlichkeitskonstruktionen verstehen.

Eine solche theoretische Untersuchungsperspektive entspricht auch dem Untersuchungsfeld. Das Ingenieurwesen befand sich Ende des 19. Jahrhunderts im Kampf um soziale Anerkennung innerhalb der bürgerlichen Gesellschaft, wo es einerseits zumeist als sozial randständig und wenig prestigereich wahrgenommen wurde, andererseits aber einen enormen Bedeutungszuwachs im Industrialisierungsprozess erfuhr. Als relativ junge Domäne stand es in seinen Bemühungen um Verwissenschaftlichung zunächst in Konkurrenz zu den etablierten akademischen Disziplinen und zum Bildungsbürgertum. Dieser historische Kontext der Professionalisierung des Ingenieurwesens bildet daher die gesellschaftliche Hintergrundfolie für die spezifischen Formen der Maskulinisierung traditioneller Ingenieurberufe (vgl. u. a. König 1999).

Für eine solche Untersuchung bietet es sich an, einen genaueren Blick auf die Debatten zum kulturellen Stellenwert der Technik zu werfen. Der breitere gesellschaftliche Diskurs entfaltete sich Anfang des 20. Jahrhunderts und wurde vorwiegend von Kulturwissenschaftlern geführt. Die Spannweite der Positionen innerhalb dieser Auseinandersetzung reichte von euphorischen Beurteilungen des technischen Fortschritts einerseits bis hin zu kulturpessimistischen Auffassungen andererseits, die einen durch die technische Zivilisation verursachten Niedergang der Kultur prophezeiten (vgl. Dietz u. a. 1996).

Gegenstand meiner Untersuchung hier sind die Äußerungen von *Ingenieuren* zu dieser Debatte, mit denen sie vor allem kulturpessimistischen Argumenten widersprachen und eigene Deutungen über den kulturellen Stellenwert der Technik vorlegten. Die Beiträge der Ingenieure, die zu einem großen Teil in Fachorganen des Ingenieurbereichs veröffentlicht wurden, haben so auch den Charakter einer Selbstverständigung über Stellenwert, Objektbereich und Praxis der eigenen Profession und sind so als genuiner Teil der innerfachlichen Wissensproduktion zu werten. Diese Untersuchung ist Teil meiner umfassenderen – noch laufenden – Studie über die geschlechtliche Signatur des Fachdiskurses zum technischen Konstruieren, der als markanter Strang der Wissensproduktion vorrangig seit Ende des 19. Jahrhunderts im Maschinenbau entwickelt worden ist.[6] Meine Analyse der Debatte zum kulturellen Stellenwert der Technik versteht die Äußerungen der Ingenieure daher nicht als bloße professionspolitische Rhetorik. Im Sinne der neueren Wissenschaftsforschung fokussiere ich vielmehr auf die soziale Konstruktion ingenieurwissenschaftlichen (Fach-)Wissens im Kontext der Emergenz des sozialen Feldes. Die Frage, inwiefern dieses Wissen geschlechtlich codiert ist, wurde bislang kaum oder nur am Rande untersucht. Im Folgenden möchte ich unterschiedliche Konstruktionsweisen von Männlichkeit im ingenieurwissenschaftlichen Fachdiskurs näher beleuchten.

---

6 Die Untersuchung umfasst eine wissenssoziologische Analyse fachwissenschaftlicher Diskurse von der Mitte des 19. Jahrhunderts bis in die jüngere Gegenwart. Die Materialbasis resultiert aus der Auswertung einschlägiger Fachzeitschriften und den darin geführten Debatten sowie zentraler Lehrbuchtexte. Die Untersuchung wurde im Rahmen des Forschungsprojekts *Technisches Konstruieren und Geschlecht in der Informationsgesellschaft* vom Österreichischen Wissenschaftsfond (FWF) gefördert, vgl. auch www.sts.tugraz.at/paulitz/.

2. Maskulinisierungsweisen technischen Schaffens

In diesem Abschnitt zeichne ich exemplarisch drei voneinander abweichende Formen der Maskulinisierung technischen Schaffens nach. Die Präsentation des Materials folgt zunächst einer chronologischen Ordnung der untersuchten Dokumente, die auch historische Bewegungen und Gegenbewegungen in den Argumentationen der Ingenieure widerspiegelt. Die Modi der Maskulinisierung selbst verstehe ich nicht als systematische Entwicklungen, sondern als Varianten in der Konstruktion von Geschlecht, die auch zeitgleich auftreten können.

2.1 Implizite Referenzen und stillschweigende Androzentrismen

Die ersten wissenschaftlich orientierten Lehrbücher im Maschinenbau aus der Mitte des 19. Jahrhunderts verdeutlichen, dass die Ingenieurtätigkeit von Beginn an in einem Spannungsfeld zwischen wissenschaftlicher Methodik und künstlerisch-handwerklicher Praxis konzeptualisiert wird.[7] Die Frage, wer in der Lage ist, eine Maschine zu konstruieren, wurde dabei nicht ausdrücklich als eine Geschlechterfrage thematisiert; der Bezug auf das Geschlecht ist vielmehr implizit in der Struktur der Argumentation angelegt. Denn die Unterscheidung zwischen Wissenschaft und Praxis operiert mit Referenzen auf den Dualismus von Rationalität und Emotionalität, der eng verbunden ist mit der bipolaren Konzeption der modernen Geschlechtskategorie. Ferdinand Redtenbacher, einer der maßgeblichen Begründer des wissenschaftlichen Maschinenbaus in Deutschland, unterscheidet in seinem Buch *Die Gesetze des Lokomotiv-Baues* (1855) zwei verschiedene Formen der technischen Entwicklung und setzt diese auf spezifische Weise zueinander in Beziehung. Im Vorwort schreibt er:

»In der Geschichte der Entstehung und Entwicklung jeder bedeutenderen Erfindung wiederholen sich ähnliche Erscheinungen. Zuerst geht immer die Praxis mit ihrem gesunden Triebe und Gefühle voran, und bringt eine Menge Dinge hervor, über deren Beschaffenheit sie sich selbst nicht ganz Rechenschaft zu geben weiss; [...] weil es gar nicht die Aufgabe der Praxis, sondern vielmehr die Aufgabe der

---

[7] Heymann (2005) hat dieses Spannungsfeld für das 20. Jahrhundert nachgezeichnet und bis in die jüngere Gegenwart Wellenbewegungen zwischen ›Wissenschaft‹ und ›Kunst‹ herausgearbeitet.

Wissenschaft ist, aus einer Mannigfaltigkeit von Vorhandenem die Regeln und Gesetze ausfindig zu machen.« (Redtenbacher 1855: III).

Beide Aktivitäten, die ›praktische‹ Aktivität des Erfindens und die ›wissenschaftliche‹ Aktivität des Ordnens und Regelns, werden von Redtenbacher als spezifische Phasen in der Entwicklungsgeschichte einer Technik (z. B. der Dampflokomotive) betrachtet. ›Praxis‹ wird von ihm in naturalisierender Weise als ein innerer naturhaft-›gesunder‹ An›trieb‹ beschrieben. Praxis unterliege keinem rationalen Willen, sondern einem ›Gefühl‹, das quasi unwissend eine Vielzahl an Artefakten hervorbringe. Das Gegenstück dazu sei die Wissenschaft, die das so Hervorgebrachte aus einer gewissen Distanz zu betrachten und allgemeine Regeln zu formulieren habe. Gefühl und Geist scheinen nach den gleichen Zuweisungsregeln wie ›Natur‹ und ›Kultur‹ einander gegenübergestellt. Diese Argumentation bildet daher die allgemeinere Hintergrundfolie, vor der beiden Phasen des technischen Entwicklungsprozesses ein spezifischer Platz zuerkannt wird. Unter Rückgriff auf die modernen dualistischen Denkmustern inhärenten Hierarchisierungen[8] gelingt es Redtenbacher außerdem, dem Maschinenbau eine wissenschaftliche Begründung zu verleihen und ihn so aufzuwerten, ohne dies explizit auszusprechen. Zugleich wird die von ihm favorisierte wissenschaftliche Innovationstätigkeit auch implizit geschlechtlich aufgeladen. Die spezifische Form der Gegenüberstellung von Praxis und Wissenschaft, Gefühl und Geist, weist Parallelen zur *Polarisierung der Geschlechtscharaktere* auf, wie sie sich im späten 18. Jahrhundert im Zuge der Entstehung der bürgerlichen Gesellschaft herausbildete (vgl. Hausen 1976).

Insofern lässt sich Redtenbachers Argumentationsfigur zugleich als spezifische, innerhalb der historischen Wissensordnung wirksame hierarchisierende Wissenspraxis lesen. Die Vergeschlechtlichung dieses frühen Lehrbuchtextes erscheint als *implizite Referenz* und funktioniert so im Modus eines *stillschweigenden Androzentrismus*. Sie protegiert den neuen wissenschaftlich arbeitenden Ingenieur mit Hilfe der diskursiven Referenz auf die zeitgenössische Variante des Naturwissenschaftlers, das heißt auf die Instanz einer im dualistischen Ordnungsmuster männlich codierten Rationalität, die sich als Subjekt klar vom Objekt unterscheidet und distanziert (vgl. Keller 1986; Scheich 1993).

---

8 Zum Zusammenhang von Differenz und Hierarchisierung aus Geschlechterperspektive vgl. u. a. Gildemeister/Wetterer (1992: 228); Scott (1988).

Festzuhalten ist indessen, dass die bei Redtenbacher tendenziell herabgesetzte Figur des technischen, erfindungsreichen Praktikers *keine* explizite Feminisierung erfährt. Darüber hinaus knüpft diese Figur des Erfinders an Bilder an, die auf andere, ebenfalls von Männern dominierte Arbeitsfelder wie das Handwerk und das frühe industrielle Unternehmertum verweisen. In dieser Hinsicht ist die oben entwickelte These eines stillschweigenden Androzentrismus auch kritisch zu diskutieren. Denn obwohl Redtenbachers Argumentation mit traditionellen Polarisierungen hantiert, verbleibt sein Gegenstand uneingeschränkt innerhalb der traditionellen Berufssphären der Männer. Mit keinem Wort verweisen die Formulierungen auf den gesellschaftlich weiblich codierten Bereich des Häuslichen. Auf der einen Seite legt dieser Befund daher die Deutung nahe, dass ein sehr dominanter Modus der Vergeschlechtlichung technischen Wissens der Zeit genau darin besteht, Frauen absolut und unhinterfragt außerhalb des Diskurses zu verorten, auch wenn sich durchaus Referenzen zur Natur-Kultur-Polarisierung auffinden lassen. Auf der anderen Seite, so möchte ich weiter argumentieren, würde eine einfache Korrelation von dualistischen Geschlechterkonzeptionen mit den im Material vorfindbaren Polarisierungen Gefahr laufen, Stereotypisierungen zu reproduzieren. Die Vergeschlechtlichung solcher Gegensatzpaare, wie wir sie bei Redtenbacher vorfinden, wäre dann lediglich das Ergebnis der eigenen binär verfassten Analyseperspektive. Wie ich an weiteren Vergleichsmaterialien zeigen werde, sind die mit den Ansprüchen wissenschaftlich-technischer Rationalität formulierten Verwerfungen nicht notwendigerweise im Schema der Zweigeschlechtlichkeit zu verstehen. Sie verweisen auf Hierarchisierungen in der technisierten Arbeitswelt der Männer (Abschnitt 2.2). Daneben finden sich Gegenbewegungen innerhalb der Fachdebatten der Ingenieure, in denen die Ingenieurpraxis explizit maskulinisiert und Männlichkeit zur kreativen Ressource wird (Abschnitt 2.3).

2.2 Relationale Konstruktionen produktiver Männer in der technisierten Arbeitswelt

Im Jahr 1884 hielt Franz Reuleaux, einer der zentralen Protagonisten der Verwissenschaftlichung des Maschinenbaus Ende des 19. Jahrhunderts, einen Vortrag zum Thema *Cultur und Technik*. Er fragt darin nach dem Grund für die politische Vorrangstellung der Nationen Europas und Nordamerikas, die er als die »Atlantiker« bezeichnet, in der zeitgenössischen kolonialen Welt. Seine zentrale These beruht darauf, die entscheidende Leistung der Atlantiker mit einer historisch neuen, einer *erworbenen* Denkweise zu erklären. Diese sei das Resultat eines Kampfes mit der göttlichen Weltordnung und verbunden mit dem Aufstieg der modernen abendländischen Naturwissenschaften. Die im Zuge der Säkularisierung entwickelte Konzeption wissenschaftlich-technischer Rationalität akzentuiert Reuleaux als »eine geistige Riesenarbeit und zugleich ein geistiger Kriegszug hinauf zur Höhe freier Erkenntnis« (1885: 26). Im Kontrast dazu schildert er das Szenario eines gescheiterten Kampfes am Beispiel der arabischen Welt:

»Wir können es sehen, und zwar sehen an der großen arabischen Völkerfamilie. Bei ihr hatte die Reaction wirklich gesiegt. [...] und gelähmt liegt sie darnieder jetzt schon ein halbes Jahrtausend. Allah aalam! ›Gott allein weiß!‹ D.h. daher sollst du nicht wissen wollen!« (ebd.)

Reuleaux stellt hier eine »geistig abgetötete Masse« (ebd.) einem ›Willen zum Wissen‹ und einer ›lebendigen freien Erkenntnis‹ gegenüber. Eine Nation könne sich quasi selbst dafür entscheiden, in die ungehinderte, das heißt nicht ›gelähmte‹ Bewegung des Ideenfortschritts einzutreten und mitzumarschieren. Folglich stehe Europa seine Vorherrschaft mit Recht zu. Reuleaux' argumentative Grundlegung dieser Legitimationsstrategie im naturwissenschaftlich-technischen Komplex stellt, so meine Deutung, die Frage der technischen Produktivität der Ingenieure ins Zentrum der kolonialen Welt und stützt die Auffassung eines höher gestellten und höher entwickelten Europas. »So wird denn die wissenschaftliche Technik zur Trägerin der Cultur, zur kraftvollen unermüdlichen Arbeiterin im Dienste der Gesittung und Bildung des Menschengeschlechtes« (ebd.: 45). Die Grundlage für die (kulturelle) Expansion Europas sieht er in einer materiellen Überlegenheit, die durch wissenschaftliche Technik erst möglich geworden sei.

In seiner weiteren Argumentation unterscheidet Reuleaux mit Bezug auf das Feld der Arbeit zwei Modelle produktiv-tätiger Männer entlang des Gegensatzpaares körperlicher versus geistiger Kraft. Er berechnet und vergleicht quantitativ mit der Geste des objektiven Beweises »die Arbeitsstärke von [...] Menschen, starken *Männern*« (ebd.; Hervorh. T.P.) bei körperlicher Arbeit mit der Leistungsfähigkeit einer auf Kohle und Dampfkraft basierenden industriellen Produktion und kommt zum Ergebnis: »Wir Atlantiker, das Sechstel der Erdenbewohner, leisten aber mit unserer [...] Arbeit weit über viermal soviel, als jene [die ›anderen Völker‹; T.P.] leisten können« (ebd.). Reuleaux' zentrales Anliegen ist es dabei weniger, die koloniale

Herrschaft als solche argumentativ abzustützen, sondern vielmehr den auf der einzigartigen Leistung begründeten hohen Stellenwert der Ingenieure innerhalb ihrer ›eigenen‹ Kultur zu begründen. In ähnlicher Weise differenziert Reuleaux schließlich auch zwischen verschiedenen »Stufen« des technischen Ausbildungssystems, zwischen akademisch gebildeten Ingenieuren einerseits und einfachen Technikern andererseits. Als Ergebnis seiner Darlegungen schält sich letztlich eine recht kleine Gruppe der europäischen, höher technikwissenschaftlich ausgewiesenen, geistig tätigen Männer heraus, eine kleine technische Elite also. Diese beansprucht, angelehnt an das bildungsbürgerliche Ideal geistiger Arbeit, den ihr angemessenen Platz in der Gesellschaft und tritt so in Konkurrenz zu den etablierten Bildungseliten der Zeit.

Im Rückgang auf die Theoriediskussion kann hier folgendes Zwischenergebnis festgehalten werden: Connells These eines relationalen Charakters der Konstruktion von hegemonialer Männlichkeit kann bei Reuleaux auf einer diskursiven Ebene in den Wissensformationen des Ingenieurbereichs nachgewiesen werden. Die im Kontext der Professionalisierung des Ingenieurwesens artikulierte, Hegemonialität *beanspruchende* Konzeption des geistig arbeitenden Maschinenwissenschaftlers konstituiert sich im ausdrücklichen Vergleich und in Abgrenzung zu einem ›Anderen‹. Interessant ist, dass dieses Andere, ähnlich wie in Redtenbachers Gegenüberstellung von Wissenschaft und Praxis, nicht feminisiert wird. Im Gegenteil basiert Reuleaux' Argumentation auf der zwar selbstverständlich formulierten, jedoch auf Textebene durchaus evidenten Aussage, dass es um körperlich bzw. wissenschaftlich-technisch produktive *Männer* geht. Die ›Anderen‹ der wissenschaftlich-technischen Produktivität werden in diesem Zusammenhang explizit mit Hilfe ethnischer Kategorien – beziehungsweise der Kategorie der Nation, des Volkes – einerseits und mit Hilfe sozialer Hierarchisierungen (im Ausbildungssystem) andererseits konstruiert.

2.3 Männlichkeit als geniale, kreative Ressource

Redtenbachers Unterscheidung zwischen einer wissenschaftlichen und einer gefühlsgelenkten Form der Entwicklung von Technik, erfährt um 1900 eine entscheidende Neu- bzw. Umbewertung. Es sind vor allem Reuleaux' zeitgenössische fachinterne Gegenspieler, die sich stärker an der künstlerischen Praxis orientieren und die am wissenschaftlichen Ideal angelehnte Konzeption des Ingenieurs kritisieren. Bekannt sind die Theorie- und Methodenstreits zwischen Reuleaux und dem Berliner Maschinenbauprofessor Alois Riedler (vgl. Braun 1977).

Diese neue Argumentation ist aus meiner Sicht als strategische Wendung im Kampf der Ingenieure um hegemoniale Männlichkeit zu interpretieren. Der 1904 veröffentlichte programmatische Text *Poesie und Technik* des Agraringenieurs Max Eyth ist als Dokument dieser Gegenbewegung zu sehen und gibt Aufschluss über die Vergeschlechtlichung des Wissens durch die Konzeption der Erfindungstätigkeit als ›Kunst‹. Eyth beschreibt darin den Schaffensvorgang als »[...] den dunklen Drang, zu schaffen, das halb unbewußte Spielen der Phantasie, [...] das von keinem Willen abhängig zu sein scheint« (1904: 1132). Die Erfindung ereignet sich demzufolge ähnlich einer religiösen Offenbarung, die vom Erfinder Besitz ergreift: »[...] und schließlich die das ganze Wesen des Mannes durchzitternde Gewißheit: Hier ist wieder einmal eine neue Wahrheit gefunden!« (ebd.) Diese Formulierungen korrespondieren mit einem expliziten Gefühlsdiskurs im Ingenieurwissen der Zeit. Unter anderem ist dort die Rede vom konstruktiven Gefühl und vom intuitiven Vorgehen. Männlichkeit bleibt bei Eyth kein beiläufiges Etikett, sondern wird zum emphatisch-programmatischen Leistungskriterium, wenn er schreibt: »Die Phantasie und der Wille, die Kraft und die Männlichkeit, die all diese Dinge geschaffen haben, sind noch heute in voller Tätigkeit und arbeiten weiter an der Erschließung unbegrenzter Möglichkeiten« (ebd.: 1131). Auf diese Weise wird *Männlichkeit* zur *expliziten Markierung* und geradezu zur *kreativen Ressource* des Ingenieurs. Durch den Anschluss an traditionelle Konzeptionen künstlerischer Tätigkeit und an den Geniediskurs des deutschen Idealismus werden die als nichtrational geltenden Konzepte der Ingenieurtätigkeit nicht nur diskursiv eingeschlossen, sondern geradezu gefeiert. So gelingt es auch, traditionell weiblich codierte ›Fähigkeiten‹ wie Intuition, Gefühl und Phantasie in einer spezifischen Kombination mit den Attributen Willen und Kraft zu mobilisieren, ohne symbolisch die Männlichkeit des Ingenieurs aufs Spiel zu setzen. Die Maskulinisierung erfolgt in doppelter Weise, zum einen in der Rede vom Erfinder als *Mann* und zum anderen in der emphatischen Benennung von *Männlichkeit* als Attribut und produktives Vermögen des Ingenieurs.

3. Disparate, konkurrierende Handlungsrationalitäten und Männlichkeit

Meine exemplarische Betrachtung historischer Wissensbestände aus der Zeit der Professionalisierung der Technikwissenschaften gibt Hinweise darauf, dass die gängige, vereinheitlichende Vorstellung technischer Rationalität den Blick auf die im Ingenieurbereich selbst vorhandenen Deutungskämpfe und konkurrierenden Bilder verdeckt. In ingenieurwissenschaftlichen Fachdiskursen um 1900 lassen sich unterschiedliche und zum Teil völlig gegenläufige Konstruktionsweisen von Männlichkeit auffinden. Daher ist die These von der hartnäckigen männlichen Codierung der Technik genauer zu differenzieren und als Frage nach den Konstruktionsmodi von Männlichkeit und Technik aufzufächern.

Die Ergebnisse meiner Analyse lassen sich in drei Thesen folgendermaßen zusammenfassen: Die verschiedenen Modi der Maskulinisierung des Ingenieurschaffens funktionieren erstens auf je spezifische Weise als *Referenz auf die dualistische Geschlechterordnung des 19. Jahrhunderts*. Es handelt sich

a) um das *implizite Aufrufen* der Geschlechterordnung: Die wissenschaftliche Ingenieurtätigkeit wird gegenüber der als naturhaft und emotional gedachten Praxis abgegrenzt (Redtenbacher);
b) um die *selbstverständliche Bezugnahme* auf diese Geschlechterordnung: Technische Rationalität als Sache der Männer wird als gesetzt behandelt und andere Differenzierungen zwischen Männern werden relevant (Reuleaux); und
c) um die *explizite Maskulinisierung des Nicht-Rationalen*: Produktive Kraft erscheint als besonderes männliches Vermögen (Eyth).

Zweitens werden *nicht-rationale Konzepte der Ingenieurtätigkeit* nicht aus dem Fachwissen verdrängt bzw. als das ›Außerhalb‹ des Faches konstruiert, sondern sind *Teil der diskursiven Ordnung der Technikwissenschaften*. Aus der hier eingenommenen theoretischen Untersuchungsperspektive, die auch nach flexiblen Formationen vergeschlechtlichten technischen Fachwissens fragt, lässt sich dieses Nicht-Rationale innerhalb des Fachdiskurses als *konkurrierende technische Handlungsrationalität* interpretieren, die einem spezifischen Maskulinisierungsmodus folgt. Technische Rationalität ist daher nicht als geschlossenes Konvolut und somit nicht als Einheit zu verstehen. Vielmehr besteht das Feld aus einer Vielzahl historisch kontingenter Konzepte, die häufig koexistieren und auf flexible und disparate Weise aufgeladen sind mit vergeschlechtlichten, ethnisierenden und weiteren sozial differenzierenden Wissenselementen. Drittens funktionieren diese nicht als feste Deutungsmuster, sondern mit der Beweglichkeit diskursiver Referenzen auf die zeitgenössische symbolische Geschlechterordnung. Daher dokumentieren sie auch weniger eine stabile Hegemonialität von Männlichkeit als vielmehr Kämpfe um deutungsmächtige Bilder und so um gesellschaftliche Vorrangstellung.

Etwas allgemeiner formuliert möchte ich daher schlussfolgern: Die sozialwissenschaftliche Beschäftigung mit dem Verhältnis von Männlichkeit und Technik greift zu kurz, wenn sie eine mehr oder weniger monolithisch *einzige* Konzeption hegemonialer wissenschaftlich-rationaler Männlichkeit unterstellt. Dadurch liefe sie nicht nur Gefahr, an den Wissensformationen des technischen Feldes selbst vorbei zu argumentieren. Sie übersähe auch die Variationsbreite der Herstellung von Männlichkeit und ihre Überschneidungen mit anderen gesellschaftlichen Differenzkategorien. Ob diese Disparitäten in den technikwissenschaftlichen Maskulinierungsweisen eher zur Destabilisierung der existierenden Geschlechterverhältnisse in der Technik beitragen können oder gerade ihre Stabilität gewährleisten, ist momentan eine offene Frage.

Literatur

Braun, Hans-Joachim (1977), »Methodenprobleme der Ingenieurwissenschaft, 1850–1900«, *Technikgeschichte*, Nr. 44, S. 1–18.
Connell, Robert W. (1999), *Der gemachte Mann. Konstruktion und Krise von Männlichkeiten*, Opladen (engl. Originalausgabe: *Masculinities*, Cambridge 1995).
— (2000), »Globalisierung und Männerkörper – Ein Überblick«, *Feministische Studien*, Jg. 18, H. 2, S. 78–87.
Dietz, Burkhard/Fessner, Michael/Maier, Helmut (Hg.) (1996), *Technische Intelligenz und »Kulturfaktor Technik«. Kulturvorstellungen von Techniken und Ingenieuren zwischen Kaiserreich und früher Bundesrepublik Deutschland*, Münster/New York.
Dinges, Martin (2005), »Hegemoniale Männlichkeit – ein Konzept auf dem Prüfstand«, in: ders. (Hg.), *Männer – Macht – Körper. Hegemoniale Männlichkeiten vom Mittelalter bis heute*, Frankfurt a.M./New York, S. 7–33.
Easlea, Brian (1986), *Väter der Vernichtung. Männlichkeit, Naturwissenschaftler und der nukleare Rüstungswettlauf*, Reinbek bei Hamburg.
Eyth, Max von (1904), »Poesie und Technik«, *Zeitschrift der Vereins deutscher Ingenieure*, Bd. 48, Nr. 31, S. 1129–1134.

Gildemeister, Regine/Wetterer, Angelika (1992), »Wie Geschlechter gemacht werden. Die soziale Konstruktion der Zweigeschlechtlichkeit und ihre Reifizierung in der Frauenforschung«, in: Gudrun Axeli Knapp/Angelika Wetterer (Hg.), *TraditionenBrüche. Entwicklungen feministischer Theorie*, Freiburg, S. 201–254.

Harding, Sandra (2004), »Wissenschafts- und Technikforschung: Multikulturelle und postkoloniale Geschlechteraspekte«, in: Ruth Becker/Beate Kortendiek (Hg.), *Handbuch Frauen- und Geschlechterforschung*, Wiesbaden, S. 267–276.

— (2006), *Science and Social Inequality. Feminist and Postcolonial Issues*, Champaign/USA.

Hausen, Karin (1976), »Die Polarisierung der Geschlechtscharaktere«, in: Werner Conze (Hg.), *Sozialgeschichte der Familie in der Neuzeit Europas. Neuere Forschungen*, Stuttgart, S. 363–393.

Heymann, Matthias (2005), *»Kunst« und Wissenschaft in der Technik des 20. Jahrhunderts. Zur Geschichte der Konstruktionswissenschaft*, Zürich.

Keller, Evelyn Fox (1986), *Liebe, Macht und Erkenntnis. Männliche oder weibliche Wissenschaft?* München (engl. Originalausgabe: *Reflections on Science and Gender*, New Haven 1985).

König, Wolfgang (1999), *Künstler und Strichezieher. Konstruktions- und Technikkulturen im deutschen, britischen, amerikanischen und französischen Maschinenbau zwischen 1850 und 1930*, Frankfurt a.M.

Lagesen, Vivian Anette (2005), *Extreme Make-over? The Making of Gender and Computer Science*, Trondheim (PhD Dissertation).

Lie, Merete (1995), »Technology and Masculinity. The Case of The Computer«, *European Journal of Women's Studies*, Jg. 2, H. 3, S. 379–394.

Lohan, Maria (2000), »Constructive Tensions in Feminist Technology Studies«, *Social Studies of Science*, Jg. 30, H. 6, S. 895–916.

— /Faulkner, Wendy (2004), »Masculinities and Technologies. Some Introductory Remarks«, *Men and Masculinities*, Jg. 6, H. 4, S. 319–329.

Oldenziel, Ruth (1999), *Making Technology Masculine. Men, Women and Modern Machines in America 1870–1945*, Amsterdam.

Oudshoorn, Nelly/Rommes, Els/Stienstra, Marcelle (2004), »Configuring the User as Everybody. Gender and Design Cultures in Information and Communication Technologies«, *Science, Technology & Human Values*, Jg. 29, H. 1, S. 30–63.

Paulitz, Tanja (2006), »Geschlechterforschung und Technikwissenschaften. Von den (fehlenden) Ingenieurinnen zu Geschlecht als Wissenskategorie«, *Zeitschrift für Frauenforschung und Geschlechterstudien*, Jg. 24, H. 4, S. 23–42.

Redtenbacher, Ferdinand (1855), *Die Gesetze des Lokomotiv-Baues*, Mannheim.

Reuleaux, Franz (1885), »Cultur und Technik«, *Zeitschrift des Vereins deutscher Ingenieure*, Bd. XXIX, Nr. 2, S. 24–28 und Nr. 3, S. 41–46.

Scheich, Elvira (1993), *Naturbeherrschung und Weiblichkeit: Denkformen und Phantasmen der modernen Naturwissenschaften*, Pfaffenweiler.

Scott, Joan W. (1988), »Gender: A Useful Category of Historical Analysis«, in: dies., *Gender and the Politics of History*, New York, S. 28–50.

Theweleit, Klaus (2002), »Männliche Geburtsweisen«, in: Therese Steffen (Hg.), *Masculinities – Maskulinitäten*, Weimar, S. 2–27.
Wajcman, Judy (1994), *Technik und Geschlecht. Die feministische Technikdebatte*, Frankfurt a.M. (engl. Originalausgabe: *Feminism Confronts Technology*, Cambridge 1991).
— (2002), »Gender in der Technologieforschung«, in: Ursula Pasero/Anja Gottburgsen (Hg.), *Wie natürlich ist Geschlecht?* Opladen, S. 270–289.
Zachmann, Karin (2004), *Mobilisierung der Frauen. Technik, Geschlecht und Kalter Krieg in der DDR*, Frankfurt a.M./New York.
Zorn, Isabel/Maass, Susanne/Rommes, Els/Schirmer, Carola/Schelhowe, Heidi (Hg.) (2007), *Gender Designs IT. Construction and Deconstruction of Information Society Technology*, Wiesbaden.

The Gender(s) of »Real« Engineers: Journeys around the Technical/Social Dualism*

Wendy Faulkner

Engineers have two types of stories about what constitutes ›real‹ engineering: in sociological terms, one is technicist, the other heterogeneous. For instance, engineers commonly report that their biggest surprise when they started their first engineering job after graduating was how little of their work time is spent on ›actual‹ or ›real‹ engineering. When I ask what they mean by ›real engineering‹, they typically reply ›calculations and drawings‹ or just ›sums‹. The emphasis on calculations is hardly surprising. As Louis Bucciarelli has demonstrated, »the core of university-based engineering education is a mathematical approach to analytical problem solving in which problems are reduced to their physical properties and social complexity is pared away« (1994: 108). This training stands in stark contrast to the huge importance of ›social‹ expertise in engineering jobs, which engineers soon learn is actually vital to their work. Some come to embrace these aspects of the job, viewing them as the more challenging and rewarding; others cleave to a narrowly technicist identity, commonly couched in terms of ›nuts and bolts‹. But virtually all the engineers I have met oscillate between or straddle, not always comfortably, these two identities – hence, ›journeys around the technical/social dualism‹.

The technical/social dualism has long been a critical focus for students of technology and for feminists. Sociologists and historians of technology

---

* I would like to acknowledge the financial support of the UK Economic and Social Research Council for the study this paper draws on. Heartfelt thanks are due to the many engineers who put up with me trailing them around and so generously shared their experiences with me, and in particular to the two who agreed to their stories being told here. A longer version of this paper appears in Social Studies of Science (Faulkner 2007). Thanks are due to Michael Lynch for agreeing to this version being published – also to two anonymous referees for that journal, and to Liz Bondi, Eileen Green, Flis Henwood, Gill Kirkup and Donald MacKenzie, for taking the time to read and comment on earlier versions. Thanks also to Tanja Paulitz and Petra Lucht for their thoughtful work in suggesting how to shorten the piece.

have repeatedly demonstrated that the knowledge mobilised in engineering practices is never ›just technical‹ with ›the social‹ bolted on.[1] Rather, these two dimensions are in a very practical sense inseparable – ›feasibility‹, for example, is simultaneously about what is practically do-able and what is commercially viable – hence the terms *sociotechnical* (Hughes 1986; 1983) and *heterogeneous* engineering (Law 1987). Since ›the technical‹ and ›the social‹ are inseparable in everyday engineering practice, the boundaries drawn between them are inevitably arbitrary – as I will illustrate shortly here. How and where these boundaries are drawn is a central concern for feminists because of the strong marking of sociality as feminine and of technology as masculine in wider culture (Faulkner 2000b). This conventional gendering of the technical/social dualism maps readily onto entrenched notions about feminine expressiveness and masculine instrumentalism; and is, I believe, a major reason why engineering remains so male-dominated in most Western countries.

This chapter seeks to bring a gender gaze and a feminist analysis to the deep technical/social dualism at the heart of engineering identities. It draws on ethnographic fieldwork in two UK offices of a building design engineering company. This involved job shadowing six engineers over the course of five weeks, two of whom – Karen and Fraser – I followed for well over a week each, offering many opportunities for extended conversation. During this fieldwork, I was able to observe closely the routine office-based practices of some twenty engineers, plus several meetings with external partners. This experience confirmed the profound heterogeneity of building design engineering practices. It is a staged, networked design process involving an array of partners: clients, architects, engineers of different disciplines, cost consultants, building contractors and suppliers. And it demands a range of expertise, extending well beyond that acquired in engineering degrees: sophisticated people skills and management ability, financial and business awareness, the ability to converse with different experts and so forth.

The body of the chapter addresses some of the troubled engineering identities and ›boundary work‹ (cf. Gieryn 1995; 1999) which flow from this heterogeneity. I argue that whilst these troubled identities reflect very real and rather intractable professional and organizational dynamics, they also reflect very real and rather complex gender dynamics. These dynamics

---

1 For selections of relevant case studies, see: Downey/Lucena (1995; 1997) and Vinck (2003).

help to explain both the persistence of technicist engineering identities and the tensions between these and heterogeneous ones. I conclude that we need to foreground and celebrate the heterogeneities in gender(s) and in engineering. But first some theoretical framing on how I analyse gender and engineering.

Genders in/of Engineering

The fieldwork presented here was part of a larger study, ›Genders in/of Engineering‹, which sought to ›write gender in‹ to our understanding of engineering practices, cultures and identities.[2] The study was posited on the conviction that we need to know more about the men and masculinities in engineering – and the apparently durable coding of technology as masculine – if we are to understand better the continuing poor representation of women in engineering. By using ethnographic methods, it addressed the premise that the retention and progression of women engineers is impaired not only because of well-rehearsed structural barriers (e.g., lack of flexible work practices), but also because of more subtle, ›taken-for-granted‹ gender dynamics. In particular, the study has revealed some interesting gender dynamics in the various means by which people ›belong‹ (or not) in engineering communities of practice. One of these – my concern here – is the membership which comes through shared engineering identities, in particular through what counts as a ›real‹ engineer.

I understand gender to be pervasive in the social institutions and ›social ether‹ that shape how we see, talk about and act in the world. Since gender is intricately interwoven in engineering as it is in any other social institution, I understand gender and engineering as *co-produced* or co-constructed – in line with much feminist technology studies (e.g. see Cockburn 1992; Berg/Lie 1995; Berg 1997; Lerman et al. 1997; Faulkner 2001). I use the plural ›gender*s* in/of engineering‹ to capture not only the diversity of masculini*ties* and feminini*ties* amongst actual engineers, but also a conceptualisation of gender as multi-faceted or multi-dimensional – encompassing gender symbols, cultures, practices, identities, structures and so forth. I see

---

2 Faulkner (2000a) indicates the framing of this larger study. In total 66 engineers were interviewed and/or observed; where not attributed, later claims are derived from this fieldwork. See Faulkner (2005) for a synoptic account of early findings.

these facets as all potentially interacting, though often in contradictory ways. The study has revealed that *actual people and practices* in engineering frequently diverge significantly from *images* of engineering or engineers. Such mismatches highlight the coexistence of forces for fluidity and forces for stability. I have come to see gender norms as a major force for stability, in the sense that particular activities and behaviours are perceived and felt to be more ›gender authentic‹ for particular genders (in any one time and place).

I can illustrate these points with respect to the technical/social dualism: The conventional gendering of this dualism does not necessarily map on to actual people and practices. For instance, all of the building design engineers I encountered have reasonable people skills: they could not do the job otherwise! Yet the dualism performs gender work symbolically. Thus, the ›nerd‹ stereotype – of men who are passionate about technology but a-social – posits these two as *mutually exclusive:* to be technical is to be not-social. Arguably, this is one of the ways in which engineering appears ›gender inauthentic‹ for women, given the strong association of women/femininities with caring about people.

I have coined the term *gender in/authenticity* to capture the normative pressures of ›the way things are‹ – pressures which lead people to expect the gender norm (in this case, the man engineer) and to notice when they see something different (the woman engineer). Thus, there is nothing remarkable about a man choosing to be an engineer (cf. Mellström 1995), whilst virtually all the women interviewed *have a story to tell* about why they made the choice. I must stress that I use the term gender authenticity in a non-essentializing way. The term is not meant to imply that ›the way things are‹ can or should never change: far from it. The point is that the gender inauthenticity of the woman engineer is consequential. It means they are highly visible as women but *in*visible as engineers, so struggle to prove that they are ›real engineers‹ and ›real women‹.[3]

---

3 Karen Tonso's (2006; 2007) detailed ethnography of engineering students has been pioneering on this in/visibility.

Troubled Boundaries amongst Engineers

The identity work performed by engineers is wrought with tensions and contradictions. Not least, the mathematical competence, so emphasised in engineering education, is often all but absent in engineering practices – evident in ironic, wistful asides about how rarely engineers get to do any ›sums‹. In such ways, engineers position themselves (variably) in relation to the implied technical-social scale – with implications for ›getting the job done‹, for career progression and for their perceived membership as ›real‹ engineers. The cases Karen and Fraser provide interesting insights.

Karen

Karen is relatively unusual in that she has a joint degree, in architecture and engineering. This means that she is particularly effective at interacting with architects in the design process. But whilst she has much respect for architects, she is very clear that she chose to work as an engineer because she sees herself as more ›practical‹. Like her colleagues, she describes the division of labour between architects and engineers in terms of ›form‹ and ›function‹. She has a particular interest in low energy and sustainable building design which, she says, ›we engineers understand more about than architects‹. The technicist professional identity Karen is expressing here is almost universally shared amongst engineers; it is associated with science and with a kind of practical materiality. Engineers' educational grounding in mathematics and science allows them to claim an identity in the material and (mostly) predictable phenomena governed by the ›laws of nature‹, backed up by a faith in cause and effect reasoning.

Elsewhere I have suggested that engineers' shared pride and pleasure in the technologies they build can be read as a vicarious identification *symbolically* with the power of technologies (Faulkner 2000a; also Kleif/Faulkner 2003).[4] It has been suggested that the ›felt power‹ of built technologies explains the particular appeal of engineering to men – to the degree that hegemonic versions of masculinities (cf. Connell 1987) ›demand‹ a sense of mastery over something (Edwards 1996; Hacker 1990, chapter 4). Be this as it may, many of the women engineers I have encountered – like Karen –

---

4 This analysis is heavily indebted to the late Sally Hacker (1989; 1990).

also like science and maths ›because there's always a right answer‹, and many *also* get excited by ›big bits of kit!‹. Whilst these subjectivities are strongly associated historically and symbolically with available masculinities, they are no longer confined to men.

Karen has had a brilliant early career. Five years after graduating, she was responsible for the design of the mechanical building services in a major iconic building, incorporating many principles of sustainability. She subsequently won a prestigious national prize for this work, became chartered and got a major promotion – signalling that she is ready to bring in new business, undertake concept design and run projects unaided. Like many others, however, she feels some ambivalence about leaving behind the more ›back room‹ job of detailed design:

»There are weeks when I feel I've done no engineering at all. The person I am now is a project manager/design manager. […] Every now and then I get a craving to do some sums. It used to bother me more. The feeling of ›not producing anything‹ has made me unhappy at times.«

Karen juxtaposes the ›up front‹ and ›backroom‹ roles in a way which echoes the technical/social dualism. She has a sense that the ›up front‹ roles are less ›real‹ engineering, perhaps because they are further away from the materiality of ›producing‹ things. Nonetheless, having established her engineering credentials, she now feels she has earned the right to concentrate on these roles which, she feels, her personality is most suited to. She believes people should be allowed to concentrate on the jobs where their strengths and interests lie. Unfortunately for Karen, this view is not shared by her current manager, who insists she do a bit of everything. As a result of her frustration at this, Karen left the company five months later for a job in project management – a move which, though still in mechanical building services, she sees as leaving engineering and which she suspects would be perceived as such by many engineering colleagues.[5]

It would be quite wrong to view Karen's story as a tragedy. For Karen, this will probably prove a good career move, and her obvious talent is not being lost to the design of new buildings. What her story does illustrate, however, is how perceptions of what counts as ›real‹ engineering can have a material bearing on who is and is not deemed to *belong* in engineering –

---

5 Karen told me about the job move, and offered her interpretation of it, when we met up some time after the fieldwork for her to check some material I'd written about my observations.

and, thus, on who gets to stay and progress. As Karen perceived, she did not ›fit‹ in the particular business model of the office where she was working. In addition, I believe, she did not fit in the culture and ethic of her colleagues, many of whom appear to celebrate a ›practical‹, ›nuts and bolts‹ version of engineering.

Fraser

Fraser is more in line with the culture and ethic in the office. Like Karen, he works in mechanical engineering building services and is in his early 30s. He also has a demonstrated talent for management and up front roles. He is currently project managing the company's design of electrical and mechanical building services for a major office development. This means he plays a pivotal role between the dozen or so engineers doing the detailed design and the external partners, and is charged with internal financial control of the project. Although Fraser is enjoying this challenge, he views designing and building as the *real* work: On one occasion when I commended a contractor manager who chaired a project meeting, his pained response was ›but that's *all* he does is manage!‹. Like Karen, he experiences the move into management as a move *away* from engineering. Unlike Karen, however, Fraser presents himself as ›a nuts and bolts person‹.

One setting in which this arose was in two internal teleconferences – with three directors and two senior engineers, Fraser and Peter – to brainstorm their strategy for a bid to partner a particular contractor for a major hospital build. Everybody present recognises that management and design will need to be *integrated* if the design is to be ›delivered‹. Yet the distinction between management and design runs right through these discussions, in a way that signals a similar division of labour between the directors and the senior engineers as that between engineers and architects. The two must be able to work effectively together, but without losing their respective strengths – the directors, their business experience and networks of contacts; and the senior engineers their day-to-day, ›hands on‹ control and knowledge of major design projects. Since the directors would find it hard to ›talk engineering‹ in any detail with the contractors, they need to present the two senior engineers as ›nuts and bolts‹ people in the context of the bid. But if the company *is* to deliver the eventual hospital design, it will need Fraser and Peter to be what they in fact are – ›nuts and bolts *and people*‹ people!

In practice, management and design are thoroughly overlapping activities; all of the engineering managers I observed still use ›technical‹ expertise – as a sociologist I could not do their job! What we see here, therefore, is the fluidity of boundaries between different engineering identities. A similar story could be told about the relations Peter and Fraser have with their respective staff – where their staff, and not they, would be cast as the ›nuts and bolts people‹. We also see how readily management is cast as *not* ›real‹ engineering.

Gender Dynamics in Engineering Identities

Karen and Fraser have much in common beyond their shared discipline and age. Both are relatively senior, respected by their peers and managers alike; both are hardworking and ambitious; both are charged with up front and managerial roles and have good people skills; both have engineering identities routed in science and technology; and both lament the loss of ›real‹ engineering work to some degree. The main difference between them is that Fraser is still trying to hold on to some of the ›nuts and bolts‹ work and has a strong sense of this as central to his engineering identity, whereas Karen is moving away from the ›nuts and bolts‹ of design and does not foreground this in her engineering identity. But Karen has to leave the company in order to concentrate on the type of engineering work she enjoys, whereas Fraser is likely to stay and progress through the ranks.

I do not wish to imply that Karen is typical of women engineers and Fraser of men engineers: I could have reversed their names, since plenty of men engineers happily gravitate away from backroom, design roles and plenty of women engineers prefer these roles. Rather, I see the two cases as illustrating how engineering identities are *co-produced* by gender *and* professional drivers. We can illustrate this in relation to two key questions: (i) why do engineers so often foreground a technicist engineering identity in spite of the lived heterogeneity of their actual work? and (ii) why are the tensions surrounding these two versions of ›real‹ engineering so apparently intractable?

As we saw in relation to both architecture and management, there are clear professional and organisational drivers operating here. For instance, the division of labour between different specialists in a networked design process creates contradictory impulses about what counts as ›real‹ engineering. On the one hand, engineers have an occupational interest to preserve their role in the design process by foregrounding their unique professional contribution – the ›core‹ scientific and technical expertise, analytical problem solving and first principles they get from engineering education and which only they, as engineers, can bring. This favours a technicist identity. On the other hand, all the partners in the design process have to be able to ›meet in the middle‹ and communicate in order to collaborate effectively, which favours a more heterogeneous identity.

In addition to such considerations, however, several gender dynamics also favour technicist engineering identities. First, these identities are as strong as they are in part because they converge with available masculinities. Most obviously, the ›nuts and bolts‹ identity takes its marker from hands-on work with technology; it is modelled on the technician engineer. This engineering identity therefore resonates with a working class ›muscular masculinity‹. The blue collar associations of the ›nuts and bolts‹ identity paraded by Fraser and his colleagues is a particular draw for engineers in the UK, where the class composition of engineers is generally more mixed than in other countries (Whalley 1986), and where a considerable proportion of men engineers come in to professional engineering through apprenticeships. Yet, even in countries where fewer engineers come from a blue collar background, it seems common for men engineers to celebrate a ›nuts and bolts‹ identity. In their extensive study of engineers in the USA, Judith McIlwee and Gregg Robinson (1992; also Robinson/McIlwee 1991) found that men engineers often engage in ›ritualistic displays of hands-on technical competence‹ *even when the job does not require this competence.* Women engineers do not generally participate in these rituals and can lose out in career terms as a result.

So, the traditional association of men and engineering tools still marks professional engineering as masculine. It means that presenting oneself as a ›nuts and bolts‹ person is rather more ›gender authentic‹ symbolically for a man than for a woman in our culture. I sense that most women engineers – at least in the UK and in the USA – foreground science more than ›nuts and bolts‹ in their engineering identities. This is not terribly surprising. The gender norms surrounding science are less strong these days than those surrounding ›nuts and bolts‹ technology, in the obvious sense that there are considerably more women scientists than women technician engineers. The strong emphasis on practical materiality shared by all engineers is, however, a unifying theme of both the ›nuts and bolts‹ and the ›laws of physics‹ versions of technicist engineering identities – and so cuts across the heavy masculine coding of the former. Significantly, whilst women engineers are, in effect, creating new gender identities as women engineers, their male colleagues do not have to do equivalent identity work.

Nonetheless, as we have seen, many men engineers resist embracing a heterogeneous engineering identity. One reason for this is the fact that the two versions of ›real‹ engineering map onto two very available *but distinct* versions of masculinity: one associated with technology, the other with business (or politics). Although these are in some sense both hegemonic masculinities, they are not necessarily compatible. Senior management, like engineering, is a materially powerful role; here the power wielded is a ›money power‹ or organizational power rather than a physical power. A man engineer who moves into management may lose his credentials as a ›nuts and bolts‹ engineer, even unsettle the blue collar associations, but he does not lose his credentials *as a man*. If anything, he gains in this regard, since the authority wielded by managers, and the money made in business, are widely applauded markers of achievement in men (Connell 1995) – what Michel Kimmel (1994) calls »marketplace manhood«. Why, then, does Fraser parade a technicist engineering identity even when his job is so heterogeneous?

As we saw, engineers often view management roles as *just* social, how ever powerful. This demonstrates not only how readily ›the technical‹ and ›the social‹ are seen as mutually exclusive (cf. Faulkner 2000b), but also how readily the feminine marked ›social‹ side is devalued, by implication not masculine. Many of the men engineers I have observed voice disdain (albeit often jovially) for the ›collar and tie‹ men in management roles. Yet many of these same men get excited – feel vicarious pleasure in – the ›money power‹ of the businesses they work for, which is precisely what management gets them closer to. So they are torn between identifying with technology and getting on in engineering, between the power of technology and the power of the corporation. For men whose gender identity and engineering identity are tied up with technology, a move into management potentially undermines both their masculinity and their engineering identities.

Of course, such ambivalence is not unique to the engineering profession: The emphasis on progression into management is a ubiquitous organizational driver in most occupations. Moreover, the gender symbolism surrounding management is itself somewhat ambivalent. This is evident in gender connotations around the hard/soft dualism, with attendant tensions for men and women. Moving into management and business roles is likely to feel, and be perceived as, more ›gender authentic‹ for men engineers, to the degree that these jobs carry real authority over others and/or deal with ›hard‹ commercial reality, the profit and loss aspects of running the business. Moving into management and business roles is likely to feel, and be perceived as, more ›gender authentic‹ for women engineers to the degree that these roles draw heavily on ›soft‹ interpersonal skills, as in team management or customer relations.[6]

The technical/social dualism creates different tensions for women engineers. On the one hand, it means that moving out of narrowly technical roles is likely to feel, and be perceived as, more ›gender authentic‹ for them than for men. On the other hand, it means that those women who move away from the more narrowly technical aspects of engineering are likely to be in greater risk of loosing their membership as ›real‹ engineers than are men who make the same move.

The upshot of all this is that Fraser's membership as a ›real‹ engineer is likely to remain more solid, and Karen's more fragile, as they both move progressively from design into management. In this regard, we *can* see Fraser and Karen as ›typical‹ of their gender.

Conclusions

The conventional gendering of the technical-social dualism simply cannot be ignored if we are to understand why engineering continues to feel more attractive, and more welcoming, to men than to women. I have argued that many men engineers cleave to a technicist engineering identity because it feels consistent with versions of masculinity they are comfortable with.

---

[6] It should be remembered of course that men move disproportionately into senior management roles, irrespective of women's fragile membership as ›real‹ engineers. For further research on women engineers in management roles see Evetts (1993; 1996), Savage (1992), Halford et al. (1997).

And women's membership as ›real‹ engineers is likely to feel, and be perceived, as more fragile than that of men. A key implication of this, I suggest, is that engineering as a profession must find ways to foreground and celebrate *heterogeneous* engineering identities. There are two really strong reasons to support such moves.

First, that is what engineering is! Every aspect of engineering is heterogeneous; even the most apparently technical roles have social elements inextricably within them. Moreover, *good* engineering (as in engineering which is effective) demands the thorough integration of these elements, in ways which *transcend* the normal dichotomizing ways of thinking. The crucial and radical challenge is to convey that all engineering is, of necessity, *both* technical and social. This is not an easy message for some engineers to hear, as we have seen.

Second, foregrounding and celebrating more heterogeneous images of engineering can only serve to make the profession more inclusive. Engineering encompasses a wide diversity of roles. Within this ›broad church‹ there is room for a wide range of interests and aptitudes. If the profession does not promote a more heterogeneous identity for itself, then it will fail to attract some very valuable talent. And if the profession remains a ›mono-culture‹ internally, in which only people with narrowly technicist identities really feel they belong, then it will lose some very valuable talent.

If such moves are to be more *gender* inclusive, however, they must also challenge the gendering of ›the social‹ as feminine and ›the technical‹ as masculine – and thus promote new ›co-constructions‹ of gender as well as engineering, simultaneously.[7] In the words of the American scientist Evelyn Fox Keller many years ago now (1986), we need to learn to ›count past two‹. Counting past two is not about getting in more of those women who do have good people skills into engineering (though that is not in itself a bad thing); it is about challenging the very dualisms that (re)produce women and men as necessarily different, and engineering as necessarily technical or social. Heterogeneous engineering requires heterogeneous genders!

---

7 This is a challenging message for ›women into engineering‹ campaigns, many of which draw on gender stereotypes by playing down the technical content of engineering and playing up the social content. Drawing on a recent case at the Norwegian University of Science and Technology (NTNU), Vivian Lagesen (2007) demonstrates that this strategy generally ›misses the mark‹ for the young women being targeted.

References

Berg, Anne-Jorunn/Lie, Merete (1995), »Feminism and Constructivism: Do Artifacts Have Gender?« *Science, Technology, & Human Values,* Special Issue on Feminist and Constructivist Perspectives on New Technology, vol. 20, no. 3, pp. 332–351.
Berg, Anne-Jorunn (1997), *Digital Feminism,* Dragvoll, Norway: Senter for Teknologi of Samfum, Norwegian University of Science and Technology, Rapport no. 28.
Bucciarelli, Louis L. (1994), *Designing Engineers,* Cambridge, MA: MIT Press.
Cockburn, Cynthia (1992), »The Circuit of Technology: Gender, Identity and Power«, in: Roger Silverstone/Erik Hirsch (eds.), *Consuming Technology. Media and Information in Domestic Spaces,* London: Routledge.
Connell, Robert W. (1995), *Masculinities,* Cambridge, UK: Polity Press.
— (1987), *Gender and Power. Society, the Person and Sexual Politics,* Cambridge, UK: Polity Press.
Downey, Gary L./Lucena, Juan A. (1995), »Engineering Studies«, in: Sheila Jasanoff/Gerald E. Markle/James C. Petersen/Trevor Pinch (eds.), *Handbook of Science and Technology Studies,* Thousand Oaks, Calif: Sage, pp. 167–188.
— (1997), »Engineering Selves«, in: Gary L. Downey/Joseph Dumit (eds.), *Cyborgs and Citadels. Anthropological Interventions in Emerging Science and Technologies,* Santa Fe, NM: SAR Press.
Edwards, Paul N. (1996), *The Closed World. Computers and the Politics of Discourse in Cold War America,* Cambridge, Mass.: MIT Press.
Evetts, Julia (1993), »Women and Management in Engineering: the ›Glass Ceiling‹ for Women's Careers«, *Women in Management Review,* vol. 8, no. 7, pp. 19–25.
— (1996), *Gender and Career in Science and Engineering,* London: Taylor and Francis.
Faulkner, Wendy (2000a), »The Power *and* the Pleasure? A Research Agenda for ›Making Gender Stick‹ to Engineers«, *Science, Technology, & Human Values,* vol. 25, no. 1, pp. 87–119.
— (2000b), »Dualisms, Hierarchies and Gender in Engineering«, *Social Studies of Science,* vol. 30, no. 5, pp. 759–792.
— (2001), »The Technology Question in Feminism: A View from Feminist Technology Studies«, *Women's Studies International Forum,* vol. 24, no. 1, pp. 79–95.
— (2005), »Belonging and Becoming: Gendered Processes in Engineering«, in: Jacqueline Archibald/Judy Emms/Frances Brundy/Eva Turner (eds.), *The Gender Politics of ICT,* Middlesex: Middlesex University Press, pp. 15–26.
— (2007), »›Nuts and bolts and people‹: Gender-troubled engineering identities«, *Social Studies of Science* vol. 37, no. 3, pp. 331–356.
Gieryn, Thomas F. (1995), »Boundaries of Science«, in: Sheila Jasanoff/Gerald E. Markle/James C. Petersen/Trevor Pinch (eds.), *Handbook of Science and Technology Studies,* Thousand Oaks, Calif: Sage, pp. 393–441.

— (1999), *Cultural Boundaries of Science: Credibility on the Line,* Chicago/London: The University of Chicago Press.
Hacker, Sally (1989), *Pleasure, Power and Technology. Some Tales of Gender, Engineering, and the Cooperative Workplace,* Boston: Unwin Hyman.
— (1990), *Doing it the Hard Way. Investigations of Gender and Technology,* Boston: Unwin Hyman.
Halford, Susan/Savage, Mike/Witz, Anne (1997), *Gender, Careers and Organisations. Current Developments in Banking, Nursing and Local Government,* Basingstoke: Macmillan.
Hughes, Thomas P. (1983), *Networks of Power. Electrification in Western Society 1880–1930,* Baltimore: The John Hopkins University Press.
— (1986), »The Seamless Web. Technology, Science, ecetera, etcetera«, *Social Studies of Science,* vol. 16, pp. 281–292.
Keller, Evelyn Fox (1986), »How Gender Matters, or, Why it's so Hard for us to Count Past Two«, in: Jan Harding (ed.), *Perspectives on Gender and Science,* Birghton: Falmer Press, pp. 168–183 (edited version in: Gill Kirkup/L. Smith Keller (eds.), *Inventing Women. Science, Technology and Gender,* Cambridge: Polity Press, pp. 42–49).
Kimmel, Michael S. (1994), »Masculinity as Homophobia: Fear, Shame and Silence in the Construction of Gender Identity«, in: Harry Brod/Michael Kaufman (eds.), *Theorizing Masculinities,* Thousand Oaks, CA: Sage, pp. 119–141.
Kleif, Tine/Faulkner, Wendy (2003), »›I'm no Athlete [but] I Can Make This Thing Dance!‹ Men's Pleasures in Technology«, *Science, Technology, & Human Values,* vol. 28, no. 2, pp. 296–325.
Lagesen, Vivian A. (2007), »The Strength of Numbers. Strategies to Include Women in Computer Science«, *Social Studies of Science,* vol. 37, no. 2, pp. 67–92.
Law, John (1987), »Technology, Closure and Heterogeneous Engineering. The Case of the Portuguese Expansion«, in: Wiebe Bijker/Thomas P. Hughes/Trevor Pinch (eds.), *The Social Construction of Technological Systems,* Cambridge, Mass.: MIT Press, pp. 111–134.
Lerman, Nina E./Mohun, Arwen P./Oldenziel, Ruth (1997), »The Shoulders We Stand On and the View From Here. Historiography and Directions for Research«, *Technology and Culture,* Special Issue on Gender Analysis and the History of Technology, vol. 38, no. 1, pp. 9–30.
McIlwee, Judith S./Robinson, Greg J. (1992), *Women in Engineering. Gender, Power, and Workplace Culture,* Albany, NY: State University of New York Press.
Mellström, Ulf (1995), *Engineering Lives. Technology, Time and Space in a Male-centred World,* Linköping, Sweden: Linköping University, Department of Technology and Social Change.
Robinson, Greg J./McIlwee, Judith S. (1991), »Men, Women, and the Culture of Engineering«, *The Sociological Quarterly,* vol. 32, no. 3, pp. 403–421.

Savage, Mike (1992), »Women's Expertise, Men's Authority. Gendered Organisations and the Contemporary Middle Classes«, in: Mike Savage/Anne Witz (eds.), *Gender and Bureaucracy*, Oxford: Blackwell, pp. 124–151.

Tonso, Karen (2006), »Teams that Work. Campus Culture, Engineer Identity, and Social Interactions«, *Journal of Engineering Education*, vol. 1, no. 1, pp. 1–13.

— (2007), On the Outskirts of Engineering. Gender, Power, and Engineering Practice, Rotterdam: Sense Publications.

Vinck, Dominique (2003) (ed.), *Everyday Engineering: An Ethnography of Design and Innovation*, Cambridge, Mass.: The MIT Press.

Whalley, Raymond P. (1986), *The Social Production of Technical Work. The Case of British Engineers*, London: MacMillan.

Koloniale und globalisierte Verhältnisse von Wissen und Geschlecht

Gender Analysis in Colonial Science*

Londa Schiebinger

1. Feminist History of Science

Scholarship on feminist history of science has shifted over the past thirty years from a focus on women – of various ethnic and class backgrounds – to gender, moving beyond issues surrounding the recruitment and retention of women to analyzing how gender operates in the broader culture and ethos of the sciences.[1] The point was to understand why, despite many good-willed efforts, government and university programs designed to entice more women into science had not flourished. Feminist historians, working closely with philosophers and scientists, sought to uncover what was, in the 1980s, called »masculine science« (see Keller 1985; Haraway 1989; Harding 1991). Scholars focused on different aspects of the historical conflict between cultural ideals of femininity and of science. Many traced this conflict to the deep gulf between the public realm of science, presumably bristling with masculine reason, impartiality, and intellectual virility, and the private sphere of domesticity, radiating with feminine warmth, tender feeling, and quiet intuition (see Schiebinger 1989). Others sought the origins of the masculine grip on scientific culture in the homosocial bonding said to fire male creativity (see Noble 1992; Biagioli 1995). Still others viewed the masculine character of science as an outgrowth of the early scientific societies and their economy of civility that relied on gentlemen of independent economic and social standing as guarantors of truth (Shapin 1994). While the catch phrase ›science is masculine‹ angered a number of women scientists for a variety of reasons, institutions of science in the 1990s implemented numerous reforms to overcome the historical

---

* This chapter is drawn from my book *Plants and Empires* (Schiebinger 2004).
1 For an overview of feminist science studies see Schiebinger (1999); Keller/Longino (1996); Lederman/Bartsch (2001); Wyer et al. (2001); Mayberry et al. (2001); and Creager et al. (2001).

tendency to design scientific culture (as professional culture more generally) to fit the needs of male heads-of-households.

Much critical work was also done in the 1980s and 1990s on another feminist project, namely uncovering gender bias in *research results*. This crucial step unmasked the claim that science is gender neutral and underscored how gender inequalities have been built into the production and structure of knowledge itself (see Hrdy 1981; Hubbard 1990; Di Leonardo 1991; Gero/Conkey 1991; Fausto-Sterling 1992; Schiebinger 1993; du Cros/ Smith 1993; Squier 1994; Spanier 1995; Potter 2001). Even more recently, historians have reversed the negative fault-finding characteristic of some of this literature to emphasize instead the potential creativity of feminism for science. Scholars have begun to ask how gender analysis has brought new questions and priorities to the sciences.[2] Biomedical research, for example, is the one place in American science that feminist innovations have been institutionalized at the highest level. These new research directions have often been simple in their conception (neglected females became subjects of inquiry) but dramatic in their results: women's right to inclusion in basic medical research is now secured by federal law (see Fee/Krieger 1994; Ruzek et al. 1997; Schiebinger 1999). Gender analysis, when applied rigorously and creatively, has the potential to enhance human knowledge and technical systems by opening them to new perspectives, new questions, and new missions.

While feminist historians of science have added much to our understanding of gender in U.S. and European science, little is known about gender in colonial or postcolonial science.[3] My current work analyzes gender in the voyages of scientific discovery. Given that voyagers were overwhelmingly men (two, perhaps three, women traveled as naturalists between 1699 and 1800), is it possible to discuss gender dynamics in Europeans' efforts to globalize their understanding of nature? When one approaches a project with ›gender eyes‹, strategies for study begin to emerge. In what follows, I will focus on some of my findings that relate most directly to feminist

---

[2] Working scientists have long brought feminist insights to bear on their work and have also contributed to key aspects of feminist theory and practice. In addition to the literature mentioned above, see Bleier (1986); Fedigan (1997); Zihlman (1997); and Schiebinger (2008). For a discussion of the problem of working across the Women's Studies/science divide, see Mayberry et al. (2001: section 1); Bug (2003).

[3] Gender has received some attention in the history of eighteenth-century anthropology and travel literature, and in the history of slavery. See Stepan (1986); Schiebinger (1993); Nussbaum (1995); Fausto-Sterling (1995); Beckles (1999); Moitt (2001).

history of science. Much of my larger project, however, mainstreams concerns about gender into a variety of topics: voyaging, cross-cultural encounters, linguistic imperialism, proprietary secrets, knowledge transfers, classification schemes, and so forth (Schiebinger 2004; Weaver 2006). Feminist historians, like their counterparts in philosophy or science, draw creative sparks from a wide range of socially responsible methodologies and epistemologies.

While my current project treats gender, I have two other major purposes. First, I ask historians to consider the cultural politics of plants. Plants rarely figure in the grand narratives of war, peace, or even everyday life. They are, however, important cultural artifacts, often at the center of political and economic struggles. When the Nazis occupied the Netherlands during World War II, for example, one of their first acts was to seize the world's supply of quinine (extracted from the bark of the *Cinchona*), leaving the Allies with virtually none. As a consequence, more U.S. soldiers died from malaria during the war in the Pacific than from Japanese bullets (Balick/Cox 1996). Throughout the early modern period, plants were moved around the world – in vast quantities and to great economic effect. Already on his second voyage, in 1494, Christopher Columbus brought sugarcane cuttings to the island of Hispaniola, along with citrus fruits, grape vines, olives, melons, onions, and radishes (Crosby 1972; Brockway 1988: 52–53). I will argue here that in the West Indies of the eighteenth century, where much of my story is set, plants played a major role in political struggles surrounding slavery.

Second, my project seeks to contribute to rethinking how the history of botany has been written. A longstanding narrative has emphasized the rise of modern botany as the rise of taxonomy, nomenclature, and ›pure‹ systems of classification. While there is much to recommend this line of argumentation, it does not capture the realities of botanizing in the eighteenth century. Botany was a matter of state, important strategically for emerging nation states vying for land and resources. Curators of botanical gardens – both in Europe and its colonies – collected rare and beautiful plants for study and global exchange, but they also specialized in cultivating plants, such as *Cinchona*, crucial for European colonizing efforts in tropical climates. It is significant that the colonial gardens in St. Vincent and elsewhere were administered not by scientific branches of the British government, but by the war office (Drayton 2000: 66; McCracken 1997: 5). Gender history asks both historians and scientists to understand the broad political and cultural origins and implications of their subject matters.

2. Exotic Abortifacients – The »Peacock Flower«

This chapter tells the story not of a great man or a great woman, but of a great plant. The plant whose history provides the leitmotif of this essay, the ›peacock flower‹ *(Poinciana pulcherrima* or *Caesalpinia pulcherrima)*, is not a heroic plant of the historical stature of cocoa, the potato, quinine, coffee, tea, or even rhubarb (Hobhouse 1985; Foust 1992; Jarcho 1993; Zuckerman 1999; Terrio 2000). Nonetheless it was a highly political plant, deployed in the struggle against slavery throughout the eighteenth century by slave women who used it to abort offspring who would otherwise have been born into bondage. I lavish attention on this plant not only because it is exquisitely beautiful and grows in stunningly inviting places, but because, as I will discuss below, naturalists from three separate cultures – French, English, and Dutch – independently identified it as an abortifacient widely used in the West Indies. Each voyager observed Amerindian or slave women employ the plant effectively, and recorded that knowledge.

My attention was first drawn to the *Poinciana* by a moving passage from Maria Sibylla Merian's magnificent 1705 *Metamorphosis insectorum Surinamensium*, wherein she recorded how the African slave and Indian populations in Surinam, a Dutch colony, used the seeds of this plant (which she called the *Flos pavonis* or »peacock flower«) as an abortifacient:

»The Indians, who are not treated well by their Dutch masters, use the seeds [of this plant] to abort their children, so that their children will not become slaves like they are. The black slaves from Guinea and Angola have demanded to be well treated, threatening to refuse to have children. In fact, they sometimes take their own lives because they are treated so badly, and because they believe they will be born again, free and living in their own land. They told me this themselves« (Merian 1705: commentary to plate no. 45).[4]

This passage is remarkable for several reasons. First, it was written by a rarity – the German-born Merian was one of the few European women to travel on their own in the eighteenth century in pursuit of science. Women naturalists rarely figured in the rush to know exotic lands: Jeanne Baret, the first woman to circumnavigate the globe, sailed with Louis-Antoine de Bougainville disguised as the valet and botanical assistant to Philibert Commerson, the ship's botanist and the father of her illegitimate child (Guillot 1984). In the nineteenth century, women, such as Lady Charlotte

---

4 All translations of non-english texts in this article by Londa Schiebinger.

Canning, more often collected botanical specimens but as colonial wives, traveling where their husbands happened to take them and not in pursuit of their own interests (Shteir 1996: 192).

Merian's passage is also remarkable for what it reveals about the geopolitics of plants in the early modern period. Historians have rightly focused on the explosion of knowledge associated with the scientific revolution and global expansion, and the frantic transfer of knowledge and especially plants between Europe and its colonies (Bénassy-Berling 1986–1994; MacKenzie 1990; Pratt 1992; Jardine et al. 1995; Laissus 1995; Grove 1995; Miller/Reill 1996; Rice 1999). While much literature on colonial science has focused on how knowledge is made and transferred between continents and heterodox traditions, I explore here an important instance of the *non-transfer* of important bodies of knowledge from the New World into Europe. In doing so, I develop a methodological tool that historian of science Robert Proctor has called »agnotology« – the study of culturally-induced ignorances (1995: 8; and Proctor/Schiebinger 2008). Agnotology serves as a counterweight to traditional concerns for epistemology, refocusing questions about ›how we know‹ to include questions about what we do *not* know, and why not. Ignorance is often not merely the absence of knowledge but an outcome of cultural and political struggle. Nature, after all, is infinitely rich and variable. What we know or do not know at any one time or place is shaped by particular histories, local and global priorities, institutional and disciplinary hierarchies, personal and professional myopia, and much else as well. I am interested in understanding how bodies of knowledge have been culturally produced, but I am more interested in analyzing culturally induced ignorances of nature's body.[5]

My research strategies in this work include the following questions: How did gender relations in eighteenth-century Europe and its colonies influence naturalists' collecting practices in the exotic wilds of the West Indies? A number of key issues informed debates and political initiatives surrounding women's social status in the eighteenth century, including struggles over civic rights for women, women earning doctoral degrees from European universities, women's attempts to become members of scientific academies, as well as the mercantilist pro-natalist policies aimed at increasing national populations and state wealth. How did these factors

---

5 Literature on the social construction of science is important and massive. See, for example, Shapin/Schaffer (1985); Schiebinger (1989; 1993); Laqueur (1990); and Biagioli (1999).

consciously or unconsciously guide naturalists as they explored other lands, peoples, and their knowledge traditions?

3. Bio-prospecting in the West Indies

Maria Sibylla Merian was bold to travel to Surinam, then a Dutch colony, in 1699 at the age of fifty-two in search of exotic plants and insects. Despite warnings from the mayor of Amsterdam, who had lost four of his own daughters in Surinam, Merian deposited her will and set sail for Surinam only a decade after upheavals in that colony left the governor dead, shot by his own soldiers. Maria Sibylla was accompanied by her daughter, Dorothea, trained from an early age to work as her mother's assistant. For two years mother and daughter collected, studied, and drew the insects and plants of the region (Schiebinger 1989: chap. 3; Davis 1995: 140–202).

Merian tells us that she learned about the abortive virtues of her »peacock flower« directly from the enslaved females of Surinam. When I started this project, I had assumed that abortion numbered among ›women's secrets‹ in this period, and that male physicians and naturalists had only rudimentary knowledge of such things. My assumption, however, proved incorrect. It is true that if a woman aborted without incident, physicians rarely knew anything about it. Physicians and surgeons, however, attended women in abortion especially when things went terribly wrong, and even, occasionally, induced abortions themselves. Interestingly Hans Sloane, working as a young English physician in Jamaica a decade before Merian's voyage, also reported the abortive qualities of a plant he called the »flour fence of Barbados«. Later on he identified this plant as Merian's *Flos pavonis* and cited her work in an appendix to his book. Sloane compared his »flour fence« to savin, women's abortifacient of choice in much of Europe, and wrote that »it provokes the Menstrua extremely, causes Abortion, etc. and does whatever Savin and powerful Emmenagogues will do.« He was thinking of pennyroyal and rue, for example, all widely used in this period as menstrual regulators (Sloane 1707–1725, vol. 2: 384; vol. 1: lvii, 2, 50).

The abortive qualities of the *Flos pavonis* were, therefore, discovered independently in the West Indian colonial territories of England (by Sloane), the Netherlands (by Merian), and France (among others by Michel Descourtilz, a French naturalist working in Saint Domingue, now Haiti) (Sloane 1707–

1725, vol. 2: 49-50; Merian 1705: commentary to plate no. 45; Descourtilz 1833, vol. 1: 27–30).

While Merian, Sloane, and Descourtilz all identified West Indian abortifacients, they placed the use of these plants in very different social contexts. Merian and Descourtilz located it within the colonial struggle (see below); Sloane, by contrast, placed the use of plants like the »peacock flower« within a context of the growing conflict between doctors and women seeking abortion. Concerning his service as physician to the governor in Jamaica, he reminisced:

»In case women, whom I suspected to be with Child, presented themselves ill, coming in the name of others, dissembling pains in their heads, sides, obstructions, etc. therby cunningly, as they think, designing to make the physician cause abortion by the medicines he may order for their cure. In such a case I used either to put them off with no medicines at all, or tell them Nature in time might relieve them without remedies.« (Sloane 1707–1725, vol. 1: cxliii)

Sloane did not discuss the ethnic or social status of the women he treated in Jamaica, whether they were English, Creole, or slave, for example. Rather he accused »dissembling women« in general of seeking abortions from unsuspecting doctors. His attitudes were shared by other European physicians at this time. The German physician Johann Storch boasted of »tricking« a pregnant woman, whom he suspected to be seeking an abortion, by prescribing only a mild laxative (Shorter 1991: 181; McLaren 1990: 160).

4. Abortion in the West Indies

Merian and Descourtilz, by contrast to Sloane, viewed abortion within a context of colonial struggle. According to Merian, slave women killed the children in their wombs for the same reasons many of them committed suicide – to find release from the insufferable cruelty of Caribbean slave masters. Descourtilz, in turn, saw things from the planters' view, stressing the »ill intentions« of the »negresses« who aborted their offspring.

To what extent was abortion practiced by native and slave populations in the Caribbean? There is good evidence that the Tainos, Caribs, and Arawaks made extensive use of abortive herbs long before European contact. The first Spanish accounts from the New World describe how Taino women aborted in the face of extreme circumstances: In the sixteenth century, Las Casas recorded that the horrors of Spanish cruelty caused at least some Taino mothers to drown their infants or to take »herbs to abort, so that [the fruit] was expelled stillborn.« (de Las Casas 1951, vol. 2: 206). Although we have a number of European reports detailing the use of abortives, we actually know very little about how and why native Americans developed abortive techniques.

In contrast to Amerindians, the earliest Africans in the Caribbean practiced abortion within a colonial slave economy. Slave women practiced abortion, among other things, to resist slavery. Though many women must have miscarried spontaneously as a result of hard work, poor food, and corporeal cruelty, we can view induced abortion also as a deliberate act of resistance. Yet, when discussing slave resistance, contemporary observers and present-day historians have tended to emphasize male-led armed insurrections (Stedman 1796). Other observers and historians have emphasized the daily resistance of slaves who shammed sicknesses, feigned inability to do simple tasks, were disruptively insolent or disobedient, or practiced some form of sabotage. We even have reports of slaves committing suicide to spite their masters and find deliverance from their suffering. Abortion, then, was one type of resistance among many. As historian Barbara Bush has emphasized, in an economy where planters sought to breed ›Negroes‹ like horses and cattle (Ligon, cited in Bush 1990: 121), refusal to breed became a political act.

Slave women's willingness to undergo the trials of abortion must be understood in this context. Abortion also resulted, though, from a sexual economy wherein slave women were used for European men's pleasure. In addition to his »flour fence«, Hans Sloane highlighted a second Jamaican abortifacient: the »penguins« plant. »It is very diuretick«, he noted in 1707, »and brings down the Catamenia very powerfully. It causes Abortion in Women with Child, of which Whores being not ignorant make frequent use [...] to make away their children.« (Sloane 1707–1725, vol. 2: 248). Janet Schaw, a Scots woman who traveled with her kinfolk to Antigua in the 1770s, similarly denounced the »young black wenches« who, in her words, »lay themselves out for white lovers« and who in order to prevent a child from interrupting their pleasure, »have certain herbs and medicines, that free them from such an incumbrance.« (1922: 112–113).

The Scottish mercenary, John Stedman, commented extensively on the commerce in sex required of young black and mulatto girls in Surinam. His diary, ringing with the bravado of a young lieutenant, details the number of women offered to him: He was hardly off the ship from Amsterdam when »a Negro woman offer[ed] me the use of her daughter, while here, for a certain sum«. This practice was raised to a quasi-official institution known as the ›Surinam marriage‹, an arrangement whereby a European man paid an agreed-upon price for her services during his residence in the colony. Stedman found European male planters dissolute, going to bed late and passing the night in the arms of one or another of their »sable sultanas«. (Stedman 1992: 18–21, 186). Whether married to European women or not, masters often kept slave women for this purpose and offered them freely to male guests.

5. The Transfer of Knowledge?

There is good evidence, then, that abortion was widely practiced by both Amerindian and African populations in the Caribbean. Did naturalists import this knowledge into Europe? Was trade in abortifacients considered medically useful and/or lucrative? One might have expected this, given that importing exotics from Europe's West Indian colonies was big business. Hans Sloane, for example, while in Jamaica invested »the greatest part of his fortune« in »the bark«, containing the effective anti-malarial quinine, which he later promoted by prescription in his fashionable London practice. A number of medicinal plants from the West Indies – for example, jalap, cinchona (or quinine), quassia, ipecacuanha, cacao, and sugar – all became standard medicines in Europe (Astruc 1761, vol. 2: 278). Were abortifacients among those drugs viewed as valuable either medically or commercially for import into Europe?

When analyzing whether the »peacock flower« moved into Europe, we need to distinguish clearly between movement of ›knowledge‹ and of the plant itself. We find that the »peacock flower« *itself* did in fact move freely into Europe. Seeds and live plants were taken regularly into Europe, first from the East Indies and later from the West, »to enrich the researches of voyagers and diverse gardens« (Desfontaines 1829: intro). From about 1666 onward, the plant was cultivated all across Europe, including in the *Jardin du Roi* in Paris and the famous *Hortus* in Leiden. Philip Miller at the Chelsea Physic Garden outside London noted that »the seeds of this plant are annually brought over in plenty from the West-Indies.« With proper management, he wrote proudly, this plant would in fact grow much taller in England than in Barbados (Miller 1768: s. v. »Poinciana (Pulcherrima)«).

The »peacock flower« itself moved easily into Europe, but the knowledge of its use as an abortifacient did not. Merian's report of its abortive qualities was published in 1705. Caspar Commelin, director of the *Hortus Medicus* and professor of botany in Amsterdam, prepared elaborate bibliographical notes for her book and was clearly familiar with its contents; if he and others had valued knowledge of how to manage a woman's fertility, it would have quickly become known to botanists throughout Europe. But it did not. Hermann Boerhaave, professor of botany at Leiden and the leading authority on Europe's *materia medica*, in 1727 reported »no known virtues« of the »peacock flower« (Boerhaave 1727: 488–489). Boerhaave's ignorance of Merian's discovery is firm evidence that knowledge of abortifacients did not flow freely into Europe from America in the eighteenth century.

Whereas the *Peruvian bark* and the quinine it yields represents a technology of *conquest* moving from America to Europe, we have here a technology of *resistance* moving from Amerindians to slaves – and only then to Europeans, with the wonderful twist that this latter technology which could have been of enormous value to women is suppressed. The suppression of abortifacients, though, was rarely overt. The archives of the *Académie des Sciences* in Paris yield only one report of an abortifacient – a plant known only as the »potato with two roots« – in 1763. This document, describing an experiment performed by a M. De la Ruë on a nanny goat, a European lady, and a slave woman on the Island of Bourbon, was stamped »supprimé«, and it was never published (1763, vol. 1: 122).[6] This example of explicit and direct suppression seems, however, to have been the exception – more common was a kind of cultured apathy or cultivated disinterest. Trade winds of prevailing opinion impeded shiploads of New World abortifacients and knowledge of their use from ever reaching Europe.

6. Abortion in Europe

I imagine that some of you may be thinking, yes, good, but abortion was illegal in Europe, or at least so morally distasteful that medical doctors and

---

6 I thank James E. McClellan, III for this information.

naturalists would not have collected abortifacients from abroad. We must, however, look at things from a seventeenth- and eighteenth-century perspective when discussing abortion. First of all, the terms abortion (*abortus, avortement, Abtreibung*) and miscarriage (*aborsus, fausse-couche, Fehlgeburt*) did not take on their modern meanings until sometime in the nineteenth century. The authors of d'Alembert and Diderot's *Encyclopédie* noted that *surgeons* reserved the term *avortement* for animals and *fausse-couche* for humans, but they also noted that *physicians* did not make this distinction. In German, *Abtreiben* referred to driving anything from the body, including stones and worms but also ›the fruit‹ or unborn child. For the brothers Grimm as late as the 1850s, the first meaning of *Abtreiben* was to drive a herd of cows from their summer grazing land in the alps to winter quarters. The term ›criminal abortion‹ did not arise in any language until the nineteenth century, and then most visibly in France around 1790.

One of the first questions asked about abortion is ›what was the law‹? This is a modern question (and arguably even a distinctly north American question) that obscures earlier practices and ways of thinking.

By 1900, it is easy to say what the legal status of abortion was: It was illegal in most parts of Europe and the Americas. This was not, however, the case in the eighteenth century. No legal consensus governed early modern Europe concerning abortion or the use of antifertility agents. Many towns and rural areas had their own local laws and customs; many practices regulated in towns went unregulated in the countryside. In elite traditions, however, the consensus was that for legal purposes a woman was not really considered pregnant until the child ›quickened‹, usually near the midpoint of gestation, late in the fourth or early in the fifth month. As Barbara Duden (1993) has emphasized, before quickening, the fetus was considered simply a part of the mother's own body.

Before the development of pregnancy tests women enjoyed considerable freedom to judge for themselves when quickening, or in church parlance ›ensoulment‹, took place. Beginning about 1780, physicians and legal authorities often discussed ›signs of pregnancy‹, but had to conclude that ›sure signs of pregnancy‹ were visible only in the fifth or sixth month. If physicians could not unequivocally declare a woman pregnant, she could not be tried for terminating a pregnancy.

Women, however, were to lose this freedom – of determining when they were truly with child – in the crackdown on abortion that took place in the nineteenth century. The 1794 Prussian *Allgemeines Landrecht* was one of the first to negate a woman's traditional prerogative to determine for herself when she was pregnant.⁷ In the U.S., no state had a law against abortion prior to 1821; by 1850 seventeen states had criminalized abortion. Abortion laws were passed in Austria in 1852, Denmark in 1866, Belgium in 1867, Spain in 1870, Mexico in 1871, the Netherlands in 1881, Norway in 1885, Italy in 1889, and so forth (Riddle 1997: 209, 224).

7. The Politics of Ignorance

If it wasn't the illegal status of abortion, what, then, impeded transport of the knowledge of abortifacients into Europe? What induced this form of cultural ignorance?

First, the desire to curb fertility ran counter to mercantilist pro-natalist policies celebrating children as »the wealth of nations, the glory of kingdoms, and the nerve and good fortune of empires.« (Raulin 1768, vol. 1: »épitre au roi«). European physicians – empirically oriented and publicly engaged – promoted public health to increase the vigor, strength, wealth, and prosperity of the state. City hospitals, lying-in, and plantation hospitals were expanded in efforts to decrease morbidity and mortality among the poor working and slave populations.

Abundant population, especially growth of slave population, was viewed as a key factor in securing national prosperity. Slave women, whom planters had used primarily as ›work units‹ in the early part of the eighteenth century, became increasingly valuable to planters as ›breeders‹ as abolitionists in Europe threatened to shut down the slave trade. Calculations of the cost of purchasing and transporting a slave from Africa versus rearing one in the colonies, increasingly tipped in favor of breeding slaves in the Caribbean. Jean-Baptiste Dazille, French royal physician in Saint Domingue, expressed these sentiments in his book on the special illnesses of African slaves: It is especially a goodly number of »Negroes«, he wrote, that enriches a colony; without which there is »no production, no harvest, and no riches« (1776, vol. 1: 1–2). In such a climate, agents of botanical exploration – trading companies, scientific academies, and governments – had little interest in expanding Europe's store of antifertility pharmacopoeia for use by women

---

7 Johann Peter Frank (1784, vol. 2: 84–122) and others had argued in favor of abolishing this notion already at mid century. See also Jerouschek (1993).

either at home or abroad. Colonial administrators were first and foremost interested in medicines to protect traders, planters, and Trading Company troops, among whom there were few women.

Within Europe, culturally induced ignorance of abortifacients resulted also from newly cantankerous disciplinary hierarchies and professional divides. Much knowledge of abortion was lost in the shift in the management of birthing in this period away from midwives to professionalized obstetricians. Abortion had traditionally belonged to the domain of midwives: as obstetricians sought professional standing, they pushed aside potentially tainted practices and knowledges.

The curious history of the *Flos pavonis* shows, then, how voyagers selectively culled nature for knowledge responding to state policies, patterns of patronage and trade, and moral and professional imperatives. Gender politics both in Europe and its colonies gave recognizable contours to distinctive bodies of knowledge and of ignorance. The same forces feeding the *explosion* of knowledge we associate with the Scientific Revolution and global expansion led to an *implosion* of knowledge of herbal abortifacients. There was no systematic attempt to introduce into Europe abortifacients gathered from cultures around the globe. European awareness of antifertility agents declined over the course of the eighteenth and nineteenth centuries. As development and testing of such agents did not become part of academic medicine or pharmacology. Many drugs no doubt *were* dangerous because they were not submitted to rigorous and systematic testing. The notorious hazards of abortion in the twentieth century must be traced partly to this process of forgetting and failure to test.

References

Astruc, Jean (1761), *Traité des Maladies des Femmes*. Vol. 2, Paris: Cavelier (German: *Theoretisch-practische Abhandlung von den Frauenzimmer- Krankheiten*. Theil 1/2, Aus dem Französischen übersetzt und mit einer Vorrede und Anmerkungen begleitet von Christian Friedrich Otto, der Arzneygelahrtheit Doctor und des Churfürstl. Sächßl. Sanitätscollegii Secretär, Dresden: Walther 1768).

Balick, Michael J./Cox, Paul Alan (1996) *Plants, People and Culture. The Science of Ethnobotany*, Oxford: W. H. Freeman.

Beckles, Hilary McD (1999), *Centering Woman. Gender Discourses in Caribbean Slave Society*, Princeton, N.J.: Wiener.

Bénassy-Berling, Marie-Cécile (ed.) (1986–1994), *Nouveau monde et renouveau de l'histoire naturelle,* 3 vols., Paris: Presses de la Sorbonne nouvelle.

Biagioli, Mario (1995), »Knowledge, Freedom, and Brotherly Love: Homosociability and the Accademia dei Lincei«, *Configurations,* vol. 3, no. 2, pp. 139–166.

— (ed.) (1999), *The Science Studies Reader,* New York: Routledge.

Bleier, Ruth (ed.) (1986), *Feminist Approaches to Science,* New York: Pergamon.

Boerhaave, Herman (1727), *Historia Plantarum, Quae in Horto Academico Lugduni-Batavorum Crescunt cum Earum Characteribus, et Medicinalibus Virtutibus,* Rome: Gonzaga.

Brockway, Lucile (1988), »Plant Science and Colonial Expansion. The Botanical Chess Game«, in: Jack Kloppenburg Jr. (ed.), *Seeds and Sovereignty. The Use and Control of Plant Resources,* Durham: Duke University Press, pp. 49–66.

Bug, Amy (2003), »Has Feminism Changed Physics?« *Signs: Journal of women in culture and society,* vol. 28, no. 3, pp. 881–900.

Bush, Barbara (1990), *Slave Women in Caribbean Society, 1650–1838,* Bloomington: Indiana University Press.

Creager, Angela/Lunbeck, Elizabeth/Schiebinger, Londa (eds.) (2001), *Feminism in Twentieth-Century Science, Technology, and Medicine,* Chicago: University of Chicago Press.

Cros, Hilary du/Smith, Laurajane (eds.) (1993), *Women in Archaeology. A Feminist Critique,* Canberra: Department of Prehistory, Australian National University.

Crosby, Alfred (1972), *The Columbian Exchange. Biological and Cultural Consequences of 1492,* Westport, Conn.: Greenwood Publishing Co.

Davis, Natalie (1995), *Women on the Margins. Three Seventeenth-Century Lives,* Cambridge, Mass.: Harvard University Press.

Dazille, Jean-Barthélemy (1776), *Observations sur les maladies des nègres, leurs causes, leurs traitements et les moyens de les prévenir,* vol. 1, Paris: Didot.

Descourtilz, Michel-Étienne (1833), *Flore pittoresque et médicale des Antilles, ou histoire naturelle des plantes usuelles des colonies Française, Anglaises, Espagnoles et Portugaise.* 2nd ed., 8 vols., Paris.

Desfontaines, René (1829), *Catalogus Plantarum horti Regii Parisiensis,* 3rd ed., Paris: Chaudé.

Di Leonardo, Micaela (ed.) (1991), *Gender at the Crossroads of Knowledge. Feminist Anthropology in the Postmodern Era,* Berkeley: University of California Press.

Drayton, Richard (2000), *Nature's Government. Science, Imperial Britain, and the ›Improvement‹ of the World,* New Haven: Yale University Press.

Duden, Barbara (1993), *Disembodying Women. Perspectives on Pregnancy and the Unborn,* Trans. by Lee Hoinacki, Cambridge, Mass.: Harvard University Press (German Original: *Der Frauenleib als öffentlicher Ort. Vom Mißbrauch des Begriffs Leben,* Hamburg: Luchterhand 1991).

Fausto-Sterling, Anne (1992), *Myths of Gender. Biological Theories about Women and Men,* 2nd ed., New York: Basic Books.

— (1995), »Gender, Race, and Nation«, in: Jennifer Terry/Jacqueline Urla (eds.), *Deviant Bodies. Critical Perspectives on Difference in Science and Popular Culture*, Bloomington: Indiana University Press, pp. 19–48.
Fedigan, Linda (1997), »Is Primatology a Feminist Science?« in: Lori Hager (ed.), *Women in Human Evolution*, New York: Routledge, pp. 56–75.
Fee, Elizabeth/Krieger, Nancy (eds.) (1994), *Women's Health, Politics, and Power. Essays on Sex/Gender, Medicine, and Public Health*. Amityville, N.Y.: Baywood Publishing Co.
Foust, Clifford (1992), *Rhubarb. The Wonderous Drug*, Princeton, N.J.: Princeton University Press.
Frank, Johann Peter (1784), *System einer vollständigen medicinischen Polizey*, Vol. 2, Mannheim: Schwan.
Gero, Joan/Conkey, Margaret (eds.) (1991), *Engendering Archaeology. Women and Prehistory*, Oxford: Blackwell.
Grove, Richard (1995), *Green Imperialism. Colonial Expansion, Tropical Island Edens and the Origins of Environmentalism, 1600–1860*, Cambridge: Cambridge University Press.
Guillot, Renée-Paule (1984), »La vraie ›bougainvillée‹: La première femme qui fit le tour du monde«, *Historama*, vol. 1, pp. 36–40.
Haraway, Donna (1989) *Primate Visions. Gender, Race and Nature in the World of Modern Science*, New York: Routledge.
Harding, Sandra (1991), *Whose Science? Whose Knowledge? Thinking from Women's Lives*, Ithaca: Cornell University Press.
Hobhouse, Henry (1985), *Seeds of Change. Five Plants that Transformed Mankind*, New York: Harper & Row.
Hrdy, Sarah (1981), *The Woman that Never Evolved*, Cambridge, MA: Harvard University Press.
Hubbard, Ruth (1990), *The Politics of Women's Biology*, New Brunswick: Rutgers University Press.
Jarcho, Saul (1993), *Quinine's Predecessor. Francesco Torti and the Early History of Cinchona*, Baltimore: Johns Hopkins University Press.
Jardine, Nicholas/Secord, James A./Spary, Emma C. (eds.) (1995), *Cultures of Natural History. From Curiosity to Crisis*, Cambridge: Cambridge University Press.
Jerouschek, Günter (1993), »Zur Geschichte des Abtreibungsverbots«, in: Gisela Staupe/Lisa Vieth (eds.), *Unter anderen Umständen. Zur Geschichte der Abtreibung*, Dresden: Deutsches Hygiene-Museum, pp. 11–26.
Keller, Evelyn Fox (1985), *Reflections on Gender and Science*, New Haven: Yale University Press.
— /Longino, Helen (eds.) (1996), *Feminism & Science*, Oxford: Oxford University Press.
Laissus, Yves (ed.) (1995), *Les naturalistes français en Amérique de sud*, Paris: Editions du CTHS.

Laqueur, Thomas (1990), *Making Sex. Body and Gender from the Greeks to Freud*, Cambridge, Mass.: Harvard University Press.
Las Casas, Bartolomé de (1951), *Historia de las Indias*, vol. 2, Mexico: Fondo de Cultura Económica.
Lederman, Muriel/Bartsch, Ingrid (eds.) (2001), *The Gender and Science Reader*, New York: Routledge.
MacKenzie, John (ed.) (1990), *Imperialism and the Natural World*, Manchester, U.K.: University of Manchester.
Mayberry, Maralee/Subramaniam, Banu/Weasel, Lisa (eds.) (2001), *Feminist Science Studies. A New Generation*, New York: Routledge.
McCracken, Donal P. (1997), *Gardens of Empire. Botanical Institutions of the Victorian British Empire*, London: Leicester University Press.
McLaren, Angus (1990), *A History of Contraception from Antiquity to the Present Day*, Oxford: Basil Blackwell.
Merian, Maria Sibylla (1705), *Metamorphosis Insectorum Surinamensium*, Amsterdam (Reprint: ed. by Helmut Deckert, Leipzig: Insel 1975).
Miller, David/Reill, Peter (eds.) (1996), *Visions of Empire. Voyages, Botany, and Representations of Nature*, Cambridge: Cambridge University Press.
Miller, Philip (1768), *The Gardeners Dictionary*, London.
Moitt, Bernard (2001), *Women and Slavery in the French Antilles, 1635–1848*, Bloomington: Indiana University Press.
Noble, David (1992), *A World Without Women. The Christian Clerical Culture of Western Science*, New York: Knopf.
Nussbaum, Felicity (1995), *Torrid Zones. Maternity, Sexuality, and Empire in Eighteenth-century English Narratives*, Baltimore: Johns Hopkins University Press.
Potter, Elizabeth (2001), *Gender and Boyle's Law of Gases*, Bloomington: Indiana University Press.
Pratt, Mary Louise (1992), *Imperial Eyes. Travel Writing and Transculturation*, London: Routledge.
Proctor, Robert N. (1995), *Cancer Wars. How Politics Shapes What We Know and Don't Know About Cancer*, New York: Basic Books.
— /Schiebinger, Londa (eds.) (2008), *Agnotology. The Making and Unmaking of Ignorance*. Stanford: Stanford University Press.
Raulin, Joseph (1768), *De la conservation des enfans, ou les moyens de les fortifier, de les préserver à guerir les maladies, depuis l'instant de leur existance, jusqu'à l'age de leur puberté*, vol. 1, Paris (German: *Von Erhaltung der Kinder von dem ersten Augenblick ihres Entstehens an bis zu ihrer Mannbarkeit*, Leipzig: Crusius 1770).
De la Ruë (1763), *Registres du Comité de Librairie*, March 1763, vol. 1.
Rice, Tony (1999), *Voyages. Three Centuries of Natural History Exploration*, London: Museum of Natural History.
Riddle, John (1997), *Eve's Herbs. A History of Contraception and Abortion in the West*, Cambridge, Mass.: Harvard University Press.

Ruzek, Sheryl/Olesen, Virginia/Clarke, Adele (eds.) (1997), *Women's Health. Complexities and Differences*, Columbus: Ohio State University Press.
Schaw, Janet (1992), *Journal of a Lady of Quality. Being a Narrative of a Journey from Scotland to the West Indies, North Carolina, and Portugal, in the years 1774–1776*, ed. by Evangeline Andrews, New Haven: Yale University Press.
Schiebinger, Londa (1989), *The Mind Has No Sex? Women in the Origins of Modern Science*, Cambridge, Mass.: Harvard University Press.
— (1993), *Nature's Body. Gender in the Making of Modern Science*, Boston: Beacon Press.
— (1999), *Has Feminism Changed Science?* Cambridge, Mass.: Harvard University Press.
— (2004), *Plants and Empires. Colonial Bioprospecting in the Atlantic World*, Cambridge, Mass.: Harvard University Press.
— (ed.) (2008), *Gendered Innovations in Science and Engineering*, Stanford: Stanford University Press.
Shapin, Steven (1994), *A Social History of Truth, Civility and Science in Seventeenth-Century England*, Chicago: Chicago University Press.
Shapin, Steven/Schaffer, Simon (1985), *Leviathan and the Air-Pump. Hobbes, Boyle, and the Experimental Life*, Princeton: Princeton University Press.
Shorter, Edward (1991), *Women's Bodies. A Social History of Women's Encounter with Health, Ill-health, and Medicine*, New Brunswick: Transaction.
Shteir, Ann (1996), *Cultivating Women, Cultivating Science. Flora's Daughters and Botany in England 1760–1860*, Baltimore: Johns Hopkins University Press.
Sloane, Hans (1707–1725), *A Voyage to the Islands Madera, Barbadoes, Nieves, St. Christophers, and Jamaica; with the Natural History*, 2 vols., London.
Spanier, Bonnie (1995), *Im/partial Science. Gender Ideology in Molecular Biology*, Bloomington: Indiana University Press.
Squier, Susan (1994), *Babies in Bottles. Twentieth-Century Visions of Reproductive Technology*, New Brunswick: Rutgers University Press.
Stedman, John Gabriel (1796), *Narrative of a Five Years' Expedition against the Revolted Negroes of Surinam*, London.
— (1992) *Stedman's Surinam. Life in an Eighteenth-Century Slave Society*, ed. by Richard Price and Sally Price, Baltimore: Johns Hopkins University Press.
Stepan, Nancy Leys (1986), »Race and Gender. The Role of Analogy in Science«, *Isis*, vol. 77, pp. 261–277.
Terrio, Susan (2000), *Crafting the Culture and History of French Chocolate*, Berkeley: University of California Press.
Weaver, Karol (2006), *Medical Revolutionaries. The Enslaved Healers of Eighteenth-Century Saint Domingue*, Urbana: University of Illinois Press.
Wyer, Mary/Barbercheck, Mary/Giesman, Donna/Öztürk, Hatice Örün/Wayne, Marta (eds.) (2001), *Women, Science, and Technology. A Reader in Feminist Science Studies*, New York: Routledge.

Zihlman, Adrienne (1997), »The Paleolithic Glass Ceiling: Woman in Human Evolution«, in: Lori Hager (ed.), *Women in Human Evolution*, New York: Routledge, pp. 91–113.

Zuckerman, Larry (1999), *The Potato. How the Humble Spud Rescued the Western World*, New York: North Point Press.

Internationalisierung der IT-Branche und Gender-Segregation

Esther Ruiz Ben

Die Internationalisierung der deutschen Informations- und Telekommunikationsindustrie (IT-Branche) ermöglichte in der jüngeren Vergangenheit zunehmend Organisationsrestrukturierungen, vor allem in Bezug auf die Fragmentierung von Wertschöpfungsketten und auch auf die Auslagerung von Tätigkeiten und Arbeitsprozessen in neue Regionen und Länder. Im Zuge dieser Entwicklung verloren organisationelle Ressourcen und Regeln mehr und mehr ihre lokale Verbundenheit und mussten durch den Vergleich mit den Praktiken an anderen Orten und in anderen Organisationen legitimiert werden.

In meinem Beitrag gehe ich aus verschiedenen Perspektiven der Frage nach, inwieweit mit dieser teilweisen Umstrukturierung von Arbeits- und Tätigkeitsgebieten eine Recodierung von internen sowie ausgelagerten vergeschlechtlichten Tätigkeiten einhergeht.

Für die als ›technisch‹ angesehenen Bereiche in IT-Organisationen, deren Arbeitsaufgaben als standardisierbar gelten und daher einfacher auszulagern sind, bedeutet diese Umstrukturierung einen Prestigeverlust. Andere Bereiche, wie etwa das Projekt- oder Qualitätsmanagement, gewinnen hingegen an professioneller Relevanz und werden symbolisch und machtstrategisch neu besetzt. Gerade in solchen Tätigkeitsbereichen, die derzeit durch Auslagerungsprozesse an Bedeutung zunehmen und als ›sozial‹ gelten, war bisher die Präsenz von Frauen in Deutschland höher als in Bereichen der Softwareentwicklung, die als ›technischer‹ galten (Ruiz Ben 2005). Damit verbunden ist die Frage, wie diese neuen Bereiche aktuell und in Zukunft bewertet und ›ge-gendered‹ werden, d.h. in welcher Weise die Wissensbasis solcher Tätigkeitsbereiche geschlechtlich codiert wird und welche strukturellen Segregationsmuster auf diese Weise entstehen.

Ziel meines Beitrags ist zu zeigen, welche Implikationen die Internationalisierung von IT-Organisationen für Segregationsmuster bezogen auf Geschlecht hat. Im ersten Abschnitt werde ich zunächst die deutsche IT-Branche charakterisieren, um dann einen kurzen Überblick über ihre Internationalisierung zu geben. Anschließend werde ich im zweiten Abschnitt die Bedeutung zweier Internationalisierungsstrategien thematisieren, um die Transformation von Tätigkeitsprofilen in diesen Organisationen und ihre Vergeschlechtlichungen besser verstehen zu können. Hier stellt sich die Frage, ob die heute so bedeutsamen *soft skills*, die bislang als ›naturalisierte‹ Eigenschaften von Frauen gedeutet und deshalb geringer bewertet wurden, nun zu ›kulturalisierten‹ Fähigkeiten umgedeutet werden (Sørensen 2002: 25f.) und ob diese Umdeutung dann auch zur Transformation der gegenwärtigen horizontalen wie vertikalen Formen von Geschlechtersegregation (vgl. auch Charles/Grusky 2004) führt. In diesem Prozess sind Frauen und Männer selbst auch AkteurInnen. Sie entwickeln Handlungsstrategien, die sie abhängig von den Ressourcen, die ihnen auf den Ebenen der Organisationsstruktur und deren Gender-Substruktur[1] zur Verfügung stehen, einsetzen. Aber auch in der sozialen Konstruktion geschlechtlicher Subjekte und in der Gestaltung der professionellen Interaktionsbeziehungen ›spielen‹ die AkteurInnen quasi mit und ›inszenieren‹ soziale Wissensbestände über Geschlechterverhältnisse. Das ist das Thema des dritten Abschnitts meines Beitrags, in dem ich darauf bezogene Studien diskutieren werde, um anschließend im vierten Abschnitt die Implikationen der Internationalisierung der IT-Branche für die Geschlechtersegregation zu betrachten.

Die deutsche IT-Branche

Die IT-Branche ist durch eine hohe Dynamik und Heterogenität von Arbeitsbeziehungen und -bedingungen gekennzeichnet, aber auch durch eine große Diversität der zugehörigen Segmente wie Hardware, Software, Telekommunikation und IT-Dienstleistungen (vgl. Bitkom 2007). In jüngster Zeit gewinnt insbesondere das Dienstleistungssegment immer mehr an Bedeutung, wobei diese Dynamik zeitgleich zum gesamten Trend der Tertiarisierung der Wirtschaft in einem globalen Wettbewerbsnetz verläuft.

In meinem Beitrag folge ich der Definition der IT-Branche von Raphael Menez, Irmgard Münder und Karin Töpsch (2001: 6). Als die wesentlichen Bestandteile dieser Branche identifizieren sie die (Tätigkeits-)Bereiche der Herstellung von Datenverarbeitungsgeräten und -einrichtungen, Rundfunk

---

1 Vgl. dazu Acker (1992). Die Gender-Substruktur kann auf verschiedenen Ebenen der Organisationsstruktur (Subjekte, Interaktion, Organisationskultur bzw. Legitimation, Organisationsstruktur oder Signifikation oder Organisationsumwelt) angesiedelt werden.

und Nachrichtentechnik, Fernmeldedienste sowie Datenverarbeitung inklusive Entwicklung und Beratung.

Besonders in Bezug auf die Internationalisierung der IT-Branche ist diese Differenzierung wichtig, denn die Produkte sowie die Produktionsformen in den verschiedenen Segmenten erlauben unterschiedliche Internationalisierungstempi und begrenzen auf unterschiedliche Weise die Auslagerungsprozesse. Diese haben wiederum Implikationen für die Kategorisierung von Tätigkeiten und für die Geschlechtersegregation in der IT-Branche. In Segmenten, in denen die Wissensbasis sich sehr schnell ändert, müssen Fachkräfte teilweise in ihrer Freizeit für ihre Weiterbildung sorgen, die zudem nicht selbstverständlich von den Arbeitgebern finanziert wird. Darüber hinaus sind Weiterbildungen oft auch zeitlich mit den hohen Leistungsansprüchen in manchen Projekten und Tätigkeitsfeldern nur schwer vereinbar. Die enorme zeitliche Belastung in dynamischen Bereichen der IT-Branche gilt daher auch als unvereinbar mit familiären Verantwortlichkeiten (Ruiz Ben 2005), weshalb diese Arbeitsfelder einerseits besonders für Frauen als ungeeignet angesehen werden. Andererseits folgen Arbeitszeiten in der IT-Branche nicht dem traditionellen Muster und zeigen eher einen hohen Grad an Flexibilität bezogen auf Zeitdisponibilität, Mobilität, Qualifikationsentwicklung etc. (Boes/Trinks 2005) – ein Umstand, der auch Entfaltungschancen vor allem für junge, nicht in versorgende und/oder pflegerische Tätigkeiten eingebundene Frauen eröffnet. Dies traf zumindest für die Zeit vor der Krise der IT-Branche zu, die sich in Deutschland vor allem ab 2002 bemerkbar machte. Der Druck, den dieser Industriezweig in den vergangenen Jahren erlebte und der auch als Katalysator für die Internationalisierung der Branche fungierte, hat diese Chancen verschlechtert und den Weg für Frauen zu hoch qualifizierten Tätigkeitsbereichen erschwert (ebd.: 303). Im Zuge des Internationalisierungsprozesses der Branche gewinnen vor allem Koordinationstätigkeiten an Prestige. Inwieweit Frauen in diesen Tätigkeitsgebieten ihre gewonnenen Positionen konsolidieren können, ist derzeit noch eine offene Frage. Auch ist noch nicht eindeutig abzusehen, wie sich die Beteiligungschancen für Frauen in den Ländern, in die IT-Tätigkeiten ausgelagert werden, entwickeln werden.

Im nächsten Abschnitt werde ich erläutern, welche Auslagerungsformen von Tätigkeiten und Bereichen im Rahmen der Internationalisierung der IT-Branche praktiziert werden und welche Implikationen diese Auslagerungsprozesse zunächst für die Beschäftigten in Deutschland haben.

Off- und Nearshore-Prozesse im Rahmen der Internationalisierung deutscher IT-Organisationen: Implikationen für die Beschäftigten

Während Offshore-Prozesse aus deutscher Perspektive die Auslagerung von Tätigkeiten in das ferne Ausland bezeichnen, bezieht sich der Begriff Nearshore auf die Auslagerung von Arbeitsschritten oder Geschäftsprozessen in das geografisch näher gelegene Niedrig-Lohn-Ausland wie die neuen EU-Staaten und -Beitrittskandidaten, die auch als kulturell weniger entfernt wahrgenommen werden.

Bei Internationalisierungs-Projekten werden zunächst verlagerbare Aufgaben in Deutschland aufbereitet und koordiniert, während gleichzeitig MitarbeiterInnen in den Off- bzw. Nearshore-Zentren geschult und auf weitere Vergabephasen von Aufgaben vorbereitet werden. Schon seit Jahren wird die Schaffung entsprechender Infrastrukturen in Off- bzw. Nearshore-Ländern durch ausländische Unternehmen gezielt unterstützt. Darüber hinaus existiert ein sehr großes Angebot an hoch qualifizierten Arbeitskräften in diesen Ländern, die auch durch den Ausbau von Curricula in Kooperation mit ausländischen Universitäten ergänzend ausgebildet werden und sich somit sehr schnell an die Nachfrage und die Innovationsdynamik multinationaler IT-Unternehmen anpassen können (Ruiz Ben/Wieandt 2006). Diese hoch qualifizierten Beschäftigten, die zu niedrigeren Löhnen in Off- bzw. Nearshore-Ländern arbeiten, konkurrieren derzeit mit der vergleichsweise kleinen Zahl hoch qualifizierter Fachkräfte in Deutschland, die höhere Löhne erhalten und die noch bis zur Krise der Branche in Deutschland als konkurrenzlos auf dem IT-Arbeitsmarkt galten und deshalb vorteilhafte Arbeitsbedingungen aushandeln konnten (Boes/Schwemmle 2005; Boes/Trinks 2006). Für die MitarbeiterInnen von IT-Unternehmen an deutschen Standorten bedeutet dieser Wettbewerb zunehmenden Druck in ihrer alltäglichen Arbeit und auch Unsicherheit in Bezug auf Karriereplanungen. Andreas Boes und Karin Trinks (2006: 313) weisen auf ein neues und zugleich riskantes Drohpotenzial hin, mit dem IT-Unternehmen ihre Fachkräfte zu weiteren Zugeständnissen im Hinblick auf Arbeitsbedingungen und Entlohnung bewegen könnten.

Faktoren wie die Internationalisierung der IT-Branche und die Transformation von Arbeits- und Organisationsprozessen haben in der Vergangenheit zu einer progressiven Diversifizierung von Qualifikationen und Kompetenzen sowie zu einer kontinuierlichen Transformation von Tätigkeitsprofilen beigetragen (Valenduc u. a. 2004). Einige Untersuchungen zeigen auch verstärkte Formalisierungstendenzen in der Branche (Abel u. a. 2005) sowie gezielte Professionalisierungspläne in Bereichen wie Qualitäts- und Projektmanagement, Rechnungsführung oder Kundenbeziehungen (Mayer-Ahuja/Wolf 2004; Ruiz Ben 2005). Angesichts der wachsenden Bedeutung von Kosteneffizienz durch Qualitätsmanagement und der betriebswirtschaftlichen Kalkulation der Transaktionskosten bei Offshoring (Beulen u. a. 2005) gewinnen solche Tätigkeiten in Auslagerungsprozessen an Bedeutung. Dies gilt insbesondere für die ersten Phasen von Offshore-Prozessen, in denen die Koordination interkultureller Projektgruppen sehr wichtig ist. Wie sich gezeigt hat, investieren große Softwarefirmen verstärkt in Qualitätsmanagement und Kundenorientierung, beispielsweise in die Berücksichtigung von Standards wie ISO 9000[2] und deren Anpassung an konkrete organisatorische Bedingungen und Innovationsziele bzw. KundInnen-Horizonte, die in komplexe Managementsysteme integriert werden. Parallel zur Entwicklung entsprechender integrierter Managementsysteme (wie etwa Six Sigma)[3] werden die Tätigkeitsprofile sowie die Zuständigkeitsbereiche in Offshore-Projekten klarer definiert. Damit steigt der Formalisierungsgrad von Koordinationstätigkeiten wie Projekt- oder Qualitätsmanagement und auch von Qualifikationswegen in diesen Bereichen.

Einige Untersuchungen belegen, dass Frauen in großen deutschen IT-Firmen insbesondere in Bereichen des Qualitäts- und Projektmanagements eingesetzt werden, die weniger als ›technische‹ Tätigkeiten, sondern eher als Aufgaben gelten, in denen es auf ›soziale‹ Kompetenzen ankommt (Ruiz Ben 2005). Dazu gehören etwa Kontrollaufgaben, die aufgrund ihres Konfliktpotenzials eher unbeliebt, im Innovationswettbewerb jedoch strategisch wichtig sind. Die Studie von Maria Funder (2005: 118) zeigt, dass viele IT-Unternehmen sowohl eine vertikale als auch eine horizontale geschlechtsspezifische Segregation aufweisen. Die Trennung von Arbeitsbereichen wird auf der Basis von Konnotationen wie ›technikfern/weiblich‹ versus ›techniknah/männlich‹ festgelegt. Funder bemerkt, dass die zuletzt genannten Bereiche in vielen Unternehmen höher bewertet werden, wobei sie jedoch

---

2 Die so genannte ISO 9000 ist eine Sammlung von Normen im Form von Leitfäden, Begriffen und Qualitätsmanagementmodellen, die die International Standard Organisation (ISO) vorgibt. Unternehmen können sich zertifizieren lassen, wenn sie solchen vorgegebenen Normen nachweislich folgen.

3 Six Sigma ist eine umfassende Managementmethode, deren zwei Hauptziele Qualitätsverbesserung und Kosteneinsparung sind (s. Gupta 2006).

zugleich auf weitere Effekte in der IT-Branche hinweist, die zu Veränderungen dieser geschlechtscodierten Zuweisungen beitragen könnten. Um dieses Phänomen zu erklären, plädiert Funder (2005) für eine kontingenzorientierte Perspektive, die die Vielfalt der Ausgestaltung von Geschlechterverhältnissen in Organisationen erfassen kann.

Im nächsten Teil meines Beitrags gebe ich einen Überblick über den Stand der Diskussion in der theoretischen und empirischen Forschung, die sich mit geschlechtsbezogenen Kategorisierungs- und Segregationsmustern in IT-Organisationen beschäftigt.

Geschlechtsbezogene Kategorisierungs- und Segregationsmuster in IT-Organisationen

Die sozialwissenschaftlichen Erklärungsansätze für die Erzeugung und Aufrechterhaltung von Segregation in Organisationen basieren entweder auf individualistischen oder auf institutionalistischen Arbeitstheorien. Individualistisch argumentierende Ansätze fokussieren die meist sozialisationsbedingten (Wahl-)Entscheidungen von Frauen und Männern am Arbeitsplatz. Demgegenüber gehen die institutionalistisch orientierten Ansätze davon aus, dass formelle und informelle Arrangements Segregationen perpetuieren und so auch weiblichen und männlichen Beschäftigten unterschiedliche Perspektiven eröffnen. Beide Ansätze enthalten zentrale Elemente für das Verständnis der Wechselwirkungen zwischen individueller und struktureller Ebene.

Der Begriff Segregation beinhaltet in Anlehnung an Maria Charles und David Grusky (2004) zwei Dimensionen: Die *horizontale* Dimension beschreibt die geschlechtsspezifische Beteiligung von Männer und Frauen in bestimmten Berufen und Professionen, die *vertikale* Dimension bezieht sich auf die Repräsentanz von Frauen und Männern in Berufen und Professionen mit unterschiedlichem Sozialprestige und Lohnniveaus. Beide Dimensionen sind kulturelle und institutionelle Phänomene, die einerseits auf Geschlechterstereotypen und andererseits auf die Höherbewertung von Männern gegenüber Frauen gegründet sind. Geschlechtsbezogene Kategorisierungen in IT-Firmen sind auf verschiedenen Ebenen zu verorten. Von Bedeutung sind hierbei zum einen Charakteristika von Organisationen wie Betriebsgröße, Kerngeschäft oder Unternehmensphilosophie. Zum anderen bewirken personalpolitische Entscheidungen Allokationen innerhalb von Belegschaften und schließlich reproduzieren Organisationsakteure durch ihr Alltagshandeln Geschlechterstereotype und Kategorisierungsmuster.

Auch wenn Informatikberufe Frauen prinzipiell offen stehen, thematisieren zahlreiche Forschungsarbeiten die geschlechtsbezogenen Barrieren und Allokationsmuster, welche die IT-Branche kennzeichnen. Stereotype hinsichtlich geschlechtsbedingter Eigenschaften, Fähigkeiten und Biographieerwartungen wirken sich auf den Professionalisierungsprozess in der Informatik aus.

Doris Janshen und Hedwig Rudolph (1987) zeigten in ihrer einschlägigen Studie über Ingenieurinnen und Informatikerinnen, dass Frauen über geschlechtsspezifische Rollenerwartungen und Stereotypen Technikdistanz zugeschrieben wird. Infolgedessen müssen Frauen in technischen Berufen ein ambivalentes Selbstkonzept bewältigen, da sie den geschlechtsspezifischen Rollenerwartungen nicht entsprechen (vgl. auch Kosuch 2000). Dieser ambivalente »professionelle Habitus« (Janshen/Rudolph 1987: 229) erklärt auch die Beobachtung, dass sich Frauen in der IT-Branche im Verlauf ihres beruflichen Werdegangs sukzessive von den als ›technisch‹ definierten Bereichen distanzieren.[4]

Geschlechterstereotypen, Rollenzuweisungen und Selbstkonzepte werden dabei im Alltagshandeln innerhalb der spezifischen Organisationskulturen konstruiert und inszeniert. Während einige Untersuchungen der 1990er Jahre die Situation von Frauen in der IT-Branche auf der Basis von Einzelinterviews oder Befragungsergebnissen beleuchten (Erb 1996; Funken 1998; Kleinn/Schinzel 2000), fokussiert einzig die Betriebsfallstudie von Bettina Heintz und Eva Nadai (1998) auf diese alltäglichen Interaktionsmuster im Betrieb.

Annette Henninger (2001) beschreibt aus machttheoretischer Perspektive, wie Technik im Betriebsalltag mit Männlichkeit und Macht konnotiert wird und Geschlecht als ›Demarkationslinie‹ bei der innerbetrieblichen Arbeitsteilung fungiert. Männlich konnotierten ›technischen‹ Aufgaben wird mehr Wert attribuiert als weiblichen, wobei jeweils neu ausgehandelt wird, welche Aufgabengebiete als ›technisch‹ zu definieren sind (vgl. ebd.: 97).

Im Unternehmen bekommen geschlechtspezifische bzw. asymmetrische Arbeitsteilungsmuster und Biographieerwartungen differenzierte Bedeutungen im Zusammenspiel mit den spezifischen Organisationskulturen,

---

4 Vgl. auch in Bezug auf die Informatik Erb (1996) sowie Kleinn/Schinzel (2000).

welche je nach Unternehmensgröße, Kerngeschäft, Unternehmensphilosophie sowie Herkunftsbeziehungen der Firmen unterschiedliche Ausprägungen annehmen.

Den Ergebnissen meiner eigenen Untersuchung über die Professionalisierung der Informatik in Deutschland und die Chancen für die Beteiligung von Frauen zufolge (Ruiz Ben 2005) ist neben der Organisationskultur vor allem die Unternehmensgröße relevant für Qualifikationsanforderungen und Tätigkeitsprofile. Die Aufteilung und organisatorische Trennung von Arbeitsbereichen hängt eng mit der Unternehmensgröße zusammen. So sind zum Beispiel in kleinen Softwarefirmen die Anforderungen an das Personal vielfältig. Heterogene Qualifikationen und Kompetenzen werden hier nachgefragt, so dass berufserfahrene ›Allrounder‹ bei der Einstellung oft bevorzugt werden, da weder Zeit noch Mittel zur Verfügung stehen, um Personal selbst aus- oder weiterzubilden. Auf diese Weise entsteht in kleinen Firmen durch den begrenzten Handlungsspielraum und durch die geringe Formalisierung bzw. Standardisierung von Einstellungskriterien mehr Raum für Stereotypisierungen (s. dazu Allmendinger/Podsialowski 2001).

Als die größten Aufstiegsbarrieren für Frauen in kleinen deutschen Software-Firmen erweisen sich nach Annette Henninger (2001) zum einen die männlichen Kollegen und Vorgesetzten und zum anderen die Frauen selbst durch die Abwertung der eigenen technischen Fähigkeiten. In größeren Betrieben ist eine stärkere Arbeitsteilung üblich, Qualifikationsansprüche sind höher und die Einstellungs- sowie Förderungskriterien bzw. Karrierepfade sind formalisierter. Gleichzeitig tritt ab einer gewissen Organisationsgröße eine stärkere Segregation auf, die mit der Spezialisierung und Abgrenzung von Zuständigkeitsbereichen verbunden ist. Die Spezialisierungstendenz in diesen IT-Organisationen begünstigt den Zugang von Frauen zu bestimmten Positionen und verschlechtert die Zugangschancen zu anderen.

Die Allokationspraxis aller Beteiligten spielt hier eine entscheidende Rolle, da stereotype Vorstellungen von Personalverantwortlichen darüber, wer ins Unternehmen ›passt‹, bei der Einstellung von Fachkräften segregierende Effekte erzeugen. Männern wird von Personalverantwortlichen in IT-Firmen in stärkerem Maße Technikaffinität zugeschrieben. Frauen hingegen gelten als sozial kompetenter und kommunikativer, weshalb ihnen entsprechende Tätigkeitsbereiche wie Projekt- oder Qualitätsmanagement zugewiesen werden. Gleichzeitig passen sich sowohl Frauen als auch Männer an diese erwünschten Allokationen an, wodurch emotionale Gratifikationen erzielt und soziale Identitätskonflikte als *tokens*[5] (Moss Kanter 1977) vermieden werden können (Henninger 2001: 105).[6] Eine entsprechende geschlechtsbezogene Segregation in IT-Start-ups hat die Studie von Ulrike Schraps und Ernst Hoff (2005: 318) nachgewiesen. Frauen sind in Randbereichen von Unternehmen wie Grafikdesign, Marketing, Vertrieb und Öffentlichkeitsarbeit sowie Finanzen, Beratung und Personal stärker repräsentiert als Männer.

Zusammenfassend zeigen die Forschungsarbeiten, dass die Unterscheidung zwischen ›sozialen‹ und ›technischen‹ Tätigkeiten in der Softwareentwicklung an die Konstruktion von mehr oder weniger naturalisierten geschlechtsbezogenen Kategorisierungen gekoppelt ist. Allerdings erfordert der Innovationsdruck in der Branche eine permanente Interaktion zwischen verschiedenen Fachgebieten und Sichtweisen – auch aus internationaler Perspektive –, um Forschungs- und Spezialisierungspotenziale, von denen Innovation entscheidend abhängt (Castells 2003: 273), optimal zu unterstützen. Die Grenzen zwischen relativ ›professionalisierten‹ Gebieten und solchen, die in ständiger Transformation sind und sich neu bilden, sind demnach keinesfalls statisch. Vielmehr vernetzen sich die Aufgabenbereiche im globalen Raum zunehmend. Hier wäre zu klären, ob diese naturalisierten, Frauen zugeschriebenen Fähigkeiten durch die Integration entsprechender Weiterbildungsmaßnahmen in Zukunft eine Standardisierung erfahren und dadurch innerhalb der Organisationskulturen auch zunehmend als *achievements* (Sørensen 2002) gelten werden. Die essentialistische Deutung von sozialen Kompetenzen als typisch ›weiblichem Talent‹ würde auf diese Weise mittelfristig entkräftet und Männer könnten dieses Aufgabengebiet verstärkt besetzen. Meines Erachtens bedürfen die damit verbundenen langfristigen Trends einer genaueren Analyse. Angesichts der

---

5 Mit dem Begriff *tokens* bezeichnet Kanter (1977) Personen, die zu einer Minderheitsgruppe (anteilig maximal 15 Prozent) in Organisationen gehören. Dies trifft beispielsweise auf die Situation von Frauen in ›typischen‹ Männerberufen zu. Eine solche Minderheitssituation bezeichnet Kanter als *tokenism* und unterscheidet dabei zwischen drei darauf bezogenen Auswirkungen: Sichtbarkeit (die *tokens* fallen in der Gruppe auf); Kontrast (die Mehrheitsgruppe muss sich von den *tokens* abheben); Assimilation (die *tokens* passen sich an die Erwartungen der Mehrheit an).

6 Zu ähnlichen Ergebnissen kamen Schmitt (1993) sowie Menez u.a. (2001). In der Forschung zu Call-Centern finden sich ähnliche Deutungen geschlechtsspezifischer Kompetenzen, die sowohl für die kundenzentrierte Arbeit als auch für Positionen im mittleren Management, d.h. als Vermittlungsinstanz zwischen höherem Management und Agents, notwendig sind (vgl. Kutzner 2003: 170; Voswinkel 2005: 35).

voranschreitenden Internationalisierung der IT-Branche erscheint eine Recodierung des *social/technical divide* nahe liegend. Offen ist, wer in den Herrschaftsgefügen der Unternehmen Machtpositionen für sich beanspruchen können wird.

Geschlechtsbezogene Segregation in der IT-Branche aus internationaler Perspektive

Geschlechtsbezogene Segregation in der IT-Branche ist kein exklusiv deutsches Phänomen, wie zahlreiche internationale und vergleichende Studien zeigen. Sie findet sich beispielsweise auch in Italien, dem einzigen OECD-Land (OECD 2004) mit einem ausgeglichenen Anteil von Frauen und Männern an Studienabschlüssen in Mathematik und Informatik (Black u. a. 2005: 7). Als länderübergreifende Gemeinsamkeit in Bezug auf Geschlechtersegregation in der IT-Branche erweist sich unter anderem eine stärkere Präsenz von Frauen in Rand- und Routinegebieten der Branche oder in solchen, die eher als ›sozialbezogen‹ gelten (vgl. z.B. Woodfield 2000; Valenduc u. a. 2004; Castaño 2005).

Die vergleichende Untersuchung von Jane Millar und Nick Jagger (2001) zur Situation in Großbritannien, den USA, Kanada, Irland, Taiwan und Spanien ergab, dass in allen betrachteten Ländern – mit Ausnahme von Taiwan – Frauen in der IT-Branche unterrepräsentiert sind. Die Autorinnen erklären diese Unterrepräsentanz durch das schlechte Image von IT bezogenen Qualifikationen, das die Branche für Frauen wenig attraktiv macht. Die mit 66 Prozent sehr hohe Beteiligung von Frauen im Bereich IT-Dienstleistungen in Taiwan führen die Autorinnen auf eine starke Produktionsspezialisierung zurück (vgl. ebd.: 21). Gerard Valenduc und andere (2004) haben die unterschiedlichen Zugangsmodi von Frauen und Männern zu IT-Karrieren in sieben europäischen Ländern (Österreich, Belgien, Frankreich, Italien, Irland, Portugal und Großbritannien) untersucht. Demnach müssen Frauen in IT-Organisationen im Vergleich zu Männern mehr Kompetenzen in Marketing, Web Design, Multimedia Design und Business (Geschäfte mit direktem Kundenkontakt) vorweisen. Hingegen ließ sich kein Beleg dafür finden, dass unterschiedliche länderspezifische Wohlfahrtsmodelle die Situation von Frauen in IT-Organisationen beeinflussen. Die AutorInnen weisen außerdem auf die international verbreitete

Kultur des Individualismus in Organisationen der New Economy hin. Eine solche Kultur bezeichnen sie als ›geschlechtsblind‹, da sie spezifische Probleme von Frauen als individuelles Schicksal betrachte. Dennoch entscheiden sich Frauen für Informatik und für eine Karriere im IT-Bereich, so die Studie weiter, weil sie hier sichere und gut bezahlte berufliche Optionen für sich sehen. Dies treffe insbesondere auf Berufswahlentscheidungen von Frauen in Süditalien zu (vgl. Valenduc u. a. 2004: 107).

Cecilia Castaño (2005: 117) weist darauf hin, dass ausgelagerte Tätigkeiten in der Softwareentwicklung, die niedrige Qualifikationen erfordern, wie etwa das Durchführen von Tests oder Wartungsarbeiten, vor allem an Frauen vergeben würden. Aus der Perspektive von Swasti Mitter (2003) verschränkt sich hier Geschlechtersegregation mit anderen sozialen Differenzierungen wie Ethnizität oder Klasse und Alter. Sie zeigt auf, dass es vor allem junge Frauen sind, die in Offshore-Ländern wie Indien oder den Philippinen niedrig qualifizierte ausgelagerte Tätigkeiten im IT-Bereich erbringen. Castaño (2005: 117) bringt außerdem die verbreitete Beteiligung von Frauen an solchen Tätigkeitsbereichen in Indien in Verbindung mit der Migrationsrate von Männern in hoch industrialisierte Länder während der Phase des Fachkräftemangels in der IT-Branche.

Im Ergebnis interagieren also kulturelle Aspekte bezogen auf länderspezifische Genderregimes mit Faktoren wie der Wichtigkeit der IT-Branche im Vergleich zu anderen Arbeitsfeldern, aber auch mit dem Professionalisierungsgrad von IT-Berufen und mit organisationsspezifischen Faktoren wie den konkreten Arbeitsbedingungen und Karriereaussichten. Sie prägen den länderspezifischen Zugang zu IT-Organisationen für Frauen und Männer. So zeigt beispielsweise eine ländervergleichende Studie (Indic@tor 2005) über die Arbeitschancen im IT-Sektor innerhalb Europas bei mittelständischen und kleinen Firmen, dass gerade in Italien die Arbeitszufriedenheit von IT-Beschäftigten ebenso wie ihr Ausbildungsniveau am niedrigsten innerhalb der Gruppe der betrachteten Länder ist. Weiterhin merkt Studie an, dass die formale Ausbildung in Italien, wo IT-Fachkräfte eher ›on the job‹ ausgebildet werden, unzureichend ist (ebd.). Formale Qualifikationsabschlüsse in Fächern wie Mathematik oder Informatik stellen deshalb nicht unbedingt einen Indikator für den Zugang zur IT-Branche in diesem Land dar. Die auf den ersten Blick gute Ausgangsposition der italienischen Frauen, die – wie bereits erwähnt – in diesen Studiengängen mit Männern gleichgezogen haben, wird so relativiert. Diese Einschätzung wird durch die Untersuchungsergebnisse von Black u. a. (2005: 7) bestätigt, wonach

Frauen auch in Italien im Bereich der New Economy unterrepräsentiert sind. Gerard Valenduc und andere (2004: 23) argumentieren, dass die relativ hohe Partizipation von Frauen in IT-Studiengängen an Hochschulen generell relativ wenig mit ihrer Beteiligung in der IT-Branche zu tun hat, denn viele IT-Berufe erfordern Qualifikationen und vor allem Kompetenzen, die nicht im Rahmen eines Hochschulstudiums erworben werden können.

Für Österreich weisen Edeltraud Hanappi-Egger und Roswitha Hofmann (2004: 9) darauf hin, dass die geschlechtsbezogene Segregation in der IT-Branche durch eine komplexe Konstellation aus »prozessualen und symbolischen Ausschlussmechanismen« aufgrund des Geschlechts entstehe. Die Analyse von Geschlechtersegregation im IT-Bereich müsse deshalb sowohl die organisatorische und individuelle wie auch die gesamtgesellschaftliche Ebene einbeziehen.

Zusammenfassend zeigen diese Studien, dass die Geschlechtersegregation in IT-Bereichen kein spezifisch ›deutsches‹ Phänomen ist, sondern vielmehr an eine zunehmende internationale Arbeitsteilung in der globalen IT-Industrie gekoppelt ist. Damit sind kulturelle und soziale Implikationen verbunden, deren Einfluss auf die Geschlechtersegregation in der IT-Branche noch schwer einzuschätzen ist. So kommentiert beispielsweise Nicole Mayer-Ahuja in Bezug auf IT-Offshoring in Indien, dass

»IT-Arbeit unter Offshoring-Bedingungen eben *nicht nur* mit dem indischen Reproduktionsregime kollidiert, was langfristig zu dessen Annäherung an westliche Gesellschaftsmodelle beitragen könnte. Vielmehr setzt IT-Offshoring dieses Reproduktionsregime explizit voraus – Veränderung heißt in diesem Fall, dass bestimmte Aspekte wegfallen, andere aber nutzbar gemacht oder noch zugespitzt werden.« (Mayer-Ahuja 2006: 48f.; Hervorh. im Original).

Diskussion

Für die Beschäftigten in IT-Firmen in Deutschland bedeuten die Auslagerungsprozesse bzw. die Internationalisierung der IT-Branche ein latentes Segregationsrisiko vor allem im Hinblick auf mögliche Weiterbildungs- und Karriereplanungen, die durch organisationale Innovationspolitik geprägt werden. Nicht nur die Konkurrenz auf einem globalen IT-Arbeitsmarkt, sondern – insbesondere in größeren IT-Firmen – auch potenziell höhere Mobilitätsanforderungen sowie die Unsicherheit über ihre Karrierechancen bzw. den Erhalt ihrer Arbeitsplätze erhöhen den Druck auf die Beschäftigten. Welche Bereiche oder Tätigkeiten stabil bzw. ›innovativ‹ bleiben und welche in kurzer Zeit obsolet werden, hängt von Innovationspolitiken ab, die in einem sehr dynamischen Markt nur schwer langfristig abschätzbar sind. Nach Rudolph u. a. (2001) zeigen einige Studien, dass die zunehmende Internationalisierung großer Betriebe neue geschlechtsspezifische und nationale Segregationen auf Arbeitsmärkten erzeugt (vgl. auch Young 1998), zu Reorganisation und Flexibilisierung von Arbeitsprozessen führt sowie mit einer Neubewertung von Tätigkeitsbereichen einhergeht. Die Krise der IT-Branche hat in Deutschland zu einer Normalisierung beigetragen, in manchen Tätigkeitsgebieten Professionalisierungstendenzen hervorgebracht (Dostal 2006; Ruiz Ben 2005), aber auch wichtige Impulse für die Entwicklung von Off- bzw. Nearshore-Prozessen gesetzt. Darüber hinaus wird durch die Entwicklung von integrierten Managementstrategien die Standardisierung und Formalisierung von Tätigkeiten und Zuständigkeiten vorangetrieben und die eher als ›technikfern‹ bezeichneten Kontrollaufgaben wie Projekt- oder Qualitätsmanagement, in denen Frauen in Deutschland in großen Firmen gern gesehen sind, gewinnen an Bedeutung. Einerseits verfügen damit die bereits in diesen Bereichen tätigen Frauen über gute Verbleibs- und Profilierungschancen. Andererseits wird sich für weibliche Fachkräfte im Zuge der Recodierung des *social/technical divide* die Konkurrenz mit männlichen Bewerbern in diesen zunehmend prestigeträchtigen Arbeitsgebieten verschärfen, sodass ihre Zugangschancen sinken könnten.

Aus internationaler Perspektive stellt sich die Frage, wie ausgelagerte Tätigkeiten in IT-Off- bzw. Nearshore-Firmen kategorisiert und von Frauen besetzt werden und wie die IT bezogenen Curricula gestaltet und institutionalisiert werden. Auch wenn Frauen sowohl in Entwicklungs- wie auch in industrialisierten Ländern vor allem in schlecht bezahlten, niedrig qualifizierten und in Randgebieten der IT-Branche überrepräsentiert sind (Mitter 2003), gibt es Unternehmen, in denen Geschlechterhierarchien an Bedeutung verloren haben (Funder 2005: 119) und Tätigkeitsbereiche, in denen Frauen sich mittelfristig profilieren können. Angesichts der starken Internationalisierung der IT-Branche ist es meines Erachtens zunächst notwendig, kontextuelle Faktoren der geschlechtsbezogenen Segregation und ihre Wechselwirkungen mit anderen Kategorisierungen bezogen auf Alter, Qualifikation oder Nationalität und Ethnizität (vgl. McCall 2001) zu betrachten, ohne dabei internationale Zusammenhänge aus den Augen zu verlieren. Wichtig ist eine differenzierte Betrachtung sowohl der gesamten

IT-Branche als auch einzelner IT-Organisationen sowie die Berücksichtigung von IT-Beschäftigten in Bereichen, die nicht zur IT-Branche gehören.[7]

Literatur

Abel, Jürgen/Ittermann, Paul/Pries, Ludger (2005), »Erwerbsregulierung in hoch qualifizierter Wissensarbeit – individuell und kollektiv, diskursiv und partizipativ«, *Industrielle Beziehungen*, Jg. 12, H. 1, S. 28–50.

Acker, Joan (1992), »Gendering organizational theory in Gendering organizational analysis«, in: Albert J. Mills/Petra Tancred (Hg.), *Gendering organizational analysis*, London, S. 248–260.

Allmendinger, Jutta/Podsiadlowski, Astrid (2001), »Segregation in Organisationen und Arbeitsgruppen«, *Kölner Zeitschrift für Soziologie und Sozialpsychologie*, Sonderheft 41, S. 276–307.

Beulen, Erik/van Fenema, Paul/Currie, Wendy (2005), »From Application Outsourcing to Infrastructure Management: Extending the Offshore Outsourcing Service Portfolio«, *European Management Journal*, Jg. 23, H. 2, S. 33–144.

Bitkom (2007), »Fachkräftemangel in der IT-Branche verschärft sich«, Pressemitteilung vom 28. Juni, http://www.bitkom.org/de/presse/8477_46819.aspx (Zugriff 27.10.2007)

Black, Sue/Jameson, Jean/Komoss, Regine/Meehan, Averil/Numerico, Teresa (2005), »Women in Computing: a European and International Perspective«, Vortrag auf der Tagung 3rd European Symposium on Gender & ICT: Working for Change am 1.2.2005, Manchester Conference Centre, Manchester UK, http://ict.open.ac.uk/gender/2005/papers/ (Zugriff 27.10.2007).

Boes, Andreas/Schwemmle, Michael (Hg.) (2005), *Bangalore statt Böblingen? Offshoring und Internationalisierung im IT-Sektor*, Hamburg.

— /Trinks, Karin (2005), »Interessen und Interessenhandeln von IT-Beschäftigten in der Genderperspektive«, in: Maria Funder/Steffen Dörhoffer/Christian Rauch (Hg.), *Jenseits der Geschlechterdifferenz? Geschlechterverhältnisse in der Informations- und Wissensgesellschaft*, München, S. 283–305.

— /Trinks, Karin (2006), *»Theoretisch bin ich frei!« Interessenhandel und Mitbestimmung in der IT-Industrie*, Berlin.

---

7 S. auch Valenduc u.a. 2004. Wir führen derzeit eine von der Deutschen Forschungsgemeinschaft (DFG) geförderte Untersuchung über die Internationalisierung der IT-Branche in Deutschland und deren Auswirkungen auf Kategorisierungsmuster von Fachkräften und Tätigkeitsbereichen durch. Sie will einen wissenschaftlichen Beitrag zur Klärung der Beteiligungschancen von Frauen in der IT-Branche liefern und versucht, Geschlechterkonstruktionen und Arbeitsteilung im Rahmen sozialen Wandels und in Bezug auf die Institutionalisierung von Ungleichheiten zu begreifen.

Castaño, Cecilia (2005), *Las mujeres y las tecnologías de la información. Internet y la trama de nuestra vida,* Madrid.

Castells, Manuel (2003), *Der Aufstieg der Informationsgesellschaft,* Opladen.

Charles, Maria/Grusky, David B. (2004), *Occupational Ghettos. The Worldwide Segregation of Women and Men,* Stanford.

Dostal, Werner (2006), *Berufsgenese,* Nürnberg, Institut für Arbeitsmarkt- und Berufsforschung der Bundesagentur für Arbeit.

Erb, Ulrike (1996), *Frauenperspektiven auf die Informatik. Informatikerinnen im Spannungsfeld zwischen Distanz und Nähe der Technik,* Münster.

Funder, Maria (2005), »Gender Management? Geschlecht und Management in wissensbasierten Unternehmen«, in: dies./Steffen Dörhoffer/Christian Rauch (Hg.), *Jenseits der Geschlechterdifferenz? Geschlechterverhältnisse in der Informations- und Wissensgesellschaft,* München, S. 97–123.

Funken, Christiane (1998), »Mustererkennung – Zur (Re)Codierung von Geschlechtszugehörigkeit im Internet«, *Freiburger FrauenStudien,* Jg. 4, H. 2, S. 91–106.

Gupta, Praveen (2006), *Six Sigma Business Scorecard,* New York.

Hanappi-Egger, Edeltraud/Hofmann, Roswitha (2004), »Geschlechtsspezifische Aspekte der neuen Informations- und Telekommunikationstechnologien: Eine Einführung«; in: dies. (Hg.), *women@work. Informations- und Kommunikationstechnologien als Beschäftigungsfeld aus der Sicht der Frauen,* Wien, S. 9–18.

Heinz, Bettina/Nadai, Eva (1998), »Geschlecht und Kontext. De-Institutionalisierungsprozesse und geschlechtliche Differenzierung«, *Zeitschrift für Soziologie,* Jg. 27, H. 2, S. 75–93.

Henninger, Anette (2001), »Gender-Probleme in der New-Economy: Geschlechterverhältnisse in kleinen Softwarefirmen«, *Zeitschrift für Frauenforschung und Geschlechterstudien,* Jg. 19, H. 3, S. 88-108.

Indic@tor (2005), *A cross-cultural study on the measurement and enhancement of employability among ICT professionals working in small and medium-sized companies.* EU Commission. Project ID: IST-2000-31070.

Janshen, Doris/Rudolph, Hedwig (1987), *Ingenieurinnen. Frauen für die Zukunft,* Berlin.

Kleinn, Karin/Schinzel, Britta (2000), »Männer und Frauen in der Softwareentwicklung«, Forschungsbericht für das Ministerium für Wissenschaft, Forschung und Kunst Baden-Württemberg.

Kosuch, Renate (2000) (Hg.), *Technik im Visier. Perspektiven für Frauen in technischen Studiengängen und Berufen,* Bielefeld.

Kutzner, Edelgard (2003), »Arbeitsbeziehungen in Call Centern – Irritationen der Geschlechterordnung«; in: Ellen Kuhlmann/Sigrid Betzelt (Hg.), *Geschlechterverhältnisse im Dienstleistungssektor. Dynamiken, Differenzierungen und neue Horizonte,* Baden-Baden, S. 161–175.

Mayer-Ahuja, Nicole (2006), »IT-Arbeitsverhältnisse unter Bedingungen globaler Wirtschaftsintegration. Eindrücke von Veränderungen des indischen Gesellschafts- und Produktionsmodells«, *SOFI-Mitteilungen,* Nr. 34, S. 43–51.

— /Wolf, Harald (2004), »Jenseits des Hype: Arbeit bei Internetdienstleistern«, *SOFI-Mitteilungen*, Nr. 32, S. 79–96.
McCall, Leslie (2001), *Complex Inequality: Gender, Class, and Race in the New Economy*, New York.
Menez, Raphael/Munder, Irmgard/Töpsch, Karin (2001), »Qualifizierung und Personaleinsatz in der IT-Branche«, Auswertung der Online-Studie BIT-S (Befragung von IT-Unternehmen in der Region Stuttgart), Akademie für Technikfolgenabschätzung in Baden-Württemberg, Arbeitsbericht Nr. 200, http://elib.uni-stuttgart.de/opus/volltexte/2004/1890/pdf/AB200.pdf (Zugriff 27.10.2007).
Millar, Jane/Jagger, Nick (2001), »Women in ITEC. Courses and Careers«, Schlussbericht. University of Sussex, Brighton, 5.11.2007, http://www.berr.gov.uk/files/file19505.pdf.
Mitter, Swasti (2003), »ICTs, Globalisation and Poverty Reduction: Gender Dimensions of the Knowledge Society. Part III: Globalisation and ICT: Employment Opportunities for Women«, 5.11.2007, http://www.idrc.ca/uploads/user-S/10859374761partIII_ICT_Mitter_Huyer.pdf.
Moss Kanter, Rosabeth (1977), *Men and Women of the Corporation*, New York.
OECD (2004), *Information Technology Outlook*, Paris.
Rudolph, Hedwig/Theobald, Hildegard/Quack, Sigrid (2001), »Internationalisierung: Ausgangspunkt einer Neuformierung der Geschlechterverhältnisse in der Unternehmensberatung?«, Wissenschaftszentrum Berlin für Sozialforschung (WZB), Arbeitspapier FS I 01-102.
Ruiz Ben, Esther (2005), *Professionalisierung der Informatik: Chance für die Beteiligung von Frauen?*, Wiesbaden.
— /Wieandt, Michaela (2006), »Growing East: Nearshoring und die neuen ICT Arbeitsmärkte in Europa«, *FIfF-Kommunikation* (Zeitschrift des Forums InformatikerInnen für Frieden und gesellschaftliche Verantwortung), H. 3, S. 36–42.
Schinzel, Britta/Ruiz Ben, Esther (2004) »Softwareentwicklung als Beruf? Professionalisierungstendenzen und Implikationen für die Beteiligung von Frauen«; *Informatik-Spektrum*, Bd. 27, H. 5, S. 441–447.
Schmitt, Bettina (1993), *Neue Wege – Alte Barrieren. Beteiligungschancen von Frauen in der Informatik*, Berlin.
Schraps, Ulrike/Hoff, Ernst (2005), »Arbeitszentrierte und entgrenzte Lebensgestaltung – ein Geschlechtervergleich in IT-Start-ups«, in: Maria Funder/Steffen Dörhoffer/Christian Rauch (Hg.), *Jenseits der Geschlechterdifferenz? Geschlechterverhältnisse in der Informations- und Wissensgesellschaft*, München, S. 305–325.
Sørensen, Knut H. (2002), »Love, Duty and the S-curve. An Overview of Some Current Literature on Gender and ICT«, *SIGIS*, http://www.rcss.ed.ac.uk/sigis/public/displaydoc/full/D02_part1 (Zugriff 27.10.2007).
Valenduc, Gerard/Vendramin, Patricia/Guffens, Caroline/Ponzellini, Anna Marie (2004), »Widening Women's Work in Information and Communication Technology«, Synthesis Report of the project WWW-ICT (IST-2001-34520), IST programme, European Commission.

Voswinkel, Stephan (2005), *Welche Kundenorientierung? Anerkennung in der Dienstleistungsarbeit*, unter Mitarbeit von Anna Korzekwa, Berlin.

Woodfield, Ruth (2000), *Women, Work and Computing*, Cambridge.

Young, Birgit (1998), »Genderregime und Staat in der globalen Netzwerkökonomie«, *PROKLA*, H. 111, S. 175–198.

Verschiebungen in der Konstruktion des »natürlichen« Geschlechts

Das Geschäft der Pflanze ist dem *Weib* übertragen ... die Pflanze selbst hat aber kein Leben*
Zur vergeschlechtlichten Stufenordnung des Lebens im ausgehenden 18. Jahrhundert

Kerstin Palm

Einleitung

»Das Geschäft des Empfangens, der Bildung, mit Einem Wort das Geschäft der Pflanze ist dem Weib übertragen durch die ganze Natur, es ist also selbst in dem Thier wieder die Pflanze, und der Mann unter den Thieren wieder das Thier. Alle Differenzen des Geschlechtscharakters lassen sich hieraus einsehen und ableiten. [...] Die ganze Fülle und Fruchtbarkeit ist übergegangen, ist sichtbar dargestellt im weiblichen Geschlecht, der ganze Reichthum des Lichts im männlichen.« (Schelling 1804: 339)

Diese eigenartigen Geschlechtercharakterisierungen über Pflanze-Tier-Analogien der Geschlechterdifferenz durchziehen die gesamten um 1800 erschienenen naturphilosophischen Schriften F.W.J. Schellings und werden nicht nur von vielen seiner Zeitgenossen umfänglich rezipiert und in ihre eigenen lebenswissenschaftlichen Überlegungen eingefügt, sondern erlangen durch zahlreiche Transformationen physiologischer Theorien hindurch bis ins 20. Jahrhundert hinein eine paradigmatische Bedeutung für die Geschlechtertheorien in Biologie, Medizin und Psychologie.[1] Schelling führt in seinen Abhandlungen in spezifischer Weise die neuen nichtmechanistischen Vorstellungen von Leben weiter, wie sie im 18. Jahrhundert allmäh-

---

* Der Titel des Beitrags lehnt sich an Passagen aus F.W.J. Schellings Schriften an, die im Text noch eingehender kommentiert werden. Der Aufsatz stellt einen modifizierten und stark gekürzten Auszug eines Kapitels meiner noch unveröffentlichten Habilitationsschrift dar, die unter dem Titel »Existenzweisen des Lebens – Fragmente einer Kulturgeschichte des biologischen Lebensbegriffs« eine gendertheoretisch angeleitete Bedeutungsgeschichte des modernen naturwissenschaftlichen Lebensbegriffs entwirft.

1 Vgl. hierzu ausführlich z.B. Honegger (1996); Bennent (1985); Schmersahl (1998); bezogen auf den Einfluss Schellings für die nachfolgenden Naturtheorien: vgl. Bach/Breidbach (2005).

lich ausgearbeitet worden waren und schließlich eine neue Disziplin in der Naturforschung, die Biologie, begründeten.

Bisher haben sich die Untersuchungen der im 18. Jahrhundert erfolgten Neucodierung der Geschlechter durch die naturalistischen Wissenschaften vor allem auf die ideologische Ausrichtung der anthropologischen Theoriebildung bezogen und eine umfassende »Systematisierung einer sozialtheoretisch angeleiteten Empirie natürlicher Ungleichheit« (Honegger 1996: 214) in Biologie und Medizin als deren Fundament herausgestellt. Meines Erachtens wird die moderne Naturordnung der Geschlechter aber insbesondere auch über den neuen *nichtmechanistischen Lebensbegriff* der Aufklärung konstituiert, allerdings anders, als Claudia Honegger dies in ihrer Studie *Die Ordnung der Geschlechter* (1996) ausgeführt hat. Während sie die Geschlechterdifferenz über die Aufspaltung des um 1750 eingeführten Zentralmerkmals des Lebens, der Reizbarkeit, in Sensibilität und Irritabilität in die lebenden Körper eingeschrieben sieht, soll hier eher auf die Entgegensetzung von Sensibilität und Reproduktion abgehoben werden, die aus meiner Sicht zu einer bis heute nachwirkenden geschlechterbezogenen Opposition von Individuation und Fortpflanzung führte.

Dazu werden im Folgenden zunächst die wesentlichen konzeptionellen Umbrüche in der Naturforschung im 18. Jahrhundert skizziert, die zu einem neuen Lebensbegriff und zu einer Wissenschaft vom Leben führten. In einem weiteren Schritt wird dann am Beispiel der für die Biologie der Spätaufklärung paradigmatischen Schriften von Carl Friedrich Kielmeyer demonstriert, wie der neue Lebensbegriff konkret in der biologischen Theoriebildung ausformuliert wurde und welche geschlechtsspezifischen Implikationen daraus erwuchsen. Zugleich übte Kielmeyer einen entscheidenden Einfluss auf die Schelling'sche Naturphilosophie aus (vgl. dazu ausführlich: Bach 2001) und viele Passagen in Schellings Schriften werden erst vor dem Hintergrund der Kielmeyer'schen Ausführungen verständlich. Auf der Grundlage der Erläuterungen zu Kielmeyer kann dann der letzte Abschnitt zu Schellings Vorstellungen vom Leben und den Geschlechtern zurückkehren, um einige Charakteristika der Schelling'schen Geschlechtertheorie zu umreißen und das anfangs präsentierte Zitat in einen umfassenderen Deutungszusammenhang zu stellen.

Der neue Lebensbegriff im 18. Jahrhundert

Im Laufe des 18. Jahrhunderts werden die antiken und scholastischen Bewegungs- und Belebungsprinzipien eines vorneuzeitlichen Seelenkosmos in formende und organisierende Prinzipien eines modernen Kräfteuniversums transformiert und auf diese Weise die neuen Vorstellungen vom Leben in der Tradition und zugleich in Abgrenzung zu den aristotelischen und neuplatonischen Wesensordnungen konzipiert.[2]

Im Zuge dieser Veränderungen verblasst das Interesse an der Systematisierung der in der Naturgeschichte bis dahin maßgeblichen (Maschinen-) *Gestalten* der Lebewesen zugunsten der Kategorisierung von *Organisationen*, von holistisch-teleologischen Konzeptionen lebender Körper. Diese neue Perspektive wirft die Frage nach dem organisierenden und erhaltenden Prinzip der Organisationsstruktur ebenso auf wie die Frage nach dem dieser Struktur zugrunde liegendem Bauplan, der als zweckmäßiges Gefüge zum Gegenstand einer neuen vergleichenden Morphologie werden sollte.

In der Physiologie werden zugleich Reizbarkeit, Reproduktionsfähigkeit und Entwicklungsvermögen als zentrale Merkmale von Leben etabliert. Zunächst bedeutet Entwicklung noch Auswicklung und Vergrößerung einer von Gott präformierten Form, dann aber werden die präformistisch-theologischen Entwicklungstheorien allmählich von Epigenesetheorien abgelöst und die Bildungskraft der Organismen von einer äußeren göttlichen Kraft subjektmetaphysisch ins Innere der Organismen selbst verlagert. Aus epigenetischer Sicht ist die Formausbildung nun ein selbstorganisatorischer Prozess, ein Akt der Selbstschöpfung, der jedes Mal aufs Neue durch die Zeugung eingeleitet wird und aus noch ungeformtem Material ein organisiertes Wesen entstehen lässt. Leben ist somit kein spezifischer Seinszustand mehr und von seinem Wesen her zu bestimmen, sondern eine *Aktivität*, die aus ihrer Reizbarkeit, Selbstentwicklung und ihren Reproduktionsvermögen erschlossen werden kann und neue Fragen nach den *Kräften* der Entwicklung, der Selbsterhaltung und der Wahrnehmung der Außenwelt aufwirft.

---

2 Vgl. dazu und für die folgenden allgemeinen Ausführungen zum Lebensbegriff des 18. Jahrhunderts ausführlich: Ballauf (1954).

Kielmeyers Stufenordnung des Lebens

Als repräsentatives Beispiel für die beschriebene perspektivische Wende der Naturforschung von einer Wesens- zu einer Kraftmetaphysik und zugleich von der Systematik der Gestalt zur Theorie der Organisation von Lebewesen können die nicht nur in der Biologie berühmten und viel zitierten Schriften von Carl Friedrich Kielmeyer gelten.

Kielmeyer versucht ganz im Gestus der neuen Lebenswissenschaft nicht mehr wie vormals die Naturgeschichte die Vielfalt der *Formen* zu beschreiben, sondern vielmehr die belebte Natur allgemein und grundsätzlich in ihrem Bestand und ihrer Entwicklung durch die ihr zugrunde liegenden *Kräfte* zu charakterisieren. Bemerkenswert ist, dass er dabei die Kräfte in Beziehung zu den Organisationstypen der Gattungen setzt und damit eine physiologische Systematik entwirft, die die organismische *Organisation* direkt mit dynamischen *Vermögen* verbindet. Auf diese Weise überführt er die Scala naturae, eine nach Vollkommenheitsgraden geordnete Schöpfungsübersicht der Formen, in eine physiologisch begründete und empirisch hergeleitete Stufenordnung gesetzmäßig geordneter Kräfteverhältnisse.

Dieses physiologische Ordnungsschema wird vor allem in der auch von Schelling rezipierten *Karlsschulrede* (Kielmeyer 1793),[3] aber auch seiner *Allgemeine(n) Zoologie* (Münter/Kielmeyer 1840)[4] entfaltet, wo die Organisationsformen des gesamten Tierreiches entlang eines fünfgliedrigen Kräftesystems angeordnet und gattungsspezifisch gesetzmäßige Kräfterelationen festgestellt werden.

Diese organischen Kräfte werden regulativ-pragmatisch durch indirekte Ableitungen als Ursachen aus empirisch ermittelten Wirkungen, den einem inneren Organisationsprinzip gehorchenden Bauplänen, erschlossen und systematisiert. Da der Organismus ein Effekt von Kräften sei, könnten aus den körperlichen Manifestationen die zugrunde liegenden Kräfte gefolgert werden (vgl. Münter/Kielmeyer 1894: 388f.). Auf diese Weise wird die subjektmetaphysisch ausgelegte Physiognomie lebender Körper zu einem

---

3 Zur Bedeutung dieser »Karlsschulrede« stellt Theodor Ballauff stellt fest: »Diese Rede zog das Facit aus den Forschungen des 18. Jahrhunderts hinsichtlich des Wesens des Organischen und wurde damit Ausgangspunkt aller weiteren Erörterungen dieses Problems.« (1954: 348)

4 Es handelt sich hier um einen unautorisierten Abdruck eines großen Teils des Inhalts einer Vorlesung Carl Friedrich Kielmeyers durch Gustav Wilhelm Münter (vgl. Kanz 1991: 26). Der Text wird im vorliegenden Aufsatz wie eine Schrift Kielmeyers behandelt und deshalb unter Münter/Kielmeyer zitiert.

Verweissystem für innere Kräfte – eine zentrale Voraussetzung für eine umfassende Ausdeutung auch der Vermögen geschlechtlicher Körper, wie im Folgenden noch ausgeführt wird.

Kielmeyer leitet nach diesem Verfahren fünf verschiedene Kräfte ab:[5]

»1. *Sensibilität* oder die Fähigkeit mit Eindrücken, die auf die Nerven oder sonst gemacht werden, gleichzeitig Vorstellungen zu erhalten; 2. *Irritabilität* oder die Fähigkeit mancher Organe, vorzüglich der Muskeln, auf Reize sich zusammenzuziehen, und Bewegungen hervorzubringen; 3. *Reproduktionskraft,* oder die Fähigkeit der Organisationen, sich selbst ähnliche Wesen teilweise oder im ganzen nach- und anzubilden; 4. *Sekretionskraft* oder die Fähigkeit, aus der Saftmasse dieser selbst unähnliche Materien von bestimmter Beschaffenheit wiederholt an bestimmten Orten abzusondern; 5. *Propulsionskraft* oder die Fähigkeit, die Flüssigkeiten in den festen Teilen in bestimmter Ordnung zu bewegen und zu verteilen.« (1798: 69f.)

Kielmeyer untersucht nun vor allem das *Verhältnis* der Kräfte untereinander, die er entlang unterschiedlicher Organisationstypen von Lebewesen *gesetzmäßig* verteilt findet. Die Sensibilität, also Wahrnehmungs- und Empfindungsfähigkeit, als die »beste« und »erste« Kraft, das heißt, »die Fähigkeit, mannigfaltige, voneinander unterschiedene Klassen von Empfindungen zu erhalten, wird in der Reihe dieser Bildungen vom Menschen abwärts allmählich mehr eingeschränkt.« (1798: 72). Nicht nur verlören sich die Sinnesorgane in der Reihe Vierfüßige Tiere – Vögel – Schlangen – Fische – Insekten – Würmer, sondern auch die Bewegungen würden zunehmend regelmäßiger und weniger differenziert.

Entgegengesetzt zur Sensibilität verhielte es sich mit der Irritabilität, also der (muskulären) Bewegungsfähigkeit. Sowohl ihre Dauer als auch ihre Unabhängigkeit vom übrigen System des Organismus nähme »in der Reihe der Organisationen vom Menschen abwärts eher zu« (ebd.: 78). Die Reproduktionskraft schließlich, also die Fähigkeit zur Regeneration und Fortpflanzung, sei die vielfältigste und am meisten verbreitete Kraft.

Die Sekretions- und Propulsionskräfte behandelt er in diesem Zusammenhang nicht weiter, sondern geht über zu einer Verhältnisbestimmung der Kräfte untereinander, die der Klassifikation der Organisation in einer nach Entwicklungsstufen systematisierten Stufenordnung zugrunde gelegt werden. Als »Plan der Natur für die Abänderung der Verhältniße dieser Kräfte« (ebd.: 91) leitet er dabei sein Kompensationsgesetz ab:

---

5 Hier folgt Kielmeyer in Grundzügen den schon in Umlauf befindlichen Lebenskraftsystematiken, wie sie unter anderem Albrecht von Haller oder Johann Friedrich Blumenbach eingeführt wurden.

»[...] die Empfindungsfähigkeit wird in der Reihe der Organisationen allmählig durch Reizbarkeit und Reproductionskraft verdrängt, und endlich weicht auch Irritabilität der leztern, je mehr die eine erhöht ist, desto weniger ist es die andere, und am wenigsten vertragen sich Sensibilität und Reproductionskraft zusammen, ferner, je mehr eine dieser Kräfte auf einer Seite ausgebildet worden, desto mehr wurde sie auf einer andern Seite vernachläßigt.« (ebd.).

Diese Sicht ist insofern bemerkenswert, als Kielmeyer hier eine Kräfteökonomie entwirft, die von einer quasi-quantitativen Grundausstattung der Lebewesen mit Kräften ausgeht, die dann in Abhängigkeit von der Organisation qualitativ unterschiedliche kompensatorische Schwerpunkte bilden – eine Idee, die die thermodynamischen Theorien zum Energiehaushalt der Organismen im 19. Jahrhundert maßgeblich bestimmen sollte (vgl. hierzu ausführlich Heinsohn 2005).

Diese Gesetze der Kräfteverhältnisse seien nun nicht nur auf den Vergleich einzelner Gattungen bezogen, sondern auch anwendbar für »die verschiedenen Individuen der nämlichen Gattung, ja auch an ein und dasselbe Individuum in seinen verschiedenen Entwicklungsperioden [...].« (Kielmeyer 1798: 91).[6]

Damit ist das Kompensationsgesetz der Kräfte auch auf die Individuenebene bezogen und erstmalig die Reproduktion in ein kompensatorisches Verhältnis zur Wahrnehmungs- und Empfindungsfähigkeit gebracht. Der ›Co-Autor‹ Münter[7] spitzt schließlich dieses Gesetz auf einen gesetzmäßigen »[...] Kampf zwischen dem Multiplications-Vermögen (Fleisch) und dem Individualismus (Geist) [...]« (Münter/Kielmeyer 1840: 289 Fn. 33), das heißt den individuellen Konflikt zwischen Reproduktion und geistiger Tätigkeit hin zu.

Schließlich beschäftigt Kielmeyer die grundlegende Frage, wie überhaupt eine organische Welt bestehen und sich entwickeln könne. Er gibt auch hier wesentliche Stichworte für nachfolgende biologische Überlegungen und insbesondere für die Naturphilosophie Schellings, wenn er »Gang und Bestand in dieser belebten Natur« (Kielmeyer 1798: 94) auf ein Kräftegleichgewicht der Gattungen untereinander zurückführt. Zerstörende und erhaltende Kräfte stünden dabei in einem ausgewogenen Verhältnis zueinander, so dass beispielsweise »die der Sensibilität und Irritabilität beraubte Pflanze alle zerstörenden Kräfte des Tierreichs durch ihre Repro-

---

6 In Münter/Kielmeyer heißt es dazu auch: »Succession der Kräfte, die allmählich aus einander erwachsen oder hervorgehen« (1840: 264).
7 Vgl. Fn. 4.

duktionskraft« (ebd.) abweise. Allerdings gäbe es doch eine gewisse Vormachtstellung einer spezifischen Kraft, nämlich der Vernunft des Menschen. Durch die Vernunft, »die sich in seiner Organisation einfand, erhielt er das Vermögen, das Verhältnis der andern Kräfte, die ihm mit den übrigen Tieren gemein sind, innerhalb gewisser Grenzen nach Belieben abzuändern« (ebd.: 97), nämlich durch technische Geräte sowohl die eigene Wahrnehmungsfähigkeit als auch Bewegungsfähigkeit zu erweitern. Mit dieser auf seiner natürlichen Organisation basierenden Kulturfähigkeit erlange der Mensch also eine Herrschaftsposition gegenüber allen anderen Gattungen und letztlich wiederum der Natur selbst – eine klassische Denkfigur der Aufklärung. Allerdings sei die Vernunft, bemerkt Kielmeyer ebenfalls ganz im Gestus des neuen aufklärerischen Bildungsgedankens, nicht schon vorhanden, sondern stets aufs Neue zu entwickeln (vgl. Kielmeyer 1798: 100).

Kraft ist für Kielmeyer ganz subjektmetaphysisch gedacht ein Handlungsvermögen, das als ein von Gott emanzipiertes schöpferisches Prinzip alle Entwicklung und Bewegung hervorbringt. Er spricht in diesem Zusammenhang – ähnlich wie Kant in seiner Kritik der Urteilskraft – nicht von Schöpfungszwecken, sondern von Naturzwecken einer *von sich aus* belebten, also autonomen lebenden Materie. Dabei seien nicht nur geistige und Lebenskraft, sondern auch die Kräfte der belebten und der unbelebten Welt voneinander zu unterscheiden und in ein hierarchisches Verhältnis zueinander zu stellen, da die Lebenskraft über die unorganischen Kräfte verfüge. Auf diese Weise wird auch dem organischen Lebensprozess des 18. Jahrhunderts eine spezifische Souveränität und Handlungsfähigkeit gegenüber einer mit Gesetzmäßigkeit waltenden unbelebten Natur verliehen.

Im zwölften Kapitel seiner *Allgemeine(n) Zoologie* kommt Kielmeyer dann auf der Grundlage der dargestellten Kräftephysiologie etwas ausführlicher auf den Geschlechterunterschied zu sprechen und tendiert dabei schon deutlich zu dem in der Naturphilosophie Schellings dann umfangreich ausformulierten Prinzip der Urduplizität und Urpolarität der Natur. Die unterschiedlichen Lebenskräfte seien wohl, vermutet er, naturgesetzliche Ursache der Geschlechterdifferenz:

»[...] zwischen den zweierlei Geschlechtern [findet] ein ähnliches Verhältnis Statt [...], wie zwischen zweierlei Elektricität und Magnetismus; überhaupt wie zwischen den zweierlei Wirkungen mehr nach Polen hinwirkenden Flüssigkeiten. – *Sie scheint also in der Duplicität des den Organismus belebenden Agens zu liegen.* [...].« (Münter/Kielmeyer 1840: 244, Hervorh. K. P.)

Mit dieser polaren Kräfteökonomie kann Kielmeyer schließlich gegen Ende der *Allgemeine(n) Zoologie* vergeschlechtlichte Pflanze-Tier-Vergleiche entwerfen, die vollends an die anfangs schon angedeuteten Analogiebildungen von Schelling erinnern:[8]

»Die Physiognomie der Pflanzen ist, da sie ihr ganzes Leben hindurch bilden und weben, immer leidend, und daher dem ruhigen Sinn und Gefühle gefällig; die Physiognomie der Thiere dagegen verkündet immer einen Thätigkeitszustand, und sie ist daher auch immer entweder zurückstossend, oder anziehend. Aus ähnlichen Gründen lässt sich auch das Liebliche und Angenehme in der kindlichen und weiblichen Physiognomie erklären.

Die milden Züge des sanften Weibes haben so viel Anziehendes für den geistig gebildeten Mann, wie das schlafende Kind für Beide. Im Weibe und dem Kinde herrscht das mehr bildende und erhaltende Leben vor, während bei dem Manne, der sich denkend beschäftigt, auch ein grösserer Ueberschuss der geistigen Kraft im sichtbaren Materiale des Gesichts, in belebteren Zügen sich einstellt, welche, wenn sie in einem regelmässig geformten Gesicht sich bilden und ein gewisses Maass der Stärke nicht überschreiten, das Prädicat des ›Geistreichen‹ erhalten. […]

Die Pflanzen verhalten sich daher, da sie immer mit Bildung beschäftigt sind, gegen die Thiere wie Kinder. Bei den Thieren aber tritt ein männlicher Zustand ein, wo das neue Bilden eine Grenze hat.« (Münter/Kielmeyer 1840: 507ff.)
»Die Pflanzen erscheinen also, gegen die Thiere gehalten, immer blos wie diese – im Embryozustande; sie erscheinen folglich als die letzte Organisationsstufe, welche am wenigsten ausgearbeitet ist.« (ebd.: 540)

Auf diese Weise gelangt Kielmeyer von seinem Kompensationsgesetz und einer postulierten Geschlechterpolarität zu einer damit verbundenen geschlechtsspezifischen Aufteilung von Reproduktion und Geisteskraft sowie einer hierarchischen Ordnung der geschlechtsspezifischen Entwicklungsstufen und lässt so – über die schon häufig beschriebenen organbezogenen Eigenschaftszuschreibungen hinausgehend – auch über die Kräftemetaphysik des neu entstandenen Lebensbegriffs die bürgerliche Geschlechterordnung als Folge natürlicher Vermögen erscheinen. Da sowohl Gattungen und Organismengruppen als auch verschiedene Individuen ein und derselben Gattung über die gleichen Kräfteökonomien des Lebens kategorisiert werden, erscheint dabei eine diesbezügliche *prinzipielle* Parallelisierung von Pflanzen und Tieren mit den (menschlichen) Geschlechtern legitim und plausibel. Die differente Ausstattung lebender Körper mit Lebenskräften weist allen Lebewesen unterschiedliche Aufgabenbereiche und Ent-

---

8 Allerdings wäre hier zu fragen, ob Münter nicht umgekehrt in seine Vorlesungsmitschriften von Kielmeyer die Schelling'schen Schriften hat einfließen lassen.

wicklungsgrade zu, so dass in einer neuen kosmologischen Kräfteordnung Frauen, Pflanzen und Kinder auf einer niederen Entwicklungsstufe für vegetabiles Wachstum zuständig sind, Männer und Tiere hingegen auf höherer Entwicklungsstufe körperliche und geistige Aktivität ausüben.

Schellings Urduplizität des Kosmos

F. W. J. Schellings Versuch, das in der Renaissance begonnene, über Spinoza und Leibniz vermittelte Projekt einer Philosophie der Natur weiterzuführen (vgl. Schmied-Kowarzik 1989: 244) und dabei eine in eine vernünftige und eine materielle Sphäre zerfallene *Aufklärungs-Natur* als Einheit zurückzugewinnen, setzt die durch Kielmeyer vorbereitete Stufenordnung der vergeschlechtlichten Lebenskräfte in einer nicht mehr vitalistisch-regulativen, sondern nun naturphilosophisch-ontologischen Weise fort.

Nicht nur die belebte, sondern die gesamte Natur ist hier in Fortsetzung der aufklärerischen Subjektmetaphysik nicht wesenhaftes Sein, sondern als Tätigkeit und produktive Potenz ihres eigenen Werde- und Gestaltungsprozesses, als dynamisches Vermögen gedacht. Da Natur aber als absolute Produktivität nur eine unendliche Entwicklung ohne konkretes Ergebnis wäre, müsse es eine hemmende ihr immanente Gegenwirkung innerhalb einer ursprünglichen antagonistischen Duplizität geben, damit durch das synthetische Zusammenwirken der Antagonisten einzelne Produkte entstehen könnten. Schelling entwickelt aus dieser Perspektive zunächst eine dynamische Konzeption von Materie, der ersten Potenz, als »kosmisch begriffenes Aktivzentrum der Raumerfüllung« (Schmied-Kowarzik 1989: 251), das aus der Synthesis der antagonistischen Kräfte Expansiv- und Attraktivkraft hervorgegangen sei. Während Materie den Raum *faktisch* ausfülle, sei Licht, die zweite Potenz, gewissermaßen die *ideelle* Ausfüllung des Raumes. Das Licht verhalte sich zur Materie wie das Subjekt zum Objekt auf der einfachsten Stufe der Naturentwicklung.

Wenn sich nun die Schwere, das Prinzip der Leiblichkeit, mit dem Licht, dem Prinzip der Seele, verbinde, entstehe als höhere Einheit das Leben als Prinzip des Organischen. Die Produktion eines Organismus rufe erneut eine produktive Instanz hervor, die sich in eine Stufenfolge der Produktivität, das heißt individueller Organisationen, einreihe, welche zu immer selbstständigeren Formen aufsteige – auf diese Weise arbeitet Schelling den

Entwicklungsgedanken als innere Produktivität der Organismen in seine Naturphilosophie ein. Zur vollständigen Selbstständigkeit schließlich komme die Potenz des Bewusstseins, selbst Produkt der Natur, die nicht mehr eine Potenz der materiellen Naturgestaltung, sondern eine der ideellen Bewusstwerdung sei. Damit ist der Mensch sowohl Produkt der Natur als auch im Erkennen, Handeln und schöpferischen Gestalten in freier Zwecksetzung in seiner menschlichen Doppelbestimmung aus Natur und Freiheit der Natur gegenübergetreten (vgl. Schmied-Kowarzik 1989: 255).

Das Lebendige erhalte sich nun durch Reproduktion, Irritabilität (organische Tätigkeit) und Sensibilität (organische Rezeptivität) als der höchsten Stufe seines Entfaltungsprozesses, des Bewusstseins.

Während bei Kielmeyer die verschiedenen Kräfte noch regulativ-empirisch über ihre Wirkungen erschlossen werden und als Variationen einer Grundkraft gelten, sind sie bei Schelling nun a priori gesetzt und Darstellungsweisen der einen gemeinschaftlichen Seele der Natur, die die gesamte Natur zu einem allgemeinen Organismus verknüpft. Insbesondere in seiner Schrift *Von der Weltseele* (1798) legt Schelling dieses für seine Naturphilosophie konstitutive organisierende Prinzip der gesamten Natur mit seinen antagonistischen Vermögen dar: Jedes Naturprodukt ist das Ergebnis einer positiven, vorwärts strebenden, akzelerierenden, verallgemeinernden und einer negativen, beschränkenden, retardierenden, individualisierenden Kraft (vgl. ebd.: 192).

Die neuen physiologischen und chemischen Theorien um 1800 einbeziehend, entwirft Schelling in Anlehnung an Kielmeyer schließlich ebenfalls eine physiologische Stufenordnung der Vermögen der belebten Welt:

»Wenn nach dem oben [...] aufgestellten Gesetz die Willkühr der Bewegungen in einem Organ wie die Anzahl und Größe seiner Nerven zunimmt, so ist klar, daß [...] die *Sensibilität im umgekehrten Verhältniß der Irritabilität wachse und abnehme.* So hat also die Natur, indem sie die Bewegung der Willkühr ganz zu überantworten schien, sie durch *Erhöhung der Sensibilität* der *Willkühr* wieder *entzogen,* denn die Bewegungen der empfindlichsten Thiere sind auch am wenigsten *willkürlich,* und umgekehrt die größte *Willkühr* der Bewegungen ist in den trägen Geschöpfen. So nimmt mit steigender Sensibilität des Nervensystems das Willkührliche (abgemeßne) der Bewegungen durch die ganze Reihe der Organisationen, und sogar in Individuen derselben Gattung (nach Verschiedenheit des Geschlechts, Clima's, Temperaments u. s. w.) regelmäßig ab.« (ebd.: 250f.)

»Aber Sensibilität verliert sich mittelbar durch Irritabilität, und Irritabilität verliert sich unmittelbar in die äußere Grenze der organischen Kraft, auf welcher organische und anorgische Welt sich scheidet – die *Reproductionskraft.*« (Schelling 1799: 216)

Mit dieser organisationsbezogenen Kräfteordnung gelangt Schelling dann folgerichtig zu einer prinzipiellen antagonistischen Entgegensetzung von Pflanze und Tier:

»Der Organismus bildet sich nothwendig in zwei verschiedenen, einander entgegengesetzten Reichen aus, wovon das eine relativ auf den Organismus wieder mehr der Schwere, daß andere dem Licht eignet, in dem einen die Identität, in dem andern die Totalität herrschend ist. – Dieser Gegensatz ist ausgedrückt in der Natur als Gegensatz des Pflanzen- und des Thierreichs.« (Schelling 1804: 322f.)

In diesen Antagonismus von vegetabilischer und animalischer Produktivität sind nun weit ausgeprägter als bei Kielmeyer die Gegensätze von Notwendigkeit und Freiheit, Abhängigkeit und Selbständigkeit, passivem Belebtwerden und aktivem Belebtsein eingeschrieben:

»Die Vegetation *ist der negative Lebensproceß*. Die Pflanze selbst hat kein *Leben*, sie *entsteht* nur durch *Entwicklung* des Lebensprincips, und hat nur den *Schein des Lebens* im Moment dieses negativen Prozesses. In der *Pflanze trennt* die Natur, was sie im *Thier vereinigt*. Das Thier hat Leben in *sich selbst*, denn es erzeugt selbst unaufhörlich das belebende Prinzip, das der Pflanze durch fremden Einfluß entzogen wird.« (Schelling 1798: 250f.)

Die Pflanze sei dabei

»nur durch das Geschlecht belebt, denn nur durch das Geschlecht gelangt sie zur Darstellung der reellen Form des Seyns, und also [...] zur Belebung; das Thier ist unabhängig vom Geschlecht belebt. [...] *Das Geschlecht, welches die Pflanze mit der Sonne verknüpft, heftet umgekehrt das Thier an die Erde.*« (Schelling 1801: 105)

Der negative Prozess des Pflanzenlebens entstehe also durch das Licht, das eine erste Störung darstelle, einen äußeren Reiz, der die vegetabilische Produktion von außen aufrechterhält, da sie von selbst nicht ablaufen kann. Nur im Moment der Blüten- und Fruchtbildung gelänge es der Pflanze, über die Produktion einer neuen Generation für einen kurzen Moment am produktiven Lebensprozess – wenn auch auf der untersten Lebensstufe – selbst teilzuhaben.

Schelling unterscheidet nun vor dem Hintergrund dieser Kräfteordnung verschiedene hierarchisch gestufte Dimensionen der Entwicklung, die von einem bewusstlosen Wachstumsvermögen, der reinen vegetabilen Reproduktion, über aktive tierische Bewegungsfähigkeit bis schließlich zum aktiven und bewussten menschlichen Wahrnehmungs- und Aneignungsvermögen reichen (vgl. 1804: 328f.).

Damit ist das Fundament bereitet, um die vegetabilisch-animalische Geschlechterbinarität als die in der organischen Welt zugleich hierarchisch und komplementär angeordnete konstituierende Polarität zu etablieren:

»Wenn nun das Reale überhaupt, wenn demnach auch die Natur nur Grund von Seyn, und allgemein das empfangende oder mütterliche Princip der Dinge ist, das Ideale dagegen das väterliche und zeugende, so ist ohne Zweifel das Höchste in der Natur erreicht, wo innerhalb ihrer Sphäre selbst wieder das Thätige und leidende, das göttliche und das natürliche Princip, jedes in seiner Selbständigkeit hergestellt, durch ein eignes Wesen repräsentirt ist. Denn die Natur, wenn gleich bloß empfangend, ist doch Realität für sich, ebenso ist das Ideale, wenn gleich thätig, schaffend, doch nichts ohne die Natur.

[...] So sehen wir in den beiden Geschlechtern in der That nur die beiden Seiten der Natur personificirt [...] und zwar ist kein Zweifel, daß das Reich der Schwere, wie es im Ganzen und Großen sich in der Pflanze gestaltet, und den blühenden Schmuck zahlloser Zweige, die aus seinem Mittelpunkt hervorwachsen, liebevoll und besiegt in seiner Starrheit der Sonne entgegenstreckt, so dasselbe im Einzelnen sich wieder durch das weibliche Geschlecht darstelle.

[...] Das Geschäft des Empfangens, der Bildung, mit Einem Wort das Geschäft der Pflanze ist dem Weib übertragen durch die ganze Natur, es ist also selbst in dem Thier wieder die Pflanze, und der Mann unter den Thieren wieder das Thier. Alle Differenzen des Geschlechtscharakters lassen sich hieraus einsehen und ableiten.

[...] Die ganze Fülle und Fruchtbarkeit ist übergegangen, ist sichtbar dargestellt im weiblichen Geschlecht, der ganze Reichthum des Lichts im männlichen.« (ebd.: 336ff.)

Im Bereich des Organischen sind also die antagonistischen Prinzipien durch den Geschlechtergegensatz repräsentiert, die analog zur Pflanze-Tier-Polarität als Urduplizität der produktiven Natur entfaltet werden. Wie die unbewegliche, dem Boden verhaftete Pflanze verkörpert das weibliche Geschlecht das Materielle, während das männliche Geschlecht für das geistige und animalisch-bewegliche Prinzip steht und über die Lichtmetapher zugleich mit der vitalisierenden Seele identifiziert ist. Wie Heidemarie Bennent treffend herausarbeitet, hat eine Verbindung der beiden Pole für das Männliche und das Weibliche einen deutlich verschiedenen Stellenwert: »Hofft dieses durch männliche Spiritualität aus seinem dumpfen Erdensein emporgehoben zu werden, so lässt jenes sich zum Materiellen herab, um seinesgleichen zu erzeugen.« (1985: 131)

Individuation und Fortpflanzung

Claudia Honegger hat mit Bezug auf Sergio Moravia und Michel Foucault darauf aufmerksam gemacht, dass die im 18. Jahrhundert auftretende vergleichende Anatomie mit ihrem ausgeprägt analogistischen Denken maßgeblich zur Naturalisierung der bürgerlichen Geschlechterordnung durch die Lebenswissenschaften beigetragen hat (vgl. 1996). Entscheidend sei dabei die Opposition der Lebenswissenschaftler gegenüber dem Descart'schen Dualismus gewesen, dem sie eine neue Leiblichkeit entgegensetzten. Sie gingen nicht mehr von einer mechanischen von außen beseelten Maschine, sondern von einem mit Lebenskraft ausgestatteten selbst organisierenden Körper aus. Mit dem neuen vitalistischen Begriff des Lebens sei nun eine Klasse von Körpern bezeichnet worden, die kraft eines inneren Organisationsprinzips ein selbstgenügsames, zweckmäßiges Ganzes ergaben, dessen Organgefüge als bedeutsame Texturen auf ihre Funktionsbestimmung im sozialen Leben hin entziffert werden konnten (vgl. ebd.: 199).

Honegger sieht diesen psycho-physiologischen Monismus in der neuen Anthropologie und die damit einhergehende Tendenz, aus der Organisation des Körpers auch den sozialen Ordnungsrahmen abzulesen, vor allem in der Intention der Aufklärung begründet, ein integratives Totalgemälde des Menschen zu entwerfen, in dem Körper und Geist ganzheitlich zusammengedacht und aufeinander bezogen werden sollten.

Der Blick auf die gesamten Lebenswissenschaften und insbesondere den neuen Lebensbegriff zeigt aber meines Erachtens noch eine weitere Basis dieser neuen Ausrichtung in der Wissenschaft vom Menschen an, die eigentlich alle Lebewesen erfasst hat. Die vitalistische Auffassung von Leben etablierte eine Sicht auf alle lebenden Körper, die diese als Ausdruck von Lebenskräften verstand und auf diese Weise die physischen Phänomene unmittelbar und zwingend als Verkörperung spezifischer lebendiger Vermögen ansah. Vor diesem Hintergrund soll auch Honegger widersprochen werden, die nämlich die Sensibilität als Empfindlichkeit beziehungsweise Empfindsamkeit auffasst und in den Schriften um 1800 vorrangig als dem Weiblichen zugeordnetes Vermögen vorzufinden meint, während sie die Irritabilität als männlich konnotierte Fähigkeit identifiziert. Tatsächlich bezieht sich aber meines Erachtens der Begriff der Sensibilität zu dieser Zeit auf das Perzeptions- und Denkvermögen eines neuen aktiven, autonomen Subjektes. In den biologischen Kräftehierarchien wird Sensibilität deshalb in diesem Zeitraum, wie bei Kielmeyer und Schelling vorgeführt, auch zunehmend mit organischer Höherentwicklung und Männlichkeit in Verbindung gebracht und als substanzielles Vermögen der vernünftigen Natur des Menschen(mannes) verstanden. Die Sensibilität der Frauen beschränkt sich hingegen in diesem Zusammenhang häufig auf ein passives Rezeptionsvermögen oder auch den Verlust von Selbstkontrolle durch überwältigende Gefühle.[9]

Mit der Charakterisierung der lebendigen Natur über ihre dynamischen Vermögen im 18. und beginnenden 19. Jahrhundert werden letztlich zentrale Neuorientierungen des menschlichen Selbst- und Weltverhältnisses vorgenommen und dabei über eine Stufenordnung der Lebenskräfte neue organische, geschlechtliche und geopolitische Ordnungen festgelegt. Lebewesen werden von präformierten göttlichen Maschinen, die mit artspezifischer Gestalt in eine kontinuierliche Seelenordnung eingegliedert sind, zu selbst erzeugenden Organismen auf art-, geschlechts- und rassespezifischen Entwicklungsstufen eines kosmologischen Individuationsprozesses transformiert. Durch die Überkreuzung des Lebensbegriffs mit Bewusstseinsbegriffen ist die neu entstandene Wissenschaft von Leben um 1800 zugleich ein Reflektionsfeld der Natur- und Selbsterkenntnis und geriert sich nicht selten offen als Teil einer Subjekt- und Erkenntnisphilosophie.

Dabei zeigt sich, dass der neue Lebensbegriff einen entscheidenden Anteil an der Formulierung einer rigorosen vergeschlechtlichten Trennung von Individuation und Fortpflanzung hatte, die sich im Laufe des 19. Jahrhunderts trotz einer Abkehr von der Naturphilosophie immer mehr zu einem ausschließenden Gegensatz von aktiver geistiger Selbstverwirklichung und Entwicklungsfähigkeit einerseits und dumpfer, auf niederer Entwicklungsstufe verharrender Mütterlichkeit andererseits steigerte (vgl. dazu vor allem Honegger 1996; Bennent 1985). Die Auswirkungen dieser Vorstellungen sind meines Erachtens bis zum heutigen Tage in vergeschlechtlichten Selbstkonzepten und der gesamten sozialen und kulturellen Geschlechterordnung erkennbar.

---

9 Zu einem ähnlichen Ergebnis kommt auch Sarasin (2001: 91f.), der sich vor allem auf eine Studie von Anne C. Vila bezieht. Vila (1995) arbeitet heraus, dass Ende des 18. Jahrhunderts durch Pierre Roussel das Nervensystem in einen starken und edlen Teil, das als männliches Organ angesehene Gehirn, und einen peripheren weiblichen Teil aufgespalten wird, so dass Denken und Rationalität zu männlichen und Empfindsamkeit und Erotik zu weiblichen Eigenschaften werden.

Literatur

Bach, Thomas (2001), *Biologie und Philosophie bei C.F. Kielmeyer und F.W.J. Schelling*, Stuttgart-Bad Cannstatt.
— /Breidbach, Olaf (Hg.) (2005), *Naturphilosophie nach Schelling*, Stuttgart-Bad Cannstatt.
Ballauf, Theodor (1954), *Die Wissenschaft vom Leben. Eine Geschichte der Biologie. Bd. 1: Vom Altertum bis zur Romantik*, Freiburg/München.
Bennent, Heidemarie (1985), *Galanterie und Verachtung. Eine philosophiegeschichtliche Untersuchung zur Stellung der Frau in Gesellschaft und Kultur*, Frankfurt a.M./New York.
Heinsohn, Dorit (2005), *Physikalisches Wissen im Geschlechterdiskurs. Thermodynamik und Frauenstudium um 1900*, Frankfurt a.M./New York
Honegger, Claudia (1996), *Die Ordnung der Geschlechter. Die Wissenschaften vom Menschen und das Weib 1750–1850*, München.
Kanz, Kai Torsten (1991), *Kielmeyer-Bibliographie. Verzeichnis der Literatur von und über den Naturforscher Carl Friedrich Kielmeyer (1765–1844)*, Stuttgart.
Kielmeyer, Carl Friedrich (1793), »Über die Verhältnisse der organischen Kräfte untereinander in der Reihe der verschiedenen Organisationen, die Gesetze und Folgen dieser Verhältnisse«. Rede 1793, In: F.-H. Holler (Hg.), *Gesammelte Schriften*, Berlin 1938, S. 59–102.
Münter, Gustav Wilhelm/Kielmeyer, Carl Friedrich (1840), *Allgemeine Zoologie oder Physik der organischen Körper*, Halle.
Sarasin, Philipp (2001), *Reizbare Maschinen. Eine Geschichte des Körpers 1765–1914*, Frankfurt a.M.
Schelling, Friedrich Wilhelm Joseph (1798), *Von der Weltseele – Eine Hypothese der höhern Physik zur Erklärung des allgemeinen Organismus (1798)*, Werke 6, hrsg. von Jörg Jantzen, Stuttgart 2000.
— (1799), *Erster Entwurf eines Systems der Naturphilosophie*, Werke 7, hrsg. von Wilhelm G. Jacobs/Paul Ziche, Stuttgart 2001.
— (1801), »Darstellung meines Systems der Philosophie«, in: ders., *Schellings Werke. Dritter Hauptband: Schriften zur Identitätsphilosophie 1801–1806*, hrsg. von Manfred Schröter, München 1927.
— (1804), *Zur Identitätsphilosophie*, 2. Erg.bd, hrsg. von Manfred Schröter, München 1956.
Schmersahl, Katrin (1998), *Medizin und Geschlecht. Zur Konstruktion der Kategorie Geschlecht im medizinischen Diskurs des 19. Jahrhunderts*, Opladen.
Schmied-Kowarzik, Wolfdietrich Friedrich (1989), »Wilhelm Joseph Schelling (1775–1854)«, in: Gernot Böhme (Hg.), *Klassiker der Naturphilosophie. Von den Vorsokratikern bis zur Kopenhagener Schule*, München, S. 241–262.
Vila, Anne C. (1995), »Sex and Sensibility: Pierre Roussel's Système physique et moral de la femme«, *Representations*, H. 52, S. 76–93.

Ursprung und Geschlecht: Paradoxien in der Konzeption von Geschlecht in Erzählungen der Molekularbiologie

Bärbel Mauss

»Imprinting is generally sex-specific« (Chandra/Nanjundiah 1990: 47) – so heißt es in einem Artikel im Tagungsband des ersten Internationalen Symposiums zum noch jungen Feld des molekularbiologischen Ansatzes *Genomic Imprinting*. Diese Feststellung und grundsätzliche Bestimmung macht das Feld schon auf den ersten Blick für eine Geschlechteranalyse interessant.

Die Genderforschung zur Biologie hat sich intensiv mit biologischen Beschreibungen der Kategorie Geschlecht befasst. Hierbei blieb das relativ neue Phänomen *Genomic Imprinting* bislang jedoch weitgehend unberücksichtigt. *Genomic Imprinting*, das in den 1980er Jahren erstmals explizit in der wissenschaftlichen Literatur auftaucht, ist mittlerweile für die biologischen Disziplinen ein bedeutsamer Ansatz geworden, der vielfach auftretende Probleme bei Vererbungsvorgängen zu lösen verspricht. Es wurde in den 1990er Jahren in den biologischen Kanon aufgenommen und findet sich nunmehr in einschlägigen Lehrbüchern sowie in biologischen und medizinischen Wörterbüchern (vgl. Tariverdian/Buselmeier 1995: 139; Kompaktlexikon der Biologie 2002, Bd. 2: 47).

Wie ich im Folgenden zeigen werde, weist auch schon die Konzeption des Ansatzes *Genomic Imprinting* selbst auf seine Bedeutung für die Geschlechterforschung in der Biologie und Biomedizin hin: Als neuer Erklärungsansatz am Ende des 20. Jahrhunderts verortet er Geschlecht auf molekularer Ebene unterhalb der Ebene der DNA – und damit auf einer Ebene, auf der es bislang bedeutungslos schien.

Im vorliegenden Beitrag wird *Genomic Imprinting* und die darin inhärente Konzeption von Geschlecht in den Kontext säkularer Ursprungsgeschichten der Moderne gestellt, indem ich evolutionsbiologische Darstellungen zum Thema näher beleuchte. Diese evolutionsbiologische Perspektive spielt in den biologischen Wissenschaften eine zentrale Rolle bei der Etablierung naturwissenschaftlicher Konzepte.

Meine Untersuchung wissenschaftlicher Texte zum *Genomic Imprinting* konzentriert sich auf die Frage danach, wie Geschlecht und Geschlechterdifferenz in den Ursprungsgeschichten in diesem Feld der Molekulargenetik konzipiert werden. Die nachfolgenden Ausführungen und Argumentationen fokussieren dabei insbesondere auf die Paradoxien in den Geschlechterkonzeptionen. Anhand von ausgewählten Texten aus dem Korpus wissenschaftlicher Literatur zu *Genomic Imprinting* werden Erzählstränge zum Thema *Geschlecht* freigelegt. In meiner Analyse geht es in Anlehnung an Donna Haraways Studien biologischer Fachdiskurse darum, Narrationen zu Geschlecht unter Berücksichtigung der Genreregeln naturwissenschaftlicher Fachliteratur zu re-konstruieren (vgl. Haraway 1989), also danach zu fragen, was darin über *Geschlecht* ausgesagt wird – auch wenn es vordergründig nicht Gegenstand der Darstellung ist. Im Prozess der Rekonstruktion werden Differenzen zu einer Lesart erzeugt, die der positivistischen, intrinsischen Logik naturwissenschaftlicher Argumentation folgt. Dadurch werden unhinterfragte Konstruktionen der Naturwissenschaften de-konstruiert (vgl. Haraway 1991; 1995), so dass sich die Paradoxien in den Geschlechterkonzeptionen im Feld des *Genomic Imprinting* verdeutlichen lassen.

Im Text bewege ich mich auf verschiedenen Ebenen: Zum einen referiere ich naturwissenschaftliche Konzepte, zum anderen arbeite ich das, was in den naturwissenschaftlichen Texten zu *Genomic Imprinting* bezüglich der Geschlechterdifferenz mit-formuliert wird, heraus.

Gegenstand der Untersuchung sind zwei exemplarische wissenschaftliche Veröffentlichungen zum Thema *Genomic Imprinting* von AutorInnen, die selbst in diesem Forschungsfeld arbeiten. Als Beispiel dient zum einen ein Text des britischen Zoologen Mark Pagel, der 1999 in der für die Naturwissenschaften sehr wichtigen Fachzeitschrift *Nature* publiziert wurde. Des Weiteren liegt der Analyse der eingangs zitierte Artikel von Sharat Chandra und Vidyanand Nanjundiah im Tagungsband zum ersten internationalen Symposium über *Genomic Imprinting* von 1990 zugrunde. Diese erste Tagung ist für *Genomic Imprinting*, das 1990 noch als Oberbegriff für unterschiedliche nicht einzuordnende Phänomene in der Vererbung beschrieben wird, ein entscheidender Kristallisationspunkt auf dem Weg zum etablierten naturwissenschaftlichen Fakt (vgl. Mauss 2001).

Im Folgenden wird kurz in das Konzept des molekularbiologischen Ansatzes *Genomic Imprinting* eingeführt. Bevor ich dann zur Analyse des Materials komme, lege ich in einem Exkurs zu Wissenschaft und Geschlecht meine Perspektive auf naturwissenschaftliche Faktenproduktion und meine Herangehensweise an naturwissenschaftliche Texte dar.

Untersuchungsfeld: Geschlecht und Vererbung im Feld des *Genomic Imprinting*

Bislang wurden in der biomedizinischen Forschung Gene im Zusammenhang mit Vererbungsvorgängen als geschlechtsneutral begriffen. Dieser Sichtweise liegt die Vererbungslehre von Gregor Mendel zugrunde. Danach spielt es beim Vererbungsvorgang keine Rolle, ob der mütterliche oder der väterliche Organismus die vererbte Eigenschaft trägt. In der Genetik kennt man schon länger Ausnahmen wie die geschlechtschromosomengebundene und die extrachromosomale Vererbung, die von der oben genannten Regel abweichen.[1] Mit dem Konzept des *Genomic Imprinting* soll ein neues biologisches Phänomen erfasst werden, das eine Erklärung bietet für die Beobachtung, dass in manchen Fällen die Wirkung eines Gens abhängig ist von der jeweiligen elterlichen Herkunft, das heißt, das gleiche Gen verursacht je nachdem, ob es von der Mutter- oder von der Vaterseite her stammt, unterschiedliche Merkmale. Wie der Blick in aktuelle Übersichtsliteratur zum Thema zeigt, wird *Genomic Imprinting* heute in seiner Funktion so beschrieben, dass aufgrund eines biochemischen Markers entlang der DNA manche Gene nicht abgelesen werden. Die Verteilung dieser biochemischen Marker hängt davon ab, ob das jeweilige Gen vom Vater oder von der Mutter vererbt wurde (vgl. Mauss 2001).

Dass hier Geschlecht am Ende des 20. Jahrhunderts als epigenetischer Faktor in das Konzept des *Genomic Imprinting* eingeschrieben wird, mag erstaunen angesichts der Debatten um die Dekonstruktion von Geschlecht, die in anderen wissenschaftlichen Feldern gerade auch mit Bezugnahme auf die biologischen Wissenschaften im Hinblick auf die Unmöglichkeit einer eindeutigen Bestimmung biologischer Geschlechter geführt wurden. Innerhalb der biowissenschaftlichen Literatur selbst erscheint *Genomic Imprinting* als Antwort auf Probleme, die im Zusammenhang mit einer aktuellen Neuformulierung des Genkonzepts angesprochen wurden. So wird in einer Veröffentlichung des Max-Planck-Instituts für molekulare Genetik in Berlin (Walter u. a. 2007) darauf verwiesen, dass *Genomic Imprinting* wahrscheinlich verantwortlich sei für die Schwierigkeiten, die bei der Klonierung von Säugetieren auftreten, sowie für die geringe Erfolgsrate bei der In-vitro-Fertilisa-

---

1 Unter geschlechtschromosomaler Vererbung versteht man die Vererbung jener Merkmale, die mit den Geschlechtschromosomen gekoppelt sind. Extrachromosomale Vererbung betrifft Merkmale, deren Gene nicht auf den Chromosomen des Zellkerns liegen, sondern deren genetische Information von Zellorganellen getragen werden.

tion[2]. Durch diese thematischen Verbindungen insbesondere mit den Debatten zur Klonierung von Säugetieren fand *Genomic Imprinting* auch den Weg von Publikationsorganen der *scientific community* in populärwissenschaftliche Literatur (vgl. Wilmut u. a. 2002; Nüsslein-Volhard 2004).

Die detaillierte Beschreibung bzw. die Definition des Begriffs *Genomic Imprinting* hängt zudem vom historischen Kontext, also unter anderem vom Zeitpunkt der Formulierung und dem zugrunde liegenden Genkonzept ab. *Genomic Imprinting* taucht erstmalig in den 1980er Jahren als Schlagwort in den Fachdatenbanken *Medline/PubMed* und *Biological Abstract* auf und ist somit ein relativ junges Phänomen. War es zu Beginn eine Kategorie zur Einordnung unterschiedlichster Phänomene und einige Zeit in der Forschungsliteratur noch explizit als Theorie bzw. Erklärungsansatz gekennzeichnet, erhält es in der zweiten Hälfte der 1990er Jahren den Stellenwert eines wissenschaftlichen Fakts. Aus der Perspektive der Wissenschaftsforschung bedeutet das, dass die Geschichte der Herstellung einer naturwissenschaftlichen ›Tatsache‹ im Verlauf dieses Prozesses allmählich unsichtbar wird. *Genomic Imprinting* wird zunehmend naturalisiert; es kann nun im Labor entdeckt bzw. erzeugt werden.

Im Folgenden möchte ich argumentieren, dass die Besonderheiten dieses naturalisierten naturwissenschaftlichen Konzeptes in der Überlagerung von ›Geschlecht‹ und ›Ursprung‹ als den zentralen Themen in der (natur-)wissenschaftlichen Selbstaufklärung des Menschen in der Moderne zu finden sind.

Geschlecht und Wissenschaft

Wissenschaftsgeschichtliche Studien in der Nachfolge Foucaults haben vielfach dargelegt, dass die Naturwissenschaften und die Medizin in der Moderne zentrale Orte der Erzeugung kultureller Bedeutung, kultureller Ordnungssysteme und kultureller Kategorien sind (vgl. Foucault 1997). Das trifft in besonderem Maße auf die Konzeption(en) von Geschlecht zu, wie die Genderforschung nachgewiesen hat. In der umgekehrten Blickrichtung zeigt sich, dass Naturwissenschaften und ihre Faktenproduktion geschlechtlich begründet sind; sie müssen folglich als kulturelle Praxen und in ihren Erkenntnissen als Repräsentationen ideeller wie auch realer gesell-

---

2 In-vitro-Fertilisation ist die so genannte Reagenzglasbefruchtung.

schaftlicher Geschlechterverhältnisse verstanden werden. Die Geschlechterforschung zu Biologie und Medizin hat diese Zusammenhänge aufzeigen und damit verdeutlichen können, dass den Naturwissenschaften *Geschlecht* als eine der zentralen Kategorien der Moderne inhärent ist (vgl. Ebeling/ Schmitz 2006).

Ebenso konnte herausgearbeitet werden, dass die grundlegende Dichotomisierung zwischen beforschtem Objekt und erkennendem Subjekt wie auch die kategorische Unterscheidung zwischen Natur und Kultur fundamental für die Konzeption moderner Naturwissenschaften sind. Alle an der wissenschaftlichen Produktion beteiligten Ideen, Gegenstände und Personen bringen ihre jeweils historischen Bedingungen mit in den Interaktionsprozess der Wissenserzeugung ein, so auch die jeweilige Konzeption von Geschlecht (vgl. Foucault 1997; Haraway 1997; Latour 2001). Dies kann vermittelt sein durch den wissenschaftlichen Kanon, auf dem die Konzeption eines wissenschaftlichen Experimentes beruht, die geschlechtliche Identifikation der menschlichen Akteure, die Art der Datenaufnahme oder die den Auswertungen zugrunde liegenden Algorithmen und vieles andere: »Doing science is doing gender« (Scheich 2000: 199).

Wissenschaft des Geschlechts

Folgt man wissenschaftshistorischen Studien zur Geschichte der Geschlechtermodelle, werden Unterschiede zwischen den Geschlechtern erst mit dem Aufkommen der im modernen Sinne wissenschaftlichen Medizin und Biologie als *biologische* Geschlechterdifferenz theoretisch gefasst (vgl. Laqueur 1992; Schiebinger 1993). Zwar ging man auch zuvor von einer Differenz zwischen Frauen und Männern aus. Sie wurde jedoch nicht aus einer unterschiedlichen Anatomie abgeleitet – organisch galten Männer und Frauen als grundsätzlich gleich –, sondern entsprechend der Humoralpathologie wurden den Geschlechtern unterschiedliche Temperamente zugeordnet. Geschlecht wurde somit eher sozial als organisch verstanden. Dies änderte sich mit der Etablierung der biologischen Wissenschaften und der modernen Medizin.

Neben der Humanmedizin ist die Biologie seit ihrem Entstehen diejenige wissenschaftliche Instanz, deren Aussagen die entscheidende Autorität bezüglich der Naturhaftigkeit der Geschlechter männlich–weiblich und der

Differenzen zwischen diesen beiden zugesprochen wird. Die Ideen und Theorien, die Anwendung finden auf menschliche und nicht-menschliche Natur, dienen in den Auseinandersetzungen um Herrschaftsansprüche und Emanzipationsbestrebungen als Werkzeug zur Herstellung natürlicher Unter- bzw. Überlegenheit[3] (vgl. Hubbard 1989; Haraway 1989; Lewontin u. a. 1988; Hanke 2000). Folglich bietet die Biologie, da sie sich originär mit Geschlecht als biologischer Kategorie befasst und diese immer wieder herstellt, empirisches naturwissenschaftliches Wissen über das Geschlecht.

Geschlechter-Analysen haben sich dem sich ausdifferenzierenden Wissen der Biologie zugewandt und herausgearbeitet, dass und in welcher Weise biologisches Wissen fundamental mit Konstruktionen eines ›natürlichen‹ Geschlechts einherging (vgl. Ebeling/Schmitz 2006). War die Geschlechterdichotomie zunächst in Organen und Organsystemen lokalisiert, wird sie nun auf der Ebene molekularer Strukturen wie Chromosomen und Genen verortet.

Im Anschluss daran möchte ich auf der Basis einer Analyse der Geschlechterkonzeptionen im Feld des *Genomic Imprinting* dafür argumentieren, dass es im ausgehenden 20. Jahrhundert zu einer weiteren Verschiebung in der Konzeption von Geschlecht kommt. Geschlecht erscheint nun auf der Ebene grundlegender Prinzipien. Durch diesen Ebenenwechsel wird, wie ich im weiteren Verlauf anhand exemplarisch ausgewählter Fachliteratur aus dem Feld *Genomic Imprinting* zeigen werde, Geschlecht zumindest theoretisch nicht mehr an komplexere Strukturen wie einen Organismus gebunden.

Ursprungsgeschichten

Ursprung als zentrales Moment der Moderne

Wie Michel Foucault (1997) im Kontext seiner Ausführungen zu den Humanwissenschaften schreibt, macht sich der Mensch[4] in der Moderne selbst zum Objekt seiner Erkenntnisbestrebungen. Mit der Aufklärung wurde das antike Gebot des *Erkenne dich selbst* zum Auftrag, dessen sich die später entstehenden Naturwissenschaften und Humanwissenschaften in

---

3 Dies betrifft neben Geschlecht auch weitere Kategorien wie *race* und *class*, die ebenfalls biologisch hergestellt und damit biologisch bestimmbar wurden.

4 Der Mensch der Moderne ist als autonomes Subjekt der Aufklärung entworfen. Dieses Subjekt ist als männlich, weiß und bürgerlich zu identifizieren.

besonderer Weise annehmen. In diesem Zusammenhang kommt den säkularen Ursprungsgeschichten eine besondere Bedeutung zu. Der aufgeklärte Mensch braucht eine Geschichte, aus der er selbst hervorgeht, die ihm individuell wie kollektiv einen Ort in Zeit und Raum zuordnet. So wird die Historiographie ein Charakteristikum der Moderne.

Mit der Etablierung der strengen Dichotomie zwischen Natur und Kultur ergibt sich die Notwendigkeit, der der Kultur zugeordneten Geschichtswissenschaft eine der Natur zugeordnete zweite *natürliche Historie* zur Seite zu stellen (vgl. ebd.). Diese Aufgabe übernehmen ab dem 19. Jahrhundert die Evolutionstheorien (vgl. Fischer/Wiegandt 2003).

Wie sehen am Ende des 20. Jahrhunderts säkulare Ursprungsgeschichten in der Biologie aus und wie überlagern sich diese Geschichten mit jenen zu Geschlecht?

Vom Ursprung der Geschlechterdifferenz
im Feld des *Genomic Imprinting*

Die Frage des Ursprungs ist ein zentrales Thema in den Erzählungen der Evolutionsbiologie und evolutionsbiologisch argumentierender Teilbereiche der Biologie. Im Feld des *Genomic Imprinting* war die evolutionsbiologische Sichtweise immer schon gefragt. Schon auf der ersten internationalen Konferenz zum Thema *Genomic Imprinting* 1990 waren VertreterInnen evolutionsbiologischer Forschungsrichtungen an der Diskussion beteiligt. Das liegt meines Erachtens nahe, denn zur Etablierung eines neuen biologischen Phänomens benötigt dieses auch eine *natürliche* Geschichte, ein evolutionäres Gewordensein: Die biologische Existenz an sich erfordert bzw. impliziert neben ihrer Hervorbringung im Labor eine Evolutionsgeschichte. Dass es eine Evolution gibt, gilt seit Darwin als geklärt; aus dieser Perspektive stellt sich deshalb lediglich die Frage, warum sich ein bestimmtes Merkmal eines Organismus entwickelt hat und wie diese Entwicklung in der Evolution verlaufen ist (vgl. Junker/Hoßfeld 2001; Fischer/Wiegandt 2003; Lenzen 2003).

So zentral das Thema Geschlecht im Zusammenhang mit dem für die Biologie wesentlichen Gegenstand der (zweigeschlechtlichen) Fortpflanzung ist, so zentral wird die Frage nach dem Ursprung der Geschlechterdifferenz. Im Feld des *Genomic Imprinting* wird dieses Thema, wie ich im Weiteren zeigen werde, sowohl in altbekannter Weise als auch auf überraschend neue Art interpretiert.

In meiner Analyse, die zum Ziel hat, in biologischer Literatur Ursprungsgeschichten zu Geschlechterdifferenz und die dazu gehörigen Geschlechterentwürfe hervortreten zu lassen, zeigt sich, dass in den naturwissenschaftlichen Texten letzten Endes implizit folgende drei Fragestellungen im Mittelpunkt stehen:

— Es geht erstens darum, *Sex* als Basis für *Gender* zu etablieren bzw. um die Frage, wie *Gender* auf *Sex* zurückgeführt werden kann.
— Zum Zweiten stellt sich innerhalb des Konzeptes des biologischen Geschlechtes *Sex* die Frage nach der Letztursache für die Differenz der Geschlechter in Form einer Begründungskaskade.
— Die dritte Frage konzentriert sich auf den (biologischen) Prozess, aus dem zwei Geschlechter hervorgehen.

Anhand zweier Beispieltexte untersuche ich im Folgenden, wie diese drei impliziten Fragestellungen in den Naturwissenschaften beantwortet, wie also die Ursprungsgeschichten zu Geschlecht im Feld des *Genomic Imprinting* konzipiert werden.

Soll entsprechend der ersten Fragestellung *Sex* als Basis für *Gender* installiert werden, stellt sich in der Biologie und naturwissenschaftlichen Medizin die Frage nach dem Ursprung der Geschlechterdifferenz, indem die biologische Geschlechterdifferenz *Sex* ›hinter‹ *Gender* als beobachtbarem geschlechterdifferenten Sozialverhalten gesucht wird. *Gender* wird so in *Sex* integriert oder löst sich darin auf. In dieser Perspektive ist die Zweigeschlechtlichkeit naturgegeben und dient als Begründung für die gesellschaftliche Ungleichheit der Geschlechter. Ziel ist hierbei, *Gender* als soziales Geschlecht auf die biologische Ursache *Sex* zurückführen zu können, wie das folgende Fallbeispiel aus der naturwissenschaftlichen Zeitschrift *Nature* verdeutlicht. Dass der britische Zoologe Mark Pagel in diesem renommierten Publikationsorgan veröffentlichen konnte, verweist auf die Bedeutung des Themas wie des Autors und verhilft dem Ansatz *Genomic Imprinting* zu weiterer Publizität.

In diesem Artikel mit dem Titel »Mother and Father in Surprise Genetic Agreement« (1999) schreibt Pagel, Vater und Mutter hätten ein gemeinsames Interesse bei der Ausbildung sozialer Fähigkeiten ihrer Nachkommen. Diese These einer Interessensübereinstimmung ist – wie in der Beitragsüberschrift angekündigt – insofern »überraschend«, als sie der ansonsten in der Literatur dominierenden Sicht entgegensteht, wonach ein Konflikt zwischen Vätern und Müttern bezüglich der jeweiligen Investitionen in die Nachkommen als Grundlage des *Genomic Imprinting* postuliert wird. »Geprägte Gene könnten Effekte auf *social skills* bei Jungen und Mädchen haben.« (ebd.: 19, Übersetzung B.M.), so der Autor. Am Beispiel des von H.H Turner, einem US-amerikanischen Endokrinologen, 1933 konzipierten und nach ihm benannten Syndroms versucht Pagel dies zu verdeutlichen. Das Turner-Syndrom entsteht nach heutiger Definition dadurch, dass die Betroffenen (meist werden sie dem weiblichen Geschlecht zugeordnet) nur *ein* Geschlechtschromosom besitzen und zwar immer ein X-Chromosom; sie sind so genannte X0-Typen. Wenn eine Betroffene das einzelne X-Chromosom von der Mutter bekäme, verhielte sich das Mädchen laut Pagel sozial destruktiv, was eher bei Jungen als normal empfunden werde. Erhielte das Mädchen ihr X-Chromosom hingegen vom Vater, ähnele ihr Verhalten stärker dem normalen sozialen Verhalten eines Mädchens. Der Autor schließt daraus, dass die Gene auf dem X-Chromosom, die mit dem Turner-Syndrom in Verbindung gebracht werden, geprägt sind, und es sich somit um einen Fall des *Genomic Imprinting* handelt. Da er von einem gemeinsamen Interesse des Vaters und der Mutter in Bezug auf das soziale Verhalten der Nachkommen ausgeht, müssen die Gene für soziales Verhalten dieser Logik zufolge auf dem väterlichen X-Chromosom exprimiert, auf dem mütterlichen X-Chromosom jedoch abgeschaltet sein.

»Wenn wir davon ausgehen, dass Weibchen und Frauen aus der Selektion als die hervorgegangen sind, die ausgeprägtere *social skills* haben, dann muss diese Information mit dem väterlichen X-Chromosom verbunden sein. Das ist so, da das väterliche X-Chromosom nur immer in der Tochter vorhanden ist, das mütterliche aber im Genom sowohl des Sohnes als auch der Tochter.« (ebd.: 19, Übersetzung B.M.).

In diesem Beispiel wird das geschlechtsspezifische Sozialverhalten auf Unterschiede in der Exprimierung von Genen auf dem X-Chromosom zurückgeführt. *Gender* wird hier an das biologische Geschlecht rückgebunden beziehungsweise geht in diesem gänzlich auf. Das Sozialverhalten ist ein biologisches Merkmal für Geschlechterdifferenz geworden. Damit wird eine Differenz, die zunächst nicht biologisch zu begründen war, nun doch biologisch begründbar – nämlich als Unterschied in den Mustern biochemischer Marker an der DNA. Genetisch gleiche Zustände werden vergeschlechtlicht nicht anhand des Organismus, in dem sich das Chromosom beziehungsweise die betroffenen Gene befinden, sondern entsprechend des Geschlechts des- oder derjenigen, der oder die dieses konkrete Chromosom vererbt.

Gender, im beschriebenen Fall das beobachtete geschlechterdifferente Sozialverhalten der Kinder, ist in der Argumentation zu einem Ausdruck des biologischen Geschlechts geworden. Dies ist aus der Perspektive der Biologie eine übliche argumentative Vorgehensweise.

Wie oben bereits ausgeführt, geht es in der Biologie und der Medizin bei der Frage nach dem Ursprung der Geschlechterdifferenz auch um die Suche nach einer letzten ursächlichen Begründung im Sinne einer innerwissenschaftlichen Begründungskaskade. Beispielsweise wird ein beobachtbares Verhalten auf einen bestimmten Hormonwert zurückgeführt, dessen Ursache wiederum in der genetischen Anlage gesehen wird. Galten seither die Gene als diejenige Ebene, auf der die Letztursache für Geschlechterunterschiede vermutet wurde, kann mit *Genomic Imprinting* trotz mutmaßlich gleicher Genausstattung eine Differenzierung biologisch begründet werden. Bei identischen Genen werden nun (Geschlechter-)Differenzen auf Unterschiede in den Methylierungsmustern[5] zurückgeführt. Man sucht nun der Begründungskaskade folgend nach Unterschieden zunächst in der Anatomie, dann in den Hormonen, dann in den Genen und aktuell nun in Methylierungsmustern, also in einem epigenetischen Mechanismus und seinen biologischen Korrelaten. Dies lässt sich am Beispiel einer anderen Textstelle aus Pagels *Nature*-Artikel zu geschlechtspezifischen Unterschieden in der Körpergröße verdeutlichen. Der Autor geht auf eine Untersuchung ein, in der es um bei Mäusen unerwartete Größenunterschiede beim Verlust eines der beiden X-Chromosomen geht. Beim Verlust des väterlichen X-Chromosoms seien die weiblichen Mäuse größer als beim Verlust des mütterlichen. Wenn das entscheidende Wachstums-Gen, das Geschlechterdifferenz in der Körpergröße produziert, auf dem X-Chromosom liegt, dann sollte, so schlussfolgert Pagel, das entsprechende Gen, väterlich vererbt, durch einen chemischen Marker abgeschaltet sein. Dies erkläre, warum männliche Mäuse größer als weibliche seien (vgl. ebd.: 20). Hier wird in der Begründung für geschlechtsspezifische Unterschiede in der Körpergröße auf *Genomic Imprinting* als Letztursache zurückgegriffen.

Die dritte Fragestellung zum Themenfeld des Ursprungs von Geschlechterdifferenz befasst sich aus einer evolutionsbiologischen Perspektive heraus mit dem Prozess der Differenzierung in zwei Geschlechter aus einem eingeschlechtlichen Zustand heraus. In die sich anschließende Frage nach dem Ursprung der Geschlechter – immer verstanden als Frage nach der Diffe-

---

5 Unter Methylierung versteht man im Zusammenhang von *Genomic Imprinting* die Markierung der DNA mit dem biochemischen Marker CH-3.

renzierung in zwei Geschlechter – fließen implizit ökonomische Theorien ein. Ein zunächst noch zufälliges Ungleichgewicht von Investitionen bei der Verschmelzung zweier Keimzellen dient zur grundsätzlichen Differenzierung in zwei Typen von Keimzellen: solche, die viel investieren (Eizellen), und solche, die wenig investieren (Spermien). Im Zusammenhang mit *Genomic Imprinting* wird diskutiert, wie die Methylierung und das daraus hervorgehende unterschiedliche Verhalten vormals gleicher Gene zu einer grundlegenden Veränderung in Richtung zweier voneinander zu unterscheidender Geschlechtschromosomen führen. Mit dem *Genomic Imprinting* verschiebt sich die Frage nach dem Ursprung der Geschlechterdifferenz zu der Frage nach der Ursache für die Entstehung zweier verschiedener Geschlechtschromosomen. *Genomic Imprinting* wird als erster Schritt zur Differenzierung von zunächst gleichen (Geschlechts-)Chromosomen auf der Ebene der Genaktivität etabliert.

Das zunächst zufällige Ausschalten von Genen mittels *Imprinting* führe zu zwei Klassen von Embryonen, die sich in der Zahl funktioneller Genkopien unterschieden, so die Autoren meines zweiten Beispieltextes, eines evolutionsbiologischen Beitrags zum Tagungsband der ersten internationalen Konferenz zu *Genomic Imprinting* im Jahre 1990 (Chandra/Nanjundiah 1990: 50). Sie führen weiterhin aus, dass *Genomic Imprinting* zu einer Verminderung der evolutiven *Fitness* von androgenetischen oder gynogenetischen Diploiden[6] im Vergleich zu *normalen* Diploiden führen könnte. Das habe eine verstärkte Größendifferenzierung der Keimzellen zur Folge. Vorteil sei hier das geringere Risiko des Verlustes von Erbinformation durch die Verhinderung der Parthenogenese, der Entwicklung eines Organismus nur aus einer Eizelle, und die bessere Vermischung von Genomen, da die Verschmelzung von Genomen des gleichen Organismus verhindert würde (ebd.).

Die zentrale Frage, die hier verhandelt wird, ist demnach die nach der materiellen Grundlage und den molekularen Mechanismen, die den Stein der geschlechtlichen Differenzierung ›ins Rollen‹ brachten.

Die »Evolutionsgeschichte [des *Genomic Imprinting;* B.M.] muss notwendigerweise mit der Evolution des geschlechtlichen Dimorphismus, wenn nicht sogar mit der Evolution von biologischem Geschlecht selbst in Verbindung gebracht werden.« (ebd.: 48; Übersetzung B.M.).

---

6 Diploide sind Organismen mit doppeltem Chromosomensatz.

Dieses Zitat verdeutlicht, wie die Frage des Ursprungs des *Genomic Imprinting* mit der Frage des Ursprungs der Geschlechterdifferenz gekoppelt ist.

In der Evolutionsgeschichte des *Genomic Imprinting* geht es nicht mehr um den entstehenden neuen Organismus, sondern um die an der Reproduktion Beteiligten, Vater und Mutter. Der Fötus ist hier nur noch der Austragungsort des Konfliktes zwischen väterlichen und mütterlichen Interessen. Eine der dominanten Erzählungen lautet, *Genomic Imprinting* habe sich in der Evolution entwickelt, um bei polygamen Tieren den väterlichen Einfluss zu vergrößern oder um den mütterlichen Einfluss zu beschneiden (vgl. Mauss 2004). Der Fötus selbst trägt in diesen Konzepten entweder gar kein Geschlecht, oder das Geschlecht ist irrelevant. Demgegenüber wird Genen – zeitlich befristet – ein Geschlechtscharakter zugewiesen.

Geschlecht erscheint hier als Funktion eines der Evolution zugrunde liegenden ökonomischen Prinzips. Wenn sich die Frage des evolutiven Gewordenseins, mithin die Frage nach dem Grund der Existenz des Phänomens *Genomic Imprinting* stellt, wird stets das ökonomische Prinzip der Investitionen der Geschlechter in den Nachwuchs, wie wir es aus der Soziobiologie kennen, angeführt.

Wie bereits bei Darwins Arbeiten, werden auch im 20. Jahrhundert ökonomische Theorien als grundlegende Strukturen in die Biologie eingeführt (vgl. Haraway 1991; Scheich 1995). Mit Formulierungen wie »ovarian time bomb« (vgl. Varmuza/Mann 1994) oder »conflict theory« (vgl. Hurst/McVean 1997) wird Fortpflanzung als ökonomisches Verhalten, das auf unterschiedlichen Investitionen und einem Wettbewerb zwischen den Geschlechtern basiert, aufgegriffen und nun im Konzept des *Genomic Imprinting* auf die Ebene biochemischer Marker, die Gene an- und abschalten, verschoben. Die differierenden Interessen sind die Interessen der Väter und Mütter, die nun im Genom des heranwachsenden Fötus konkurrieren.

Geschlechterkonzepte im Feld des *Genomic Imprinting*: Eine Zusammenführung

Wie meine vorangegangene Analyse von Beispielen aus dem Fachdiskurs der Molekularbiologie zeigt, ist bei der Genese eines wissenschaftlichen ›Fakts‹ in der Biologie neben der Materialisierung im Labor die Etablierung der jeweiligen Geschichte seines evolutiven Gewordenseins von großer

Bedeutung. Diese leistet letztlich den entscheidenden Schritt, nämlich die Naturalisierung von Artefakten bzw. naturwissenschaftlichem Wissen, hier des *Genomic Imprinting*, wie auch die Naturalisierung der Kategorie Geschlecht. Die *natürliche Historie* entzieht das Objekt durch diese Naturalisierung einer (kulturellen) Kontextualisierung und enthistorisiert und universalisiert es damit. Auf diese Weise wird ein wichtiges Charakteristikum naturwissenschaftlicher Fakten performativ erzeugt. So verwundert es nicht, dass es viele Anstrengungen gibt, einen neuen Ansatz wie *Genomic Imprinting*, aber auch eine so zentrale Kategorie wie die des Geschlechts mit einer Evolutionsgeschichte zu versehen. Ursprungsgeschichten spielen in der Biologie eine zentrale Rolle bei der Bestimmung des Ortes des Gattungswesens *Mensch* in Natur und Kultur, des Selbstentwurfs des Menschen auch gerade in Bezug auf Geschlecht.

Die Darstellungen im Feld des *Genomic Imprinting* zum Ursprung der Geschlechterdifferenz und die Evolutionsgeschichte des *Genomic Imprinting* selbst überlagern sich in den Geschlechterkonzeptionen und den zugrunde liegenden ökonomischen Prinzipien. Verschiedene Ebenen des Geschlechterentwurfs zeigen sich hier in den Fragen nach dem Ursprung der Geschlechterdifferenz und nach der evolutiven Entstehung von *Genomic Imprinting*, das als geschlechtsspezifisch im Sinne von heterosexueller Zweigeschlechtlichkeit entworfen ist.

Im *Genomic Imprinting* verschiebt sich, wie die Analyse belegt, *Geschlecht* auf die molekulare Ebene durch die Einführung des Faktors *Geschlecht der Eltern*. Es wird vom Geschlecht, das repräsentiert wird durch den biochemischen Marker, der Gene an- und abzuschalten vermag, gesprochen. Geschlecht ist demzufolge unauflöslich in das naturwissenschaftliche Konzept des *Genomic Imprinting* eingeflochten worden. Das bedeutet: Ohne die Geschlechterdichotomie als Wissensstruktur wäre *Genomic Imprinting* in seiner jetzigen Form nicht denkbar.

Im Diskurs im Feld des *Genomic Imprinting* wird das Verhältnis der Geschlechter zueinander verhandelt, wobei entsprechend der logischen Struktur des *Genomic Imprinting*-Ansatzes zwei Geschlechter vorausgesetzt werden. Die Einteilung in männlich und weiblich orientiert sich an biochemischen Markern, die entweder vorhanden sind und Gene abschalten oder aber abwesend sind und dadurch Gene anschalten. Zugelassen sind nur diese zwei Möglichkeiten. Der Geschlechterdualismus steckt somit grundlegend im Konzept des *Genomic Imprinting*, ein fließender Übergang bzw. eine Aufhebung der Polarisierung ist in diesem Modell nicht möglich, da es sich um einen binären Code handelt.

Materielle Differenzen zwischen den (nach wie vor) zwei Geschlechtern sind zunächst obsolet geworden, verschiebt sich die Differenz der Geschlechter doch nun endgültig auf ein immaterielles Feld ökonomischer Prinzipien, wie wir sie aus der Soziobiologie kennen. Die ökonomischen Prinzipien tauchen hier als Deutungsschemata wieder auf. So sind die Geschlechter nicht zwingend an konkrete morphologische oder hormonelle Strukturen gebunden. Im Gegensatz dazu stehen die Körper beispielsweise der vom Turner-Syndrom Betroffenen als klinische Objekte, denn hier wird auf traditionelle Geschlechterbilder zurückgegriffen.

Geschlecht im *Genomic Imprinting* ist jedoch nicht an Wesenheiten geknüpft, auch wenn es das Modell an- und abgeschalteter Gene oberflächlich betrachtet vielleicht nahe zu legen scheint. Zwar bieten drei Molekularbiologen vom Max-Planck-Institut für molekulare Genetik in Berlin eine solche Lesart in ihren Ausführungen unter dem Titel »Geschlechterkonflikt in der Eizelle« an (Walter u.a. 2007). Bereits in der Zygote, also in einer frühen Entwicklungsphase, werde das väterliche vererbte Genom demethyliert und damit umprogrammiert (ebd.). Die Autoren sprechen diese Aktion der Eizelle quasi subjekthaft zu, wie der Untertitel »Wie mütterliche Gene die Umprogrammierung des väterlichen Erbgutes steuern« unzweideutig erkennen lässt. Dieses Beispiel kann jedoch nicht verallgemeinert werden in dem Sinne, dass väterlich oder mütterlich vererbtes Genom vorzugsweise an- oder abgeschaltet wird.

Zusammenfassend lässt sich festhalten, dass Geschlecht im Feld des *Genomic Imprinting* eine paradoxe Position zugewiesen bekommt: Geschlecht wird als natürliches Phänomen quasi de-konstruiert, Zweigeschlechtlichkeit verlagert sich auf die Ebene wissenschaftlicher Prinzipien, der Geschlechterkörper verliert an Relevanz oder ist in Gänze irrelevant – und dennoch wird er auch wieder als Körper, der entsprechend seines Geschlechtes etwas an die nächste Generation vererbt, im Körper der nächsten Generation bedeutsam.

Zusammenfassung und Ausblick

Anhand von Textmaterial aus dem wissenschaftlichen Feld des *Genomic Imprinting* habe ich gezeigt, wie Ursprung und Geschlecht als zwei zentrale Momente der Moderne in den Erzählungen des *Genomic Imprinting* miteinander verflochten sind. Ziel war, die paradoxe Position von Geschlecht in diesem Feld herauszuarbeiten und darzustellen.

Ausgehend vom Verständnis biologischer Wissenschaften als kultureller Praxen der Bedeutungsproduktion repräsentiert das beschriebene Paradoxon der Geschlechterkonzeption in der Molekularbiologie das Paradoxon der gesellschaftlichen Geschlechterdebatte und stellt es damit performativ in seinem Wirkungsfeld her. Mit *Genomic Imprinting* ist demnach ein Phänomen zu beobachten, das dem Zeitgeist entspricht oder zumindest Analogien dazu aufweist, nämlich in der Loslösung der Geschlechterdifferenz vom konkreten männlichen oder weiblichen Körper und der Transformation dieser Differenz in Mechanismen oder Prinzipien auf der einen und einer verstärkten Re-Naturalisierung von Geschlecht auf der anderen Seite. Im *Genomic Imprinting* wird der Begriff des Geschlechts auf der molekularen Ebene eingeführt und bezeichnet dort etwas anderes als männliche oder weibliche Körper. Er steht hier für genealogische Aspekte; damit wird Geschlecht in der Herkunft bedeutsam.

In der Moderne bekommen Natur und Kultur, wie oben ausgeführt, jeweils eine Geschichte. Geschlecht als Natur wird der Kultur-Geschichte entzogen und erhält eine Natur-Geschichte. *Genomic Imprinting* repräsentiert Geschlecht nun losgelöst vom Körper. Da es als natürliches Faktum betrachtet wird, das der Evolutionsgeschichte unterliegt, wird Geschlecht hier als körperloses Abstraktum naturalisiert und damit enthistorisiert.

Ein Paradoxon im wahrsten Sinne des Wortes, also eine überraschende Wendung in der Konzeption von Geschlecht im Feld des *Genomic Imprinting* liegt in der Logik der Struktur dieses naturwissenschaftlichen Ansatzes selbst. Geschlecht wird körperlos bzw. entkörpert und dennoch naturalisiert.

Wird die molekulare Ebene des Ansatzes *Genomic Imprinting* an die materialisierte Ebene der klinischen Medizin oder des Säugetiers im biologischen Labor rückgebunden, wird eine Widersprüchlichkeit anderer Art hervorgebracht: Wie zuvor gezeigt, transportiert das Konzept des *Genomic Imprinting* ein Konzept von Geschlecht, das nicht mehr mit den traditionellen Geschlechterbildern, wie sie in der klinischen Medizin zu finden sind, in Übereinstimmung zu bringen ist.

Genomic Imprinting als Repräsentant aktueller molekularbiologischer Geschlechter-Zustände in Biologie und Gesellschaft kann als spezifische Strategie gelesen werden, mit den Paradoxien der Widerständigkeit dessen, was als Realität entworfen ist, zurechtzukommen. So bietet die Auseinandersetzung mit dem Feld des *Genomic Imprinting* einen differenzierten Blick auf gelebte Geschlechterverhältnisse und damit auf den Selbstentwurf des spät-modernen Menschen.

Literatur

Chandra, H. Sharat/Nanjundiah, Vidyanand (1990), »The Evolution of Genomic Imprinting«, *Development,* Supplement, S. 47–53.
Ebeling, Smilla/Schmitz Sigrid (2006), *Geschlechterforschung und Naturwissenschaften. Einführung in ein komplexes Wechselspiel,* Wiesbaden.
Fischer, Ernst Peter/Wiegandt, Klaus (Hg.) (2003), *Evolution. Geschichte und Zukunft des Lebens,* Frankfurt a.M.
Foucault, Michel (1997), *Die Ordnung der Dinge,* Frankfurt a.M.
Hanke, Christine (2000): »Zwischen Evidenz und Leere. Zur Konstitution von ›Rasse‹ im physisch-anthropologischen Diskurs um 1900«, in: Hannelore Bublitz/Christine Hanke/Andrea Seier (Hg.), *Der Gesellschaftskörper. Zur Neuordnung von Kultur und Geschlecht um 1900,* Frankfurt a.M., S. 179–235.
Haraway, Donna (1989), *Primate Vision. Gender, Race, and the Nature in the World of Modern Science,* London/New York.
— (1991), »The Biological Enterprise: Sex, Mind, and Profit from Human Engineering to Sociobiology«, in: dies., *Simians, Cyborgs and Women. The Reinvention of Nature,* New York, S. 43–68.
— (1997), *Modest_Witness@Second_Millennium. FemaleMan©_Meets_OncoMouse™,* New York.
Hubbard, Ruth (1989), »Hat die Evolution die Frauen übersehen?«, in: Elisabeth List/Herlinde Studer (Hg.), *Denkverhältnisse. Feminismus und Kritik,* Frankfurt a.M., S. 301–333.
Hurst, Laurence D./McVean, Gilean T. (1997), »Growth Effects of Uniparental Disomies and the Conflict Theory of Genomic Imprinting«, in: *Trends in Genetics,* Jg. 13, Heft 11, S. 436–443.
Junker, Thomas/Hoßfeld, Uwe (2001), *Die Entdeckung der Evolution. Eine revolutionäre Theorie und ihre Geschichte,* Darmstadt.
Kompaktlexikon der Biologie (2002), Berlin/Heidelberg.

Laqueur, Thomas (1992), *Auf den Leib geschrieben. Die Inszenierung der Geschlechter von der Antike bis Freud*, Frankfurt a.M.

Lenzen, Manuela (2003), *Evolutionstheorien in den Natur- und Sozialwissenschaften*, Frankfurt a.M.

Latour, Bruno (2001), »Haben auch Objekte eine Geschichte? Ein Zusammentreffen von Pasteur und Whitehead in einem Milchsäurebad«, in: Michael Hagner (Hg.), *Ansichten der Wissenschaftsgeschichte*, Frankfurt a.M., S. 271–296.

Lewontin, C. Richard/Rose, Steven/Kamin, Leon J. (1988), *Die Gene sind es nicht ... Biologie, Ideologie und menschliche Natur*, München.

Mauss, Bärbel (2001), »Die kulturelle Bedingtheit genetischer Konzepte. Das Beispiel Genomic Imprinting«, in: *Das Argument. Zeitschrift für Philosophie und Sozialwissenschaften*, Jg. 43, Heft 242, S. 584–592.

— (2004), »Genomic Imprinting im Kontext feministischer Kritik«, in: Sigrid Schmitz/Britta Schinzel (Hg.), *Grenzgänge. Genderforschung in Informatik und Naturwissenschaften*, Königstein, S. 149–163.

Nüsslein-Volhard, Christine (2004), *Das Werden des Lebens. Wie Gene die Entwicklung steuern*, München.

Pagel, Mark (1999), »Mother and Father in Surprise Genetic Agreement«, in: *Nature*, Jg. 397, Nr. 6714 (7. Januar 1999), S. 19–20.

Scheich, Elvira (1995), »Klassifiziert nach Geschlecht. Die Funktionalisierung des Weiblichen für die Genealogie des Lebendigen in Darwins Abstammungslehre«, in: Barbara Orland/Elvira Scheich (Hg.), *Das Geschlecht der Natur. Feministische Beiträge zur Geschichte und Theorie der Naturwissenschaften*, Frankfurt a.M., S. 270–288.

— (2000), »Naturwissenschaften«, in: Christina von Braun/Inge Stephan (Hg.), *Gender Studies. Eine Einführung*, Stuttgart, S. 193–206.

Schiebinger, Londa (1993), *Schöne Geister. Frauen in den Anfängen der modernen Wissenschaft*, Stuttgart.

Tariverdian, Gholamali/Buselmeier, Werner (1995), *Chromosomen, Gene, Mutationen*, Berlin/Heidelberg.

Varmuza, Sue/Mann, Melissa (1994), »Genomic Imprinting – Defusing the Ovarian Time Bomb«, in: *Trends in Genetics*, Jg. 10, Heft 4, S. 118–122.

Walter, Jörn/Fundele, Reinald/Haaf, Thomas (2007), »Geschlechterkonflikt in der Eizelle«, in: Max Planck Gesellschaft, Presseinformation, 2.7.2007, http://www.mpg.de/bilderBerichteDokumente/dokumentation/pressemitteilungen/2000/pri14_00.html (Zugriff 7.1.2008).

Wilmut, Ian/Campbell, Keith/Tudge, Colin (2002), *Dolly. Der Aufbruch ins biotechnische Zeitalter*, München.

Autorinnen

Esders, Karin, ist wissenschaftliche Mitarbeiterin an der Universität Bremen am Studiengang für »American Studies/English-Speaking Cultures«. Zuvor war sie Mitarbeiterin eines transdisziplinären Lehr- und Forschungsprojektes an der Professur für Frauenforschung der Universität Potsdam, wo sie an den Schnittstellen unterschiedlicher Disziplinen arbeitete und publizierte. Sie studierte Amerikanistik, Literatur- und Politikwissenschaften an der Freien Universität Berlin und promovierte über *Weiblichkeit und sexuelle Differenz im amerikanischen Genrekino. Funktionen der Frau im frühen amerikanischen Westernfilm, 1896–1929.* Sie arbeitet an ihrer Habilitationsschrift zum Thema *Identität, Gender, Medien. Versionen moderner Selbstentwürfe im frühen amerikanischen Roman, im frühen amerikanischen Kino und im Internet.*

Faulkner, Wendy, ist Professorin an der Science Studies Unit der University of Edinburgh. Sie hat an der University of Sussex Biologie sowie Science and Technology Policy Studies studiert und arbeitet heute mit einem techniksoziologischen Ansatz. Seit 1988 ist sie in Edinburgh maßgeblich am Aufbau und der Gestaltung der universitären Postgraduierten-Programme für Science and Technology Studies beteiligt. Seit vielen Jahren arbeitet sie in den Gender Studies sowie in der Wissenschafts- und Technikforschung und hat jüngst die umfangreichere ethnografische Studie zu *Gender in/of engineering* abgeschlossen. Außerdem führte sie über mehrere Jahre Untersuchungen zu Wissensverwendung und Innovation in der industriellen Forschung und Entwicklung durch. Zunehmend gilt ihr Forschungsinteresse auch Fragen der öffentlichen Beteilung an Wissenschaft und Technologie.

Lucht, Petra, Diplom-Physikerin und promovierte Soziologin, arbeitet seit Mitte der 1990er Jahre in Lehre und Forschung zur Wissenschafts- und Geschlechterforschung sowie zur Wissenssoziologie und Qualitativen Sozialforschung. 1996 bis 2001: Promotionsstudium der Soziologie an den

Universitäten Kiel, Bremen, Hamburg, der Harvard University und dem »Program in Women's Studies« des Massachusetts Institute of Technology (MIT), Boston, USA; u. a. Stipendiatin des Evangelischen Studienwerks Villigst e.V.; zwischenzeitliche gutachterliche Mitarbeit in einem Planungsbüro für Windenergie. 2001 bis 2003: Forschungsprojekt zu Geschlechtersymbolismen im Naturschutzdiskurs an der Universität Lüneburg. Seit 2004: Wissenschaftliche Assistentin am »Zentrum für Interdisziplinäre Frauen- und Geschlechterforschung« (ZIFG) der Fakultät I für Geisteswissenschaften der Technischen Universität Berlin. Buchveröffentlichung: *Zur Herstellung epistemischer Autorität. Eine wissenssoziologische Studie über die Physik an einer Elite-Universität in den USA* (Herbolzheim 2004).

Maasen, Sabine, Prof. Dr., Studium der Soziologie, Psychologie und Linguistik. Dissertation zur *Genealogie der Unmoral. Therapeutisierung sexueller Selbste* (Frankfurt a. M.: Suhrkamp 1998). Habilitation zum Thema *Dynamics of Knowledge*. Seit 2001 Professorin für Wissenschaftsforschung/Wissenschaftssoziologie an der Universität Basel. Arbeitsschwerpunkte: Wissenschaftsforschung (z. B. inter- und transdisziplinäre Wissenspraktiken); Wissenssoziologie (z. B. Selbstmanagement, Gouvernementalität); Diskurs- und Metaphernanalyse (Text und Bild). Aktuelle Publikation gemeinsam mit B. Sutter (Hg.), *On Willing Selves. Neoliberal Politics vis-à-vis the Neuroscientific Challenge* (Palgrave 2007). Laufendes Projekt: Gehirn und Gesellschaft. Eine Soziologie der Neurowissenschaften.

Mauss, Bärbel, ist Diplom-Biologin und Doktorandin der Kulturwissenschaft an der Humboldt-Universität zu Berlin. Zurzeit ist sie Wissenschaftliche Mitarbeiterin im Projekt Gender in Natur-, Umwelt- und Technikwissenschaften (GiNUT) an der Technischen Universität Berlin. Letzte Veröffentlichung: *Das Geschlecht der Biologie* (Mössingen-Talheim 2006), herausgeben in Zusammenarbeit mit Barbara Petersen.

Palm, Kerstin, promovierte Biologin. Studium der Biologie, Philosophie und Literaturwissenschaft in Göttingen und Freiburg i. Br., Promotion 1996 mit einem gewässerökologischen Thema. Von 1996 bis 1999 empirisches wissenssoziologisches Forschungsprojekt an der Universität Bremen in der Soziologie zum Wissenschaftsverständnis der Biologie. Von 2001 bis 2007 Wissenschaftliche Assistentin an der Humboldt-Universität Berlin, Institut für Kultur- und Kunstwissenschaften, mit einem Habilitationsprojekt über die Genealogie des Lebensbegriffs in der Biologie. Lehrveranstaltungen und Publikationen im Bereich Gender Studies zur Wissenschaftsgeschichte und Wissenschaftstheorie der Naturwissenschaften.

Paulitz, Tanja, promovierte Soziologin, sozial- und kulturwissenschaftliches Studium in Marburg, Bochum, Frankfurt a. M. und Moskau. 1995 bis 1997: Koordinatorin für EDV-Entwicklung bei der Gesellschaft für Technische Zusammenarbeit (GTZ). Seit 1997: Forschung und Lehre in den Schwerpunktbereichen interdisziplinäre Wissenschafts-, Technik- und Medienforschung, Frauen- und Geschlechterforschung in den Fachrichtungen Soziologie, Kulturwissenschaft und Erziehungswissenschaft an Universitäten in Kassel, Marburg, Berlin und Graz. Im Studienjahr 2006/07: Lise-Meitner-Stipendiatin des Österreichischen Wissenschaftsfonds (FWF) am Interuniversitären Forschungszentrum für Technik, Arbeit und Kultur (IFZ) in Graz. Seit September 2007: Wissenschaftliche Assistentin im Fachgebiet Geschlechtersoziologie an der Universität Graz. Buchveröffentlichung u. a.: *Netzsubjektivität/en. Konstruktionen von Vernetzung als Technologien des sozialen Selbst* (Münster 2005).

Ruiz Ben, Esther, ist wissenschaftliche Assistentin am Institut für Soziologie der Technischen Universität Berlin und Leiterin des DFG-Projekts INITAK (Internationalisierung der IT-Industrie in Deutschland: Auswirkungen auf Kategorisierungsmuster von Tätigkeitsprofilen und Fachkräften). Studium der Soziologie, Politikwissenschaften und Sozialpsychologie an der Freien Universität, der Technischen Universität sowie der Humboldt-Universität zu Berlin. Diplomabschluss an der Facultad de CC. Políticas y Sociología – Universidad Complutense de Madrid. Promotion in Soziologie. Sie hat im Institut für Informatik und Gesellschaft der Universität Freiburg u. a. in einem DFG-Projekt über die Professionalisierung der Informatik gearbeitet. Ihre aktuellen Forschungsschwerpunkte sind Professionssoziologie, Techniksoziologie und Genderforschung.

Schiebinger, Londa, hat die John L. Hinds-Professur für Wissenschaftsgeschichte inne und ist Barbara D. Finberg-Direktorin des Michelle R. Clayman-Instituts für Geschlechterforschung an der Stanford University. Ihre Arbeit ist dem Anliegen gewidmet, drei analytisch zu trennende, aber miteinander verflochtene Teile des Puzzles von Wissenschaft und Geschlecht zu entwirren: die Geschichte der Beteiligung von Frauen in der Wissenschaft, Geschlecht in der Wissenschaftskultur und die Vergeschlechtlichung menschlichen Wissens. Zu ihren neuesten Veröffentlichungen zählen *Gendered Innovations in Science and Engineering* (Stanford 2008) und – gemeinsam mit Robert N. Proctor, *Agnotology: The Making and Unmaking of Ignorance* (Stanford 2008). Londa Schiebinger wurden mehrere Preise verliehen, darunter der renommierte Alexander von Humboldt-Forschungspreis.

Wajcman, Judy, ist Professorin an der Research School of Social Sciences der Australian National University in Canberra sowie Gastprofessorin am Oxford Internet Institute und an der London Business School. Zu ihren jüngsten Veröffentlichungen gehören *TechnoFeminism* (Cambridge u. a. 2004) und – gemeinsam mit Paul Edwards – *The Politics of Working Life* (Oxford u. a. 2005).

Wiesner, Heike, Soziologin, Forschungssemester in den USA am Massachusetts Institute of Technology (MIT) bei Evelyn Fox Keller. Promotion im April 2001. Mehrere (europäische) Forschungstätigkeiten in verschiedenen Forschungsinstitutionen im Bereich Multimedia in Bildungs- und Berufskontexten. Der Arbeitsgruppe DiMeB (Digitale Medien in der Bildung) gehörte sie von Anfang 2002 bis 2006 an. 2006 Gastprofessur an der Fachhochschule Wilhelmshaven im Studiengang Wirtschaftsinformatik. Seit 2006 Gastprofessur am Harriet Taylor Mill-Institut der Fachhochschule für Wirtschaft Berlin (FHW). Aktuelle Arbeitsschwerpunkte: Wissensmanagement und eLearning unter der besonderen Berücksichtigung von Gender Mainstreaming und Diversity-Aspekten.

Zachmann, Karin, ist Universitätsprofessorin für Geschichte der Technik am Zentralinstitut für Geschichte der Technik an der Technischen Universität München. Sie hat die Problematik der Co-Konstruktion von Technik und Geschlecht in verschiedenen Bereichen aus historischer Perspektive untersucht (z. B. geschlechlechtsspezifische Arbeitsteilung in der Industrie, Geschlechterverhältnisse in der Ingenieurausbildung und im Ingenieurberuf, Techniknutzung, Technik und Spiel) und dazu eine Reihe von Publikationen vorgelegt. Im Jahre 2004 erschien ihre Habilitation bei Campus unter dem Titel *Mobilisierung der Frauen: Technik, Geschlecht und Kalter Krieg in der DDR*. Ein gemeinsam mit Ruth Oldenziel herausgegebener Band mit dem Titel *Kitchen Politics and the Cold War: Americanization, Technology, and European Users* wird demnächst bei MIT Press publiziert.

Politik der Geschlechterverhältnisse

Cornelia Klinger, Gudrun-Axeli Knapp, Birgit Sauer (Hg.)
ACHSEN DER UNGLEICHHEIT
Zum Verhältnis von Klasse, Geschlecht und Ethnizität
Band 36 · 2007 · 290 Seiten · ISBN 978-3-593-38476-4

Anneli Rüling
JENSEITS DER TRADITIONALISIERUNGSFALLEN
Wie Eltern sich Familien- und Erwerbsarbeit teilen
Band 35 · 2007 · 293 Seiten · ISBN 978-3-593-38485-6

Dominique Grisard, Jana Häberlein, Anelis Kaiser, Sibylle Saxer (Hg.)
GENDER IN MOTION
Die Konstruktion von Geschlecht in Raum und Erzählung
Band 34 · 2007 · 405 Seiten · ISBN 978-3-593-38348-4

Gabriele Michalitsch
DIE NEOLIBERALE DOMESTIZIERUNG DES SUBJEKTS
Von den Leidenschaften zum Kalkül
Band 23 · 2006 · 170 Seiten · ISBN 978-3-593-37510-6

Peter A. Berger, Heike Kahlert (Hg.)
DER DEMOGRAPHISCHE WANDEL
Chancen für die Neuordnung der Geschlechterverhältnisse
Band 32 · 2006 · 312 Seiten · ISBN 978-3-593-38194-7

Patricia Purtschert
GRENZFIGUREN
Kultur, Geschlecht und Subjekt bei Hegel und Nietzsche
Band 33 · 2006 · 209 Seiten · ISBN 978-3-593-38215-9

Gerne schicken wir Ihnen aktuelle Prospekte
vertrieb@campus.de · www.campus.de

campus
Frankfurt · New York

Theorie und Gesellschaft

Daniel Barben
POLITISCHE ÖKONOMIE DER BIOTECHNOLOGIE
Innovation und gesellschaftlicher Wandel im internationalen Vergleich
Band 60 · 2007 · 331 Seiten · ISBN 978-3-593-38373-6

Wolfgang Knöbl
DIE KONTINGENZ DER MODERNE
Wege in Europa, Asien und Amerika
Band 61 · 2007 · Ca. 360 Seiten · ISBN 978-3-593-38477-1

David Miller
GRUNDSÄTZE SOZIALER GERECHTIGKEIT
Band 58 · 2008 · Ca. 340 Seiten · ISBN 978-3-593-38152-7

Jens Beckert, Rainer Diaz-Bone, Heiner Ganßmann (Hg.)
MÄRKTE ALS SOZIALE STRUKTUREN
Band 63 · 2007 · 335 Seiten · ISBN 978-3-593-38471-9

Mattias Iser
EMPÖRUNG UND FORTSCHRITT
Grundlagen einer kritischen Theorie der Gesellschaft
Band 64 · 2008 · Ca. 320 Seiten · ISBN 978-3-593-38474-0

Martin Saar
GENEALOGIE ALS KRITIK
Geschichte und Theorie des Subjekts nach Nietzsche und Foucault
Band 59 · 2007 · 383 Seiten · ISBN 978-3-593-38191-6

Gerne schicken wir Ihnen aktuelle Prospekte
vertrieb@campus.de · www.campus.de